The Stock Market Barometer

Explained Completely by Top Trader

股市晴雨表

顶级交易员深入解读

[美] 汉密尔顿（W. P.Hamilton）/原著
魏强斌/译注

经济管理出版社
ECONOMY & MANAGEMENT PUBLISHING HOUSE

图书在版编目（CIP）数据

股市晴雨表：顶级交易员深入解读/(美) 汉密尔顿（W. P. Hamilton）原著；魏强斌译注. —北京：经济管理出版社，2018. 7
ISBN 978-7-5096-5897-0

Ⅰ. ①股… Ⅱ. ①汉… ②魏… Ⅲ. ①股票交易—基本知识 Ⅳ. ①F830. 91

中国版本图书馆 CIP 数据核字（2018）第 161352 号

策划编辑：勇　生
责任编辑：刘　宏
责任印制：黄章平
责任校对：王淑卿

出版发行：经济管理出版社
（北京市海淀区北蜂窝 8 号中雅大厦 A 座 11 层　100038）
网　　址：www. E-mp. com. cn
电　　话：(010) 51915602
印　　刷：三河市延风印装有限公司
经　　销：新华书店
开　　本：787mm×1092mm/16
印　　张：19
字　　数：349 千字
版　　次：2018 年 11 月第 1 版　2018 年 11 月第 1 次印刷
书　　号：ISBN 978-7-5096-5897-0
定　　价：78.00 元

If you can take one heap of all your winnings,
And risk it on one turn of pitch—and toss,
And lose, and start again at your beginnings
And never breathe a word about your loss;
If you can force your heart and nerve and sinew
To serve your turn long after they are gone,
And so hold on when there is nothing in you
Except the will, which says to them: “hold on!”

——Joseph Rudyard Kipling

筹码与预期的关系是微妙的，是值得我们深入研究的。当筹码基本上在大众手中时，你应该持有资金，这个时候大众的预期是一致看涨的；当大众基本持有现金时，你应该持有筹码，这个时候大众的预期是一致看跌的。观察经济周期可以判断大势，观察筹码和预期也可以判断大势，这就是我的交易哲学之一。道氏理论关乎周期，也关乎筹码和预期，如此入手方能大放异彩，卓越不凡！

——魏强斌

导言　成为伟大交易者的秘密

◇ 伟大并非偶然！

◇ 常人的失败在于期望用同样的方法达到不一样的效果！

◇ 如果辨别不正确的说法是件很容易的事，那么就不会存在这么多的伪真理了。

金融交易是全世界最自由的职业，每个交易者都可以为自己量身定做一套盈利模式。从市场中“提取”金钱的具体方式各异，而这却是金融市场最令人神往之处。但是，正如大千世界的诡异多变由少数几条定律支配一样，仅有的“圣杯”也为众多伟大的交易圣者所朝拜。现在，我们就来一一细数其中的最伟大代表吧。

作为技术交易（Technical Trading）的代表性人物，理查德·丹尼斯（Richard Dannis）闻名于世，他以区区2000美元的资本累积了高达10亿美元的利润，而且持续了十数年的交易时间。更令人惊奇的是，他以技术分析方法进行商品期货买卖，也就是以价格作为分析的核心。但是，理查德·丹尼斯的伟大远不止于此，这就好比亚历山大的伟大远不止于建立地跨欧、亚、非的大帝国一样，理查德·丹尼斯的“海龟计划”使得目前世界排名前十的CTA基金经理有六位是其门徒。“海龟交易法”从此名扬天下，纵横寰球数十载，今天中国内地也刮起了一股“海龟交易法”的超级风暴。其实，“海龟交易”的核心在于两点：一是“周规则”蕴含的趋势交易思想；二是资金管理和风险控制中蕴含的机械和系统交易思想。所谓“周规则”（Weeks' Rules），简单而言就是价格突破N周内高点做多（低点做空）的简单规则，“突破而做”（Trading as Breaking）彰显的就是趋势跟踪交易（Trend Following Trading）。深入下去，“周规则”其实是一个交易系统，其中首先体现了“系统交易”（Systematic Trading）的原则，其次体现了“机械交易”（Mechanical Trading）的原则。对于这两个原则，我们暂不深入，让我们看看更令人惊奇的事实。

巴菲特（Warren Buffett）和索罗斯（Georgy Soros）是基本面交易（Fundamental Investment & Speculation）的最伟大代表，前者2007年再次登上首富的宝座，能够时隔

多年后再次登榜，实力自不待言，后者则被誉为“全世界唯一拥有独立外交政策的平民”，两位大师能够“登榜首”和“上尊号”基本上都源于他们的巨额财富。从根本上讲，是卓越的金融投资才使得他们能够“坐拥天下”。巴菲特刚踏入投资大门就被信息论巨擘认定是未来的世界首富，因为这位学界巨擘认为巴菲特对概率论的实践实在是无人能出其右，巴菲特的妻子更是将巴菲特的投资秘诀和盘托出，其中不难看出巴菲特系统交易思维的“强悍”程度。套用一句时下流行的口头禅“很好很强大”，恐怕连那些以定量著称的技术投机客都要俯首称臣。巴菲特自称85%的思想受传于本杰明·格雷厄姆的教诲，而此君则是一个以会计精算式思维进行投资的代表，其中需要的概率性思维和系统性思维不需多言便可以看出“九分”！巴菲特精于桥牌，比尔·盖茨是其搭档，桥牌游戏需要的是严密的概率思维，也就是系统思维，怪不得巴菲特首先在牌桌上征服了信息论巨擘，随后征服了整个金融界。以此看来，巴菲特在金融王国的“加冕”早在桥牌游戏中就已经显出端倪！

索罗斯的著作一大箩筐，以《金融炼金术》最为出名，其中他尝试构建一个投机的系统。他师承卡尔·波普和哈耶克，两人都认为人的认知天生存在缺陷，所以索罗斯认为情绪和有限理性导致了市场的“盛衰周期”（Boom and Burst Cycles），而要成为一个伟大的交易者则需要避免受到此种缺陷的影响，并且进而利用这些波动。索罗斯力图构建一个系统的交易框架，其中以卡尔·波普的哲学和哈耶克的经济学思想为基础，“反身性”是这个系统的核心所在。

还可以举出太多以系统交易和机械交易为原则的金融大师们，比如伯恩斯坦（短线交易大师）、比尔·威廉姆（混沌交易大师）等，太多了，实在无法一一述及。

那么，从抽象的角度来讲，我们为什么要迈向系统交易和机械交易的道路呢？请让我们给出几条显而易见的理由吧。

第一，人的认知和行为极易受到市场和参与群体的影响，当你处于其中超过5分钟时，你将受到环境的催眠，此后你的决策将受到非理性因素的影响，你的行为将被外界接管。而机械交易和系统交易可以极大地避免这种情况的发生。

第二，任何交易都是由行情分析和仓位管理构成的，其中涉及的不仅是进场，还涉及出场，而出场则涉及盈利状态下的出场和亏损状态下的出场，进场和出场之间还涉及加仓和减仓等问题。此外，上述操作还都涉及多次决策，在短线交易中更是如此。复杂和高频率的决策任务使得带有情绪且精力有限的人脑无法胜任。疲累和焦虑下的决策会导致失误，对此想必每个外汇和黄金短线客都是深有体会的。系统交易和机械交易可以流程化地反复管理这些过程，省去了不少人力成本。

第三，人的决策行为随意性较强，更为重要的是每次交易中使用的策略都有某种程度上的不一致，这使得绩效很难评价，因为不清楚N次交易中特定因素的作用到底如何。由于交易绩效很难评价，所以也就谈不上提高。这也是国内很多炒股者十年无长进的根本原因。任何交易技术和策略的评价都要基于足够多的交易样本，而随意决策下的交易则无法做到这一点，因为每次交易其实都运用了存在某些差异的策略，样本实际上来自不同的总体，无法用于统计分析。而机械交易和系统交易由于每次使用的策略一致，这样得到的样本也能用于绩效统计，所以很快就能发现问题。比如，一个交易者很可能在1，2，3，…，21次交易中，混杂使用了A、B、C、D四种策略，21次交易下来，他无法对四种策略的效率做出有效评价，因为这21次交易中四种策略的使用程度并不一致。而机械交易和系统交易则完全可以解决这一问题。所以，要想客观评价交易策略的绩效，更快提高交易水平，应该以系统交易和机械交易为原则。

第四，目前金融市场飞速发展，股票、外汇、黄金、商品期货、股指期货、利率期货，还有期权等品种不断翻出新花样，这使得交易机会大量涌现，如果仅仅依靠人的随机决策能力来把握市场机会无异于杯水车薪。而且大型基金的不断涌现，使得单靠基金经理临场判断的压力和风险大大提高。机械交易和系统交易借助编程技术“上位”已成为这个时代的既定趋势。况且，期权类衍生品根本离不开系统交易和机械交易，因为其中牵涉大量的数理模型运用，靠人工是应付不了的。

中国人相信人脑胜过电脑，这绝对没有错，但也不完全对。毕竟人脑的功能在于创造性解决新问题，而且人脑的特点还在于容易受到情绪和最近经验的影响。在现代的金融交易中，交易者的主要作用不是盯盘和执行交易，这些都是交易系统的责任，交易者的主要作用是设计交易系统，定期统计交易系统的绩效，并做出改进。这一流程利用了人的创造性和机器的一致性。交易者的成功，离不开灵机一动，也离不开严守纪律。当交易者参与交易执行时，纪律成了最大问题；当既有交易系统让后来者放弃思考时，创新成了最大问题。但是，如果让交易者和交易系统各司其职，则需要的仅仅是从市场中提取利润！

作为内地最早倡导机械交易和系统交易的理念提供商（Trading Ideas Provider），希望我们策划出版的书籍能够为你带来最快的进步。当然，金融市场没有白拿的利润，长期的生存不可能夹杂任何的侥幸，请一定努力！高超的技能、完善的心智、卓越的眼光、坚韧的意志、广博的知识，这些都是一个至高无上的交易者应该具备的素质。请允许我们助你跻身于这个世纪最伟大的交易者行列！

Introduction Secret to Become a Great Trader!

◇ Greatness does not derive from mere luck!

◇ The reason that an ordinary man fails is that he hopes to achieve different outcome using the same old way!

◇ There would not be so plenty fake truths if it was an easy thing to distinguish correct sayings from incorrect ones.

Financial trading is the freest occupation in the world, for every trader can develop a set of profit-making methods tailored exclusively for himself. There are various specific methods of soliciting money from market; while this is the very reason that why financial market is so fascinating. However, just like the ever-changing world is indeed dictated by a few rules, the only "Holy Grail" is worshipped by numerous great traders as well. In the following, we will examine the greatest representatives among them one by one.

As a representative of Techincal Trading, Richard Dannis is known worldwide. He has accumulated a profit as staggering as 1 billion dollar while the cost was merely 2000 bucks! He has been a trader for more than a decade. The inspiring thing about him is that he conducted commodity futures trading with a technical analysis method which in essence is price acting as the core of such analysis. Never the less, the greatness of Richard Dannis is far beyond this which is like the greatness of Alexander was more than the great empire across both Europe and Asia built by him. Thanks to his "Turtle Plan", 6 out of the world top 10 CTA fund managers are his adherents. And the Turtle Trading Method is frantically well-known ever since for a couple of decades. Today in mainland China, a storm of "Turtle Trading Method" is sweeping across the entire country. The core of Turtle Trading Method lies in two factors: first, the philosophy of trendy trading implied in "Weeks' Rules"; second, the philosophy of mechanical trading and systematic trading implied in fund management and risk control. The so-called "Weeks' Rules" can be simplified as simples rules that going long at high and short at low within N weeks since price breakthrough. While Trading as breaking illustrates trend following trading. If we go deeper, we will find that "Weeks' Rules" is a trading system in nature. It tells us the principle of systematic trading and the principle of mechanical trading. Well, let's just put these two principles aside and look at some amazing facts in the first place.

The greatest representatives of fundamental investment and speculation are undoubtedly Warren Buffett and George Soros. The former claimed the title of richest man in the world in 2007 again. You can imagine how powerful he is; the latter is accredited as "the only civilian who has independent diplomatic policies in the world". The two masters win these glamorous titles because of their possession of enormous wealth. In essence, it is due to unparalleled financial trading that makes them admired by the whole world. Fresh with his feet in the field of investment, Buffett was regarded by the guru of Information Theory as the richest man in the future world for this guru considered that the practice by Buffett of Probability Theory is unparallel by anyone; Buffett' wife even made his investment secrets public. It is not hard to see that the trading system of Buffett is really powerful that even those technical speculators famous for quantity theory have to bow before him. Buffet said himself that 85% of his ideas are inherited from Benjamin Graham who is a representative of investing in a accountant's actuarial method which requires probability and systematic thinking. The interesting thing is that Buffett is a good player of bridge and his partner is Bill Gates! Playing bridge requires mentality of strict probability which is systematic thinking, no wonder that Buffett conquered the guru of Information Theory on bridge table and then conquered the whole financial world. From these facts we can see that even in his early plays of bridge, Buffett had shown his ambition to become king of the financial world.

Soros has written a large bucket of books among which the most famous is *The Alchemy of Finance*. In this book he tried to build a system of speculation. His teachers are Karl Popper and Hayek. The two thought that human perception has some inherent flaws, so their students Soros consequently deems that emotion and limited rationality lead to "Boom and Burst Cycles" of market; while if a man wants to become a great trader, he must overcome influences of such flaws and furthermore take advantage of them. Soros tried to build a systematic framework for trading based on economic ideas of Hayek and philosophic thoughts of

Karl Popper. Reflexivity is the very core of this system.

I may still tell you so many financial gurus taking systematic trading and mechanical trading as their principles, for instance, Bernstein (master of short line trading), Bill Williams (master of Chaos Trading), etc. Too many. Let's just forget about them.

Well, from the abstract perspective, why shall we take the road to systematic trading and mechanical trading? Please let me show you some very obvious reasons.

First. A man's perception and action are easily affected by market and participating groups. When you are staying in market or a group for more than 5 minutes, you will be hypnotized by ambient setting and ever since that your decisions will be affected by irrational elements.

Second. Any trading is composed of situation analysis and account management. It involves not only entrance but exit which may be either exit at profit or exit at a loss, and there are problems such as selling out and buying in. All these require multiple decision-makings, particularly in short line trading. Complicated and frequent decision-making is beyond the average brain of emotional and busy people. I bet every short line player of forex or gold knows it well that decision-making in fatigue and anxiety usually leads to failure. Well, systematic trading and machanical trading are able to manage these procedures repeatedly in a process and thus can save lots of time and energy.

Third. People make decisions in a quite casual manner. A more important factor is that people use different strategies in varying degrees in trading. This makes it difficult to evaluate the performance of such trading because in that way you will not know how much a specific factor plays in the N tradings. And the player can not improve his skills consequently. This is the very reason that many domestic retail investors make no progress at all for many years. Evaluation of trading techniques and strategies shall be based on plenty enough trading samples while it's simply impossible for tradings casually made for every trading adopts a variant strategy and samples accordingly derive from a different totality which can not be used for calculating and analysis. On the contrary, systematic trading and mechanical trading adopt the same strategy every time so they have applicable samples for performance evaluation and it's easier to pinpoint problems, for instance, a player may in first, second... twenty-first tradings used strategies A, B, C, D. He himself could not make effective evaluation of each strategy for he used them in varying degrees in these tradings, but systematic trading and mechanical trading can shoot this trouble completely. Therefore, if you want to evaluate your trading strategies rationally and make quicker progress, you have to take systematic trading and mechanical trading as principles.

Fourth. Currently the financial market is developing at a staggering speed. Stock, forex, gold, commodity, index futures, interest rate futures, options, etc., everything new is coming out. So many opportunities! Well, if we just rely on human mind in grasping these opportunities, it is absolutely not enough. The emergence of large-scale funds makes the risk of personal judgment of fund managers pretty high. Take it easy, anyway, because we now have mechanical trading and systematic trading which has become an irrevocable trend of this age. Furthermore, derivatives such as options can not live without systematic trading and mechanical trading for it involves usage of large amount of mathematic and physical models which are simply beyond the reach of human strength.

Chinese people believe that human mind is superior to computer. Well, this is not wrong, but it is not completely right either. The greatness of human mind is its creativity; while its weakness is that it's vulnerable to emotion and past experiences. In modern financial trading, the main function of a trader is not looking at the board and executing deals—these are the responsibilities of the trading system—instead, his main function is to design the trading system and examine the performance of it and make according improvements. This process unifies human creativity and mechanical uniformity. The success of a trader is derived from tow factors: smart idea and discipline. When the trader is executing deals, discipline becomes a problem; when existing trading system makes newcomers give up thinking, creativity becomes dead. If, we let the trader and the trading system do their respective jobs well, what we need to do is soliciting profit from market only!

As the earliest Trading Ideas Provider who advocates mechanical trading and systematic trading in the mainland, we hope that our books will bring real progress to you. Of course, there is no free lunch. Long-term existence does not merely rely on luck. Please make some efforts! Superb skill, perfect mind, excellent eyesight, strong will, rich knowledge—all these are merits that a great trader shall have to command. Finally, please allow us to help you squeeze into the queue of the greatest traders of this century!

目　录

第一章　周期与股市指数 …………………………………………………………… 001

经济周期起因可以分为两类：第一类是外部冲击说，类似于杰文斯的太阳黑子周期以及人口周期、厄尔尼诺周期、技术周期等；第二类是内部调整说，类似于哈耶克的生产三角模型、存货调整周期等。对于交易者而言，周期是一个值得投入精力去琢磨的领域。见效比较快的是大宗商品的产能周期，特别是农产品的产能周期，比如白糖的“三年增产，三年减产”周期等。

周期与诗人 …………………………………………………………………… 002

周期性 ………………………………………………………………………… 003

股票交易者需要晴雨表的指导 ……………………………………………… 003

道氏理论 ……………………………………………………………………… 004

道氏理论的含义 ……………………………………………………………… 006

道琼斯指数——业界标杆 …………………………………………………… 007

第二章　光影传奇下的华尔街 ……………………………………………………… 009

任何人都无法完全掌握任何时刻股票价格运动的所有驱动因素。当然，我们的经验表明某些参与者的职业素养和学说确实在众人之上。只有这些见识卓越的少数派，才能引导我们走出毫无价值的争论的迷雾，走向成功的康庄大道。当这些人拥有财富之后，财富只是一种数字，并未牵涉生命本身。财富绝不是这些远见者的最终和最高目标，而是他们实现更远大目标的一个手段和资源而已。

电影与舞台剧 ………………………………………………………………… 009

小说虚构中的金融家 ………………………………………………………… 010

大礼帽和紧绷的脸 …………………………………………………………… 012

真相之路，任重道远 ………………………………………………………… 012

寡妇和孤儿 …………………………………………………………………… 013

股票市场上清晰无疑地存在三个层次的波动，并且这三个层次的波动是相互协调和叠加的。第一个层次的波动是日内波动，是由局部或者短暂的因素引发的供求关系变化而造成的；第二个层次的波动一般持续 10~60 天，平均而言则为 30~40 天；第三个层次的波动是规模最大的市场运动，持续 4~6 年。

当平均指数的高点超过前一个高点，那么股市就处于牛市之中；如果平均指数的低点低于前一个低点，则股市处于熊市之中。我们往往很难判断牛市是否临近结束，因为趋势变化时股价会波动，而一次幅度显著的次级折返运动也会出现股价的波动。

从客观来讲，证券交易所当中的所有买卖都折射出了华尔街参与者们对现在和未来的预期。平均指数已经足以体现整个市况了，我们并不需要像统计学家一样贪图更多的数据，自作聪明地加入商品价格指数、银行信贷余额、汇率以及贸易额等指标。华尔街早已考虑到了所有这些因素，历史数据早已体现在股价走势之中，股价同时还吸纳了对未来的预期。

我认为预期与筹码对投机最为重要，但是也不能忽略估值和业绩，因为估值和业绩也能影响预期；估值、竞争优势与业绩对于投资最为重要，但是也不能忽视了预期和筹码，因为这两者会影响估值。那么，经济周期重要吗？当然重要，因为它影响了上述所有因素。

股市的晴雨表能够折射出股市整体的内在价值，关乎现在和未来的内在价值。指数就是股市的晴雨表，在解读平均指数的时候，必须搞清楚指数在内在价值曲线之上还是之下。我们可以查看1902年底，查尔斯·H. 道离世之后，《华尔街日报》发表的那些评论。这些评论将股市看作宏观经济的晴雨表，是经济的领先指标。现在看来，这些评论中隐藏了关于指数的运用之道。即便其中蕴含的只是常识性的东西，但是对于读者而言还是非常有价值的。

股市能够贴现一切参与者的预期，但是却不能贴现一切事实。只有那些处于预期中的事实才能被贴现。技术分析认为价格能吸收一切信息，其实道氏理论对此是有保留看法的。

我并非一个怀疑论者，但仍然忍不住对机械周期论嗤之以鼻，这是一套自欺欺人的玩意儿。我能理解任何规则复杂和严苛的游戏，但却无法理解一个可以不断变化规则的游戏。

这些成功预测的实例并没有什么自我夸耀的成分，任何聪明人只要按照正确的方法，客观地看待和研究平均指数，就能得出有价值的结论。

但是，一旦这个人与股市有任何利益关系的话，则容易丧失客观的立场，洞察力和判断力也会因此受损。如果这个人已经持有多头或者空头头寸，则自然会希望看到市场朝着有利的方向发展。

如果说预判牛市或者熊市的转折点是一件非常困难的事情，那么要想判断出回调和反弹什么时候结束和开始则是一件更富有挑战的事情。不过，倘若你能够基于道氏理论来应对这项挑战，那么也并非什么不可完成的任务。

汉密尔顿确实是站在金融资本家的角度来看待和分析一切的。不过，他认为一切历史都是经济史和金融史，这个观点确实需要史学界，特别是中国史学界认真思考。我们的历史大都是政治史和战争史，其实经济才是一切历史的动力和核心。

或许有人会问，当市场出现反弹的时候，我们如何判断它能够发展成为牛市呢？我们可以从一系列的 N 字运动中得到答案。如果反弹后再度回落，但是并未跌到此前低点，随后恢复上涨，而且突破了此前反弹的高点，那么牛市建立起来的可能性就比较大了。

有一位法国哲学家曾经说过，任何归纳性的概括都存在错误，其实这句话本身就是一句概括，当然也逃不出错误的藩篱。就我个人的观点而言，虽然有些讲述普遍性规律的谚语有些不合时宜，但是大部分仍旧正确有效。尽管任何一个普遍性的规律都会存在例外的情形，但如果例外太多的话，则需要寻找一个新的规律来取而代之了。

在经济学理论的发展上也要遵循这一过程。不过，有时候一些表面看起来的反例，深入之后却发现与规律相符合。有一句谚语最能表明这样的理论发展过程，那就是"看似例外的证据其实最能体现规律本身"。这条谚语用在股市晴雨表上也是十分正确的。

我想告诉他们的是股市晴雨表本身并无错误，它不仅能够折射出国内的宏观形势，也能反映国外的情况，它代表着具有普遍性的规律，而且可以广泛地用来预测金融市场与经济，甚至战争。由于股市晴雨表体现了许多商业和经济图表所未体现的因素，因此两者之间不可能完全拟合。如果商业图表碰巧与我们的晴雨表完全一致，那一定是出了什么问题。

资本需要更广阔的市场和更加开放的市场，自由流动的极大可能性以及最低的资本利得和监管，这就是金融资本家的梦想之地。全球化首先是金融资本家的全球化，其次才是贸易的全球化和产业的全球化。一个伟大的交易者必然建立全球视野，拥有全球格局和气魄。

每一次市场波动背后都有一个真正的驱动因素，恐慌性暴跌也不例外，但是大众往往无法正确认识这类走势，因为他们并没有下功夫去找到背后真正的驱动因素。要找到市场波动背后的真相，你必须下一番功夫去调查分析，观察各种盘面数据，揣摩和思考那些主要玩家的言行，包括场内交易者。我们需要追踪和分析大单成交的来源，琢磨背后的动机，找出买卖的理由，分析其持有筹码的成本和数量。

道氏理论让我们清晰地认识了那些盲目自大的周期理论以及一些权威的经典著作。这些权威的经典著作告诉我们如果能够对历史记录进行全面的整理，就能够从中获得更多有价值的认知。同时这些经典著作还告诉我们如果不能透彻了解经济和商业对国家和世界的重要性，也就无法了解真正的历史。

当筹码出现饱和或者稀缺的特征时，指数向上突破或者向下跌横向震荡区域的边界则预示着未来的股市大势。

横向震荡一般在 3 个点的幅度之内进行，如果指数向上突破了横向震荡区间的上边界，则意味着筹码供给衰竭，筹码变得稀缺，股价上涨才能增加筹码供给。

相反情况下，如果指数向下跌破了横向震荡区间的下边界，则意味着筹码供给饱和，股价继续下跌才能增加对筹码的需求，同时也预示着大盘将继续下跌。

道氏理论并非一个用来战胜市场的法宝。这个理论并不能将华尔街变成你的提款机，让你轻轻松松地不断从华尔街获得丰厚的收益，世上没有这么轻松而毫无风险的好事。但是，道氏理论能够让那些睿智而勤奋的投机者通过股市晴雨表为自己的交易保驾护航。如果道氏理论不能做到这一点，那么这本书也就毫无价值了，此前的讨论也就没有意义了。

第一章

周期与股市指数

题材是火，流动性是油！资产大泡沫就是火碰到了油，这是大机会，也是大危机。交易者应该趁势而为做多机会，当机而行做空危机。

——魏强斌

英国著名经济学家威廉·斯坦利·杰文斯（William Stanley Jevons）是一个性格耿直的人，他的著作也有较强的阅读价值。他曾经提出了一个颇具创造性的见解，他认为商业周期与太阳黑子周期具有密切的关系。

为了给自己的观点找到坚实而充足的证据，杰文斯搜罗了大量数据。这些数据从 17 世纪开始，包括了商业周期与太阳黑子周期两个序列的数据。这些数据表明两者之间存在显著的同步性。当然，由于他缺乏关于太阳黑子数量的准确数据，因此低估了两个世纪之前的商业危机和恐慌。

经济周期起因可以分为两类：第一类是外部冲击说，类似于杰文斯的太阳黑子周期以及人口周期、厄尔尼诺周期、技术周期等；第二类是内部调整说，类似于哈耶克的生产三角模型、存货调整周期等。对于交易者而言，周期是一个值得投入精力去琢磨的领域。见效比较快的是大宗商品的产能周期，特别是农产品的产能周期，比如白糖的“三年增产，三年减产”周期等。

1905 年初，我在《纽约时报》（*New York Times*）上发表了对杰文斯理论的评论。其中一个主要观点是：尽管以华尔街为代表的金融市场从内心深处明白萧条与繁荣的周期性，但是它们却对潜在的扰动之一——太阳黑子的数目，毫不在意。我发表这篇言辞尖锐的文章时，尚且年轻，言语中缺乏稳重和成熟，因此这样的文章很难引发什么反思和共鸣。倘若当时的我能够改变一下表达风格，以略带怀疑的口吻来陈述太阳黑子周期理论则大家的抵触情绪可能就不会那么大了，也显得更为礼貌一些。我的表述是："如同大选出现在闰年一样，太阳黑子的数目与经济周期的盛衰或许也是一种巧合而已，不能证明任何观点。"

周期与诗人

螺旋式上升，波浪式前进，放到金融市场中就N字结构。肯定（驱动浪）—否定（调整浪）—否定之否定（驱动浪），金融市场中的三段论。

不少经济学领域的教授和学生，以及务实的商人都深信在人类的社会和经济事务当中存在周期这种现象。我们无须具备爱因斯坦相对论的深奥知识素养就能明白一个显而易见的道理：在人类社会的经济与道德发展进程中，曲线而非直线是其前进的方式。

当然，诗人是周期的忠实拥趸。例如，伟大的诗人拜伦（Byron）在《恰尔德·哈罗德游记》（*Childe Harold's Pilgrimage*）中有一段十分精辟的诗句，折射出了深刻的周期思想：

诗歌翻译出来都要变味，如果想要知道这首诗的含义，可以在网上搜一下。

There is the moral of all human tales;
Tis but the same rehearsal of the past;
First freedom and then glory—when that fails,
Wealth, vice, corruption—barbarism at last.
And history, with all her volumes vast,
Hath but one page...

经济恐慌与繁荣看起来确实存在内在的周期，每一个对近代历史有所了解的人都能够列出那些出现经济大恐慌的年份——1837年、1857年、1866年、1873年、1884年、1893年、1907年，以及恶性通缩的1920年。其中的1866年，伦敦的欧沃伦·格尼银行引发了金融和经济恐慌（Overend-Gurney Panic）。

欧沃伦·格尼银行（Overend Gurney & Company）是一家伦敦的批发折扣银行（wholesale discount bank），简单来讲就是"银行的银行"，它在1866年倒闭，引发了一波危机。这波危机和金融风潮从英国伦敦很快蔓延到了中国上海，原有的11家外商银行在倒闭潮之后只剩下了5家。

从历史数据中我们可以看出，**经济恐慌之间的时间间隔并不完全一致**，从10年到40年都有，而且呈现出间隔不断拉长的趋势。我将在后续的章节当中对周期理论进行剖析和检验，鉴别其是否真的有实际价值。

周期性

大多数经济周期的理论都建立在一个有关人性的假设之上。这一假设认为繁荣会使人性的贪婪走向极致，此后当人们对贪婪造成的恶果后悔不迭时就出现了恐慌和萧条。经历过恐慌和艰难的日子后，大众会对任何收益感到满足，同时会恢复储蓄的习惯，而资本也会满足于微薄但是及时的利润，这些因素综合起来就促进了经济的恢复和再生，比如1893 年大恐慌之后的美国铁路行业的洗牌就是一个典型的例子。

经济要想前进，就必须有周期性，因为有了周期性才有了代谢与更替，有了变异与复制，有了进步与淘汰。有一些经济理论家认为应该熨平周期，其实根源在于他们并未认清周期有价值的一面。对于交易者而言，甚至对于任何人而言，周期带来了危机，周期不在乎利益集团，也不在乎你是谁，因为你只能顺应周期，而不是否认和对抗周期。

现在大家都知道，**倘若政府和国家入不敷出，则其货币就会贬值，此时整个社会最容易兴起投机潮。这就使得整个社会的气氛活跃起来，我们从一个实业萧条的沉闷阶段步入到了金融活跃的狂热阶段**。投机将充斥着社会的每个角落，而高息理财产品、暴涨的工资以及其他特征会随之出现。

在狂欢的盛宴结束后，周期便到了极其危险的阶段，类似 1907 年的经济崩盘情形就出现了。股票市场和商品期货市场首先出现经济萧条的预警，接着失业率显著上升，各行各业出现大量的失业人员。人们开始变得保守起来，流动性高的资产更受追捧，银行存款大幅上升，人们开始对投机活动感到恐惧。

在危机中，资产负债表使得大众不惜一切追逐流动性，有购买力的现金是最值得拥有的资产。

股票交易者需要晴雨表的指导

请你重温一下拜伦那回味无穷的诗句，以便从中得到足够的启发。有一种观点认为如果我们不能以诗人般的想象力技术革命带来新的题材，与宽松的流动性结合，就像火碰到了油，熊熊大火，一触即发。题材是火，流动性是油！资产大泡沫就是火碰到了油，这是大机会，也是大危机。交易者应该趁势而为做多机会，当机而行做空危机。

去分析经济和商业问题的话，那么就难以得出富有创造力的洞见。不过，我认为恰恰是太多不切实际的想象才导致了经济危机愈演愈烈。

因此，对于股票交易者而言，客观而不受情绪干扰的股市晴雨表才是最有价值的，最值得拥有的。什么是股市的晴雨表呢？价格平均指数，它可以告诉交易者现实和前景。在所有的股市指标当中，股票交易所的价格平均指数是最客观的指标，也是最有效的指标。

股票价格平均指数是统计学在股票市场上的落地。

尽管股票平均价格指数的成分股在变化，而且早期阶段的成分股数目也较少，但是道琼斯公司却坚持不懈地记录了长达 30 多年的这一指数，这是非常有价值的一笔数据。

股票交易者要想在这个市场上获得成功就必须仔细研读这一数据，即便这一数据有时候会让积极乐观主义者心生怨言，在另外一些时候则让消极悲观主义者满腹牢骚。这就好比万里无云时，晴雨表却告诉我们马上就要刮风下雨了一样。

但是，我们需要清醒地认识到如果真的等到暴风雨降临时才仓皇地采取行动，已经来不及了。混迹于股票市场的交易者们也面临相同的处境，我持续在报纸杂志上讨论和剖析这些股价平均指数，检验《华尔街日报》（*The Wall Street Journal*）创办者查尔斯·H. 道（Charles H. Dow）所提出的观点和模型。或许，我现在大张旗鼓地宣称这套东西是正确的，还为时过早。下面，我会给出更加详细的证据来阐述和支持我的观点。

道氏理论

道氏理论的基本要素和法则的确是比较简单的。查尔斯·H. 道旗帜鲜明地指出股市的运动分为三个层次。其中最为重要的层次我们称之为**“主要运动”**（Primary Movement）。例如，1900 年麦金利（Mckinley）再度当选为总统时，股市开始上涨，持续到 1902 年 9 月见到顶部，这轮上涨趋势运动就是主要运动。其间，虽然股市因为北太平洋铁路（Northern Pacific）股票的逼空战而出现恐慌性下跌，但是上涨趋势并未因此遭到破坏而终止。又例如，1919 年 10 月开始的下跌，持续到 1921 年 6~8 月才见底，这轮下跌趋势运动也属于主要运动。

威廉·麦金利（William Mckinley），生于 1843 年 1 月 29 日，卒于 1901 年 9 月 14 日。1897 年当选为美国总统。执政后，他采取提高关税和稳定货币的政策，加上其他措施，美国的经济有了很大起色，麦金利从而获得“繁荣总统”的美名。对外发动美西战争。1900 年 11 月 6 日，再度当选为总统。在布法罗被无政府主义者刺杀，因为糟糕的手术导致感染而去世，享年 58 岁。

从中我们可以看出，**主要运动通常会持续至少 1 年时间。**在主要运动发生时，其间会出现**“次级折返”（Secondary Movement）**。什么是次级折返呢？在熊市中的反弹，或者是在牛市中的回调。一个较为典型的例子是 1901 年 5 月 9 日出现的股市暴跌，这是牛市中的插曲而已，属于牛市中的次级折返。

当然，即便同处于牛市或者熊市，个股的次级折返表现还是会有差别。当主要运动处于上升趋势时，工业板块的回调可能比铁路板块的回调更早结束，当然也可能相反——铁路板块比工业板块更快地结束回调。即便在相同方向的主要运动中，20 只活跃铁路股与 20 只活跃工业股的运动方向一致，但是波幅并不一致。

在 1919 年 10 月熊市开始之前较长的一段时间内，铁路板块萎靡不振，成交低迷。当时，相对工业板块而言，大众已经忽视了铁路板块了。原因之一是因为铁路行业当时已经被政府接管，缺乏投机股的相应条件。所以，当时的铁路板块指数体现不出多空双方的综合观点，无法作为股市晴雨表来使用。只有当这些铁路上市公司重新私有化，才重获市场大众的青睐，恢复上涨，重估其价值。

道氏理论的含义

稳健的交易者不应该试图交易日内杂波，这是第一条；道氏理论是以预测大盘和大势为主的，不能基于大盘指数的走势来交易个股，这是第二条。

查尔斯·H. 道指出：**第三个层次的市场运动，也就是“日内波动”**。这一层次的波动存在于主要运动和次级折返之中。这一层次的市场波动最具误导性。另外，如果将道氏理论用来预测个股的走势也会存在误导性。假设某位股票投机客根据股价平均指数的走势，认为 1901 年 5 月将出现牛市中次级折返——回调，并且基于这一观点选择了个股北太平洋铁路进行做空操作。结果将如何呢？一些实际操作的交易者确实在当时做空了这只股票，但个股的行情走势并未与指数保持一致。如果这些做空者能够在 65 美元的时候及时离场止损的话，则算是躲过了一劫。

道氏理论在实践中不断衍生出许多具体的法则和规律，其中一条经过验证被证实为正确的法则：**“两个平均指数可以相互验证，当它们背离时，主要运动不会出现，也很少会出现次要折返。”**

如果你仔细观察了各类主要的市场指数就会发现，有时在某一段时间之内，这些指数会处于窄幅盘整之中。例如，工业股指数在 70~74 点横盘整理，铁路股指数在 73~77 点横盘整理。在技术分析中，我们称之为**“横盘整理”，这类走势通常意味着市场正处于筹码大交换阶段，也就是筹码吸纳或者派发的密集阶段。**

当铁路和工业两个股价平均指数向上突破这一横盘整理区域后，则意味着上涨趋势，也就是牛市来临了；当铁路和工业两个股价平均指数向下跌破这一横盘整理区域后，则意味着下跌趋势，也就是熊市来临了。例如，1921 年当两个指数向上突破横盘整理区域后，一场持续到 1922 年的牛市就来临了。

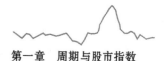

再强调一下，如果两个股价平均指数向下跌破了横盘整理区域，则表明股市熊市或者次级回调开始了，股市的暴风雨将紧随而至。在牛市中，将出现回调，或者说牛市将结束。例如，1910 年 10 月，两个股价平均指数向下跌破横盘整理区域后，大盘进入下跌趋势。

成分股的变化，并不影响股价平均指数的有效性。1914 年，证券交易所恢复营业后，工业股票价格平均指数的成分股从 12 只增加到了 20 只。初看起来，似乎指数构成的大变动会导致指数的晴雨表作用紊乱，因为比如通用电气（General Electric）之类的新成分股加入到了其中，这些新成分股的波动幅度很大，会加大工业股平均指数的波动，进而显著超过铁路板块个股的波动。不过，事实上我们不必为此费心，因为指数的跟踪者们发现 20 只成分股构成的指数与此前 12 只成分股构成的指数在波动上其实是非常一致的，甚至每天的波动都是基本一致的。

道琼斯指数——业界标杆

虽然大肆模仿道琼斯指数（Dow-Jones Averages）的现象非常普遍，但是这一指数本身仍旧被视为业界的标杆。对于这一指数的解读与分析存在许多流派和方法，但是道氏理论却是其中最为有效的经得起市场检验的方法。

其他方法为什么效果不佳呢？主要原因在于这些方法考虑了太多的因素与联系，但其实都是一切无关紧要或者毫无瓜葛的东西。例如，有些人做了一个过于复杂的模型，结合成交量或者大宗商品价格来研究股市的大盘与大势。

商品市场晚于股市见顶和见底，商品市场本身也是一些资源股的题材来源。另外，成交量是独立于价格之外的一个信息源，用来过滤价格提供的信息，比两个股价平均指数相互验证还要有效。因此，作者这里的一些观点过于偏颇。

实际上，指数作为晴雨表，本身已经能够折射出所有的信息。价格的走势吸纳了华尔街的所有认知和预期，甚至也体现了华尔街对于未来的全部预期。

亨利·H.罗杰斯（Henry Huttleston Rogers），生于1840年1月29日，卒于1909年5月19日，是一位美国实业家和金融家。他在石油精炼行业赚到了个人身家，成了标准石油的领导者之一。另外，他在天然气行业、铜业以及铁路行业也经营着不少公司。

在华尔街，没有任何个体和机构是全知全能的。即便是亨利·H.罗杰斯领导下的“标准石油帮”（Standard Oil Crowd），也在股市分析预测和操作上屡屡犯下严重错误。

获得有价值的内部消息并不意味着你能准确地预判出市场对这些消息的反应。股市已经贴现了所有人知道的所有消息，股价折射了参与大众的动机、信念和预期。如同美国参议员多利弗（Dolliver）在国会上引用《华尔街日报》一则评论时指出的那样：**所有的一切信息都会经由筛选和吸纳成为市场中的无情判决。**

第二章

光影传奇下的华尔街

我们面对的是现实，而非理论。

——格罗弗·克利夫兰（Grover Cleveland）

人的本质是什么？永不满足地想要缓解稀缺性。动物只会任由稀缺性驱使，而人想要从中解脱出来。

——魏强斌

经由详细而认真的分析，我们可以得出经得起检验的结论，那就是指数作为股市晴雨表是非常有效的。基于道氏理论的指导，交易者可以分析和判断股市中的主要运动，这个层次的市场运动持续时间从一年到超过三年；交易者也可以分析和判断股市中的次级折返运动，这类运动会干扰我们对主要运动的预判；当然，道氏理论还能够让我们清晰地认识到不那么重要的日内波动。

当然，随着考察的深入，我们会发现股价平均指数体现了华尔街对宏观经济的全部认知和预期，其走势与道德层面毫无瓜葛，同时股市中的操纵和坐庄行为并不会使得指数的晴雨表功能出现显著问题。

电影与舞台剧

从许多读者写给我的信中可以看出，大众倾向于认为股价波动背后存在肮脏的勾当和不为人知的阴谋，否则华尔街不会经常被司法部门询问。全球任何一个金融市场都会存在操纵的丑闻，如果要说股票市场能够独善其身，那也绝对是谎话连篇。

与其怨天尤人，不如顺天应人。

格罗弗·克利夫兰，生于1837年3月18日，卒于1908年6月24日。美国第22任和第24任总统。他是第一位接受当时的中国政府首脑李鸿章访美并与之会晤的美国总统。

我们不需要偏向任何一种激进而带有感情色彩的观点，这个世界上被感情主导头脑的人远远多于理性甄别的人。虽然我坚持认为股票市场本身毫无道德责任，但是毕竟许多人还是情绪化的，因为他们往往看不清事实本身，而是希望外界能够服从自己的主观认识。正如美国前总统格罗弗·克利夫兰所说的一句精彩格言：**"我们面对的是现实，而非理论。"**(It is a condition and not a theory which confronts us.)

大众印象中的华尔街笼罩在神秘的面纱之下，令人畏惧而神往，似乎是电影中才出现的地方。现在的电影相当于是我祖父母时代的舞台剧，电影中的情节总是逃不开老套的窠臼，剧中的坏蛋和嗜血如命的恶魔与现实并无关系。但是，制片方为了取悦影评人士和观众，就必须符合他们的胃口。

杰罗姆·K. 杰罗姆（Jerome K. Jerome），生于1859年5月2日，卒于1927年6月14日。英国著名的编剧，主要代表作品有《三人同舟》（*Three Men in a Boat*）等。

不过，事实上这些影评人士和观众从未在现实中见过这些角色。许多年前，杰罗姆·K. 杰罗姆曾经为舞台剧制定过剧本写作规则。这些规则表明情节倾向雷同：如果花费36便士的结婚证书丢失了，那么婚姻就会被宣告无效；如果某个人去世了，同时留有遗嘱，那么财产就会分配给遗嘱指定的财产继承人，而这个人往往具有意外性……舞台剧中的律师就像生活中的律师一样社会地位很高，而侦探也是正面的形象，他们具有深邃的目光和卓越的推理能力，但是舞台上的金融家们却往往被塑造得很糟糕，编剧和导演们好像在有意迎合大众的偏见，故意破坏金融家们的形象。

小说虚构中的金融家

光影艺术中的金融家，特别是那些镜头放大特写下的金融家们，其形象被刻意塑造成相当反面的类型。其实，早在电影发明之前，这种情况就已经存在了，这并非一个新近塑造出来的形象。

20多年前，我在报纸杂志上读了一篇类似小说的文章，描述的是一个庄家的故事，其原型类似于詹姆斯·R. 基恩（James R. Keene）。这篇小说的插图与文章相得益彰，阅读起来让人心潮澎湃。其中一张插图的人物就是基恩的形象，这个人站在联合股票交易所（Consolidated Stock Exchange）的行情报价机前面，紧紧地盯着行情的变化。文章描绘了这位操纵者如何动用巨大的资金影响股价的走势，进而对整个市场造成了巨大的冲击。其实，**恐怕也只有小说和电影中的庄家能够为所欲为。**

在当今社会，文体娱明星其实不过是资本大鳄的赚钱工具而已。真正运作这个社会的人，真正影响这个社会的力量，不是抛头露面的明星。无论是华尔街，还是好莱坞，都是资本家逐利的场所。成功的明星们都在积极转型成为资本家。汉密尔顿为资本家辩护，其实并无必要。影视作品大多并非为人启迪心智，而只不过是满足绝大多数人的心理需求罢了，而这种心理需求往往源于人生不如意和挫败。例如，印度的电影主要面向社会阶层较低的男性观众，其情节主要满足这部分人的心理和诉求。

这篇文章的作者是埃德温·李费佛（Edwin Lefevre），此君当时任职于纽约的《环球》（*New York Globe*）杂志，在一些模棱两可、近似小说的财经类文章上挥洒自如。他确实可能对于自己在文学上的造诣不甚满意，并且为此自责不已，但是却醉心于财经文章的文学化。他热衷于股市文学的创作，下面一段文章节选自《松脂股票的操纵与崩盘》（*The Break in Turpentine*）。

其实，这篇小说写得很好，我特意从国外网站上找到，放在附录1，有兴趣的读者可以看一下。

如今，庄家确实伴随着股市诞生了，并非我们凭空臆造出来的。坐庄需要深厚的功力和超凡的技巧，并且要依靠智慧而不是蛮力，要让股价的走势毫无操纵的痕迹。买入或者卖出股票的操作并不复杂，每个人都很容易做到，关键是如何做到卖出股票的操作看起来是在买入股票。当大众受到庄家传递的虚假信息的影响而买入股票时，庄家就可以趁机派发筹码。**要达到这样出神入化的操作，必须具备理性而客观的分析能力，对技术条件和人性要了如指掌，通晓市场心理，熟悉操纵手法。**另外，还需要与华尔街各界保持融洽的关系，对社会各阶层和利益集团熟稔于心，而且必须对自己雇用的经纪人非常了解，基于其能力和性格等条件进行驾驭。

兵者，诡道也。故能而示之不能，用而示之不用，近而示之远，远而示之近。利而诱之，乱而取之，实而备之，强而避之，怒而挠之，卑而骄之，佚而劳之，亲而离之。攻其无备，出其不意。此兵家之胜，不可先传也。

中肯地讲，这篇小说的专业水准很高。作为文学作品，相比通常的舞台作品和电影而言，更接近真实的金融世界。虽然操纵也需要一些特定的商业和经济背景和条件，但是这篇小说并未触及这些深层次的核心内容。尽管这篇小说已经经受住了各种苛评，但是市场的真相还是远甚于此，真实的股票操纵情形是非常难以用文字来描述的。

大礼帽和紧绷的脸

言情小说害了年轻人的爱情观，武侠小说害了年轻人的功夫梦，扭曲了对现实世界的认知，使得我们无法很好地应对现实世界。关于股市也有太多扭曲的认知，这些认知有很大一部分来自文学和影视作品。

最近一份销量极高的报纸刊登了一份读者来信，这位读者是一位西方游客，他在参观完华尔街之后形成了负面的印象。这封信言辞偏激，他在信中刻画了“大礼帽和紧绷的脸”。这封信迎合了厌恶华尔街的负面情绪。难道华尔街留给人的印象就是“大礼帽和紧绷的脸”？我想对此做进一步的剖析。

我也曾在华尔街见到过戴着大礼帽的人，当时是1901年新股票交易所开张剪彩的时候。市长赛斯·洛（Seth Low）当时就戴了一顶这样的帽子，这是一种时尚。但这种情况并不普遍。

在电影当中，金融家们总是倾向于戴大礼帽。这就好比在舞台剧当中，英雄们就算穷困潦倒也会脚蹬黑皮长靴。电影里的金融家们如果不戴上大礼帽，就好像没加盐的鸡蛋一样，淡而无味。

真相之路，任重道远

数年之前，市场的运行和监管机制还不健全，因此发生了一起比较恶劣的逼空操纵事件，也就是斯图兹汽车公司（Stutz Motors）坐庄丑闻。不过，当时除了一些做空该股的投机客之外，其事件并未给多少人造成损失。这些投机客们也并未怨天尤人，而是按照规则回补了空头。

但是，这个事件却成了大众批判华尔街的口实。纽约的某家报纸撰文说这起事件的策划者与臭名昭著的大都会运输公司（Metropolitan Traction）腐败事件，纽黑文铁路公司（New Haven）和岩岛公司（Rock Island）的财务劫掠事件，以及人寿保险公司（Life Insurance）的腐败丑闻幕后操纵者是相同的。这份报纸为了促进自己的销售，故意隐瞒了一些事实。例如，大都会运输公司旗下的大都会市区铁路公司（Metropolitan Street Railway）最后一次融资已经是20年之前的事情了，而其旗下的另外一家公司大都会区间运输公司（Interborough Metropolitan Company）虽然牵涉到纽约街面铁路这项愚蠢的全资投资之中，但是也是15年之前的事情了。纽黑文铁路公司的相关财务事件发生在11年之前，报纸的评论也有失公允。岩岛公司事件则发生在19年之前。人寿保险公司的相关调查也是16年之前的事情了，并未发现相关违法行为，也没有人被起诉。

媒体的动机究竟是报道事实和探究真相，还是制造热点和增加收益？你如果把这个问题想明白了，就可以避免许多偏颇的判断。

另外，媒体经常用来攻击华尔街的芝加哥—奥顿公司（Chicago & Alton）的重组事件，事实上早在1899年就完成了，且在1907年之前，并没有谁认为这次资产重组事件存在什么问题。

我写这些东西，是为了澄清历史和事实的真相，因为这些事件被媒体刻意歪曲了，而这些事件当中并没有什么肮脏的勾当和应该被抨击的丑陋现象。

寡妇和孤儿

尽管北太平洋铁路的逼空操纵事件给股市造成了巨大的恐慌情绪，影响很大，但是这样的操纵并未让指数的晴雨表功能失效。

这次事件引发的恐慌出现在大牛市期间，不过仅仅造成了大盘的一波剧烈的次级折返而已。股价因此回调，但是很快就恢复了上行态势，持续上行了16个月才见到终极顶部。

一定要问一句："他这样说是出于什么动机呢？"

不过，那些公开抨击华尔街迎合不明真相群众需求的政客们总是不遗余力地在这个事件上大做文章。他们将1901年的这次事件描绘成血腥的华尔街资本家们制造的"惨案"。社会上广为流传的一个版本是这个事件当中，损失最大的人是一群参与股票交易的寡妇和孤儿。如果真的是这样的话，那么政客们应该想办法娶了这些寡妇，收养这些孤儿，如果他们做不到的话，就不要说一些缺乏基本商业常识的话，同时也不要粗鲁无礼地在金融人士的身边揪着过去的一点错误不放。当然，他们也适合到电影圈去混迹，这是一个更加适合他们的职业。

道氏理论能够揭开任何股票市场的真相

扯了这么多，现在是时候回到本书的主题了。我想要向大家阐述和解释主宰股市运动的基本法则。这套法则虽然是在美国股市上被揭露出来的，但是却能够广泛地运用于任何股票市场，比如伦敦股票交易所（London Stock Exchange）、巴黎股票交易所（Paris Bourse）、柏林股票交易所（Berlin Boerse）等。

我们也可以从另外一个相反的角度来进一步论证上述观点。那就是假设上述交易所都不存在，那么这一套理论包括的基本原理仍旧是正确的。只要在任何一个大都会重建一个自由买卖的股票市场，则这一套法则都将同样地发挥不可抗拒的作用。

就我所知道的情况，到目前为止伦敦金融城并未发布和出版任何类似于道琼斯指数的数据。如果伦敦股票交易所也有类似于道琼斯指数的晴雨表，那么也能够精确地预判伦敦股票市场的大势。我们可以从沃特霍尔股票名单（Wetenhall's List）或者伦敦股票交易所的官方名单（London Stock Exchange Official List）中挑选一些成分股，当然这些成分股涉及两个甚至更多板块，它们可以构成两个或者更多的股票平均指数。这些平均指数的主要运动、次级折返和日内波动是我们研究的重点。

由英国铁路成分股构成的平均指数可以很好地检验道氏理论。同样，那些在伦敦上市的工业成分股构成的平均指数也如此，因为它们更加多样化，上市交易的时间也很长，有足够的历史数据。

南非股票市场（Kaffir Market）的矿业成分股构成的平均指数也是检验道氏理论的有力武器，这些股票的数据可以追溯到1889年的德兰士瓦淘金热（Transvaal Gold Rush）。从这一矿业指数可以看出，当其他行业濒临绝境的时候，南非的矿业却异常繁荣。在经济学家看来，将南非矿业股票的平均价格指数与固定收益证券的价格走势进行比价是有意义的。从中可以发现**债券的价格与通胀水平之间存在反比关系。也就是说，固定收益证券的价格与生活成本之间存在反比关系。**后续的章节我们会继续剖析这一规律。

通胀越高，期限越长，信用等级越低，则债券的实际利息越高，债券的价格越低。

空穴来风不属实

想要从华尔街内部观察华尔街本身也是困难的，未必能够得到全面，也很难接近真相。正如我们将要说到的一点，那就是市场整体大于任何玩家个体，即便是庄家在市场面前也是渺小的。市场并非个体的简单加总。指数作为晴雨表其折射的东西比个股更加全面和深远。

当代作家G. K. 切斯特顿（G. K. Chesterton）曾经强调：不真实的证据毫无价值，甚至容易误导人。在查尔斯·H. 道提出价格运动的学说之前，并没有任何人尝试对市场的本质和真相进行深入而全面的探究。当一个人卷入股市中时，他往往只见树木不见森林，因此他根本没有用客观而全面的心智去看待市场本身。

进场之前，我们记得所有规则；进场之后，我们遗忘了所有规则。爱情和交易，都是如此。

同时，大众对华尔街的偏见也影响了客观认知的产生，这些偏见源自文艺和电影作品的塑造。

罪恶对美德的恭维

为什么总有一些推销石油股的骗子在金融区一些热点地方大肆向大众推销？为什么这些骗子总是绞尽脑汁、用尽手段地在大城市的热门报刊的金融专栏上推销？如果这些受众们，无论是投资者，还是投机者，或者是业余人士，都坚信华尔街是罪恶横行之地，那么为什么这些骗子还是能够得手呢？

凡事看两面，多做逆向思考，对赞同之物尝试着去批判，对批判之物尝试寻找其合理之处。交易中，学会从对手盘的角度去思考，这样可以避免盲区。

显然，华尔街并未在大众口碑中达到如此恶劣的程度。如果华尔街毫无公信力，那么这些金融骗子也不会打着华尔街的旗号行骗了。他们之所以愿意利用华尔街的名声来行骗，恰恰是因为华尔街的声誉度在全球是一流的。

就这个角度来看，把自己伪装成华尔街人士来行骗的罪行恰恰体现了对华尔街美德和声誉的认可和恭维。倘若华尔街和金融界真的如部分媒体和别有用心的政客所鼓噪的那般腐败，那么美国的金融和货币中心早就腐败溃烂了。如果现实结果真的这样的话，则那些批评指责的论调倒是得到了现实的支持。但是，现实显然并非如此，金融界并未堕落，生机盎然。当然，道氏理论也能够继续获得市场运动的证明。

罗兹和摩根

如果作家的题材和素材大部分与华尔街有关的话，很少有人会指责其在描述中掺入太多个人的主观情绪。小说家们可以按照自己的喜好去安排，但是华尔街的人们却需要客观地对待自己的工作，他们必须保持专注。他们每天的工作繁重，需要谨慎，同时面对形势的变化，又不可避免地变得紧张和兴奋。所以，他们根本没有闲情逸致来诓骗。

麦道夫事件恰恰证明了作者写的这段华尔街辩护词显得多么苍白无力。

正如我们亲自接触的股票市场一样，任何人都无法完全掌握任何时刻股票价格运动的所有驱动因素。当然，我们的经验表明某些参与者的职业素养和学说确实在众人之上。只有这些见识卓越的少数派，才能引导我们走出毫无价值的争论的迷雾，走向成功的康庄大道。当这些人拥有财富之后，**财富只是一种数字，并未牵涉生命本身。**财富绝不是这些远见者的最终和最高目标，而是他们实现更远大目标的一个手段和资源而已。

25 年前，我曾经在南非工作，当时偶然接触到了塞西尔·约翰·罗兹（Cecil John Rhodes）。此君目光远大、见解深刻，他不仅仅是想要在殖民地赚取金钱，而是想要做出更大的贡献，让生命更有意义。在南非，金钱只不过是他实现理想的工具之一。因此他可以利用金钱在南非修建铁路，将开普敦和开罗通过铁路连接起来，整合全非洲，孕育出新的文明高峰。

塞西尔·约翰·罗兹，生于 1853 年 7 月 5 日，卒于 1902 年 3 月 26 日。他在南非靠开采钻石发了财，建立了曾控制世界钻石业 90%业务的戴比尔斯钻石帝国。罗兹 24 岁时写下第一份遗嘱，遗嘱中他阐述了自己的雄心壮志：“将大英帝国的统治扩展至全世界……将美利坚重新纳入大英帝国，统一整个帝国。在帝国议会实行殖民地代表制度，将分散的帝国成员统一起来，从而奠定永无战争，符合人类福祉的世界。”1902 年 3 月 26 日，罗兹死于心脏病。他留下遗言说：“已做得太少，要做的太多。”他用遗产创立了著名的“罗兹奖学金”，鼓励后人继续他“统一世界，造福全人类”的大业。美国前总统比尔·克林顿等一大批名人曾获此奖学金。2015 年 4 月 9 日，其雕像从开普敦大学拆除。

论天赋才智，我只遇到一个人可以与罗兹先生比肩，那就是已故的金融巨擘约翰·皮尔庞特·摩根（J. Pierpont Morgan）。他们两人的思维都非常敏锐，好比一个小孩子能够在数秒内通过心算得出一个四位数的平方根，这是常人可望而不可即的。有些媒体的记者总是将杰出人物的成功描绘成机遇使然，他们在才智上并不出众。但是，我遇见的大部分产业大亨和金融大佬们，都是水平极高的思想家和战略大师，如詹姆斯·J. 希尔（James J. Hill）和爱德华·H. 哈里曼（Edward H. Harriman）。**他们能够去粗存精，去伪存真，从无数的信息中抛开次要因素和表象，把握关键，透视本质。**而罗兹先生和摩根先生的分析能力则更加高超，他们能够在你尚未陈述完毕之前，就能根据推理得出让人惊讶而正确的结论。

成功的途径并非难以描述

成功可以解剖和解构，成功不可完全靠复制，但是成功所依赖的能力可以完全复制。

上述这些人好像是运气使然而成了超级富豪。其实，这群人都有远见卓识，心怀伟大的梦想，同时这些梦想需要足够的财力才能实现，这促使他们投身于经济事务中。过去数年当中，我听闻许多关于成功途径和方法的理念，但是这些谈论和阐述往往都流于空泛。

身处理想和现实夹缝中的华尔街自然也有自己的成功理念。在我个人的生活和工作中，我也希望自己和身边的人能够培养出正确而客观的成功理念，就像上述这些伟大的任务一般。

但是，大众通常认为成功的途径是难以描述的，这就好比用语言来描绘美景一般。不仅之前，我听到了一位演讲者用“难以描述的美”来刻画科罗拉多大峡谷（Grand Canyon of the Colorado）。他用了长达 75 分钟的时间来讲述大峡谷，最终的结论是它的美无法描述，或许他打心眼儿里是这样认为的。不过，我认为弥尔顿（Milton）和赞美诗人（Psalmist）是有能力描绘出这种美丽的。任何一个具备足够才智的人只要能够在客观景象面前陈述自己的真实感受，就能够描绘出这种自然界的壮美。所以，成功的路径也是能够被描述的。

人性不变

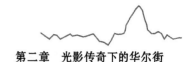

我记得自己此前在许多过目即忘的媒体评论上，看到过关于“人性不变”的话题。人性始终不曾发生变化，因为人的本质从而发生变化。有史以来，人性几乎一直如此。

人的本质是什么？永不满足地想要缓解稀缺性。动物只会任由稀缺性驱使，而人想要从中解脱出来。这是我个人的一个思考。

周期（Cycles）这个概念与人类的起源一样久远。人类所能看到的变化都是短暂和局部的，属于表象的范畴。人性导致了周期，而人性却无法看清楚周期。

一些聪明的人想要通过法律来约束人性，以便获得和平和幸福。其实，人类精神的升华和完善才是所有进步的根基。因此，我们应该从人性的完善开始，而不是从法律开始。

三一教堂（Trinity）的醒世钟声

在华尔街的西面矗立着一座三一教堂。傍晚时分，夕阳西下，教堂沐浴在余晖中，留下了斜长的影子。在美利坚这个伟大国度当中，饱受争议的是非之地——华尔街也处在祥和之中。

终日在华尔街劳作的我们也时常听到这座教堂的钟声，以及流传久远而熟悉的圣诞颂歌。耶稣是牧羊人，他远远地望着地上的羊群，而羊儿们则慵懒地躺在辽阔的草地上。听到这钟声，常常让人感到自己正身处在上帝的光芒和慈爱之中。法律并不能带来这样的平静和祥和之感。法律不能让人感到快乐和幸福，不能让人富有和满足。

作者此处的论调好像《道德经》，认为法治是人类社会倒退的表象，要推行“德治”。

今天的政府组织形式是历史上前所未有的。以前，正义与公平是驱动国家走向更加美好状态的唯一动力。华尔街和抨击华尔街的人们拥有一个共同的认知——善、公正与慈爱是一个良好政府的基石，这些优秀品质才能让一个民族能够把握自己的前途。

我们今天接触和学习的法律主要是基本的简明法律条款，其中隐含着某种普遍的永恒真理。即便美国宪法的章句变成了后世考古的对象，即便今天的法律文章变成了历史古文，其中蕴含的永恒真理都将亘古不变。这些东西是根本性的东西，其包含的真理隐含着神圣的法则。

第三章

查尔斯·H. 道和他的理论

道本人认为正如金融和经济危机在历史上每隔 10 年反复出现一样，股市也应该存在与之匹配的周期模式。

——W. P. 汉密尔顿

此前我曾经参与了许多道氏理论、经济和金融周期等话题的讨论，其间收到了不少读者的来信。从这些来信当中，可以看出大家还是普遍认可道氏理论的，认为它是一个在股市制胜的利器。我这里也可以秉持负责任的态度告诉大家，道氏理论与任何金融骗术没有关系，也没有相似之处，它是一个光明合法挣钱的工具。当然，还是存在一些对道氏理论的误解，有这些误解的读者所提出的问题也往往比较尖锐，值得我做进一步的回答。

相比江恩理论和艾略特波浪理论而言，道氏理论在华尔街的地位要高得多。你想想其中的原因是什么？

查尔斯·H. 道并不仅仅是一个媒体人

谁是查尔斯·H. 道？我能够在哪里看到他的理论？查尔斯·H. 道是纽约的道琼斯通讯社（Dow-Jones Financial News Service）的创始人，也是《华尔街日报》（*The Wall Street Journal*）的首任编辑。他于 1902 年 12 月去世，享年 52 岁。

查尔斯·H. 道早年跟随《春田市共和报》(*Springfield Republican*）的主编塞廖尔·鲍尔斯（Samuel Bowles）学习，逐渐成为一名资深的新闻记者。道是新英格兰人，善于理解，自制力强，谨慎而稳重，同时精于业务。无论舆情多么激烈，他总能保持理性客观的分析和判断。我从而见过他为何事动怒，因为他从不激动。

在道涉足记者和媒体的年代，财经记者人数非常少，很少有人能够堪担重任。即便能够当上财经记者，真正具有深厚财经素养的人也少之又少。查尔斯·H. 道依靠深邃而冷静的洞察力和无可挑剔的诚实赢得了华尔街的肯定和信任。

除了媒体行业的职业技能之外，查尔斯·H. 道还具有另外一个优势——他曾经在证交所内任职数年。这其实还有一个有意思的故事牵涉其中。已故的罗伯特·古德博蒂（Robert Goodbody）是华尔街的骄傲，也是贵格派教徒（Quaker）。他是爱尔兰人，当他从都柏林来到华尔街时，纽交所要求会员必须是美国公民，因此他就邀请查尔斯·H. 道成了他的合伙人。在罗伯特申请美国国籍的时期内，以查尔斯·H. 道的名义在证券交易所内购买了会员席位，然后由道负责执行场内交易。等到罗伯特申请成功美国国籍之后，查尔斯·H.道便从交易事务中离开，回到了更适合他发挥特长的财经媒体领域。

查尔斯·H. 道的谨慎与他的理论

在查尔斯·H. 道最后几年的光景当中，我有幸能和他一起工作。我对他非常了解，并且乐于与之相处，聆听其教诲。但是，某些时候我也会和他的部分朋友一样，因为他的过度谨慎和保守而感到不快。

他的极端谨慎作风在他为《华尔街日报》撰写的社论专栏中表露无遗。这些社论非常有价值，因为它们是道氏理论的基础，它们是道氏理论的书面记录，因此我在这里不得不提到这些材料。

他的极端谨慎是如何具体体现在社论中的呢？举一个例子，他曾经就一个影响金融和经济的公共问题撰写了一篇用词犀利而尖锐的社论，这篇文章深入浅出，简短扼要，非常具有说服力。但是，他会在文章的末尾加上一些缓和语气的话，以便留下缓冲的空间，这样做或许是出于保护自己的目的，以便锋芒太露。用拳击术语来讲，就是在出拳后迅速收回来，以避免留下空当。

查尔斯·H. 道非常谨慎，以至于无论其理论多么严密，其推理多么清晰，他都不会给出简单明了的结论。从 1901 年到 1902 年上半年，他撰写了一系列有关股票投机的专题文章。我们必须深入研究和整理这一系列的文章才能得到道氏理论的全貌。因为他并未在文章中清晰地展开其理论，而是在分析行情的同时穿插了一些理论论述。

不过，他还是在早期的社论中提到了价格运动的层次理论，虽然其中的论述并不清晰，定义也不够准确。具体来讲，他在 1902 年 1 月 4 日《华尔街日报》的“回顾和展望”（Review and Outlook）专栏中发表了一篇名为《波动叠加》（*Swings Within Swings*）的文章，其中有这么一段话：

股票市场上清晰无疑地存在三个层次的波动，并且这三个层次的波动是相互协调和叠加的。第一个层次的波动是日内波动，是由局部或者短暂的因素引发了供求关系变化而造成的；第二个层次的波动一般持续 10~60 天，平均而言则为 30~40 天；第三个层次的波动是规模最大的市场运动，持续 4~6 年。

道氏理论的疏漏之处

务必记住一点，上述文字是查尔斯·H. 道在 20 年前写下的，那个时候他还不能够像今天的人们一样拥有足够丰富的股市数据进行统计分析。按照他在上述段落中的说法，主要运动将持续 4~6 年，但是到现在为止的更长时间的行情数据表明，这一估计明显过长了。我对查尔斯·H. 道写下这篇文章之前的历史数据进行了研究，也发现主要运动基本上达不到 4~6 年的长度，通常都在 2 年以下，极少情况下会持续到 3 年。

实践是检验真理的唯一标准。道氏理论能够走到今天，是因为有一代又一代的道氏掌门人持续实践和完善。相比之下，其他技术分析理论就缺乏这样持续而系统的实践了，因此也很难评判其真实绩效，也无法做到持续改进。

当然，查尔斯·H. 道给出这样的数字必然有其理由，因为他在业界的信誉度也使得其结论具备一定可信度，至少值得认真探讨。道本人认为正如**金融和经济危机在历史上每隔 10**

产能周期，或者说朱格拉周期的时间长度为 10 年左右。

年反复出现一样，股市也应该存在与之匹配的周期模式。他据此认为，股市在10年当中存在一个牛市和一个熊市，各自5年。他的这一想法其实是自然而然的，他想要自己观察的主要运动能够与已被确认的经济周期匹配。这是一种自发的朴素思维，好比一个小孩被要求讲出10种北极动物时，他回答道："5头海豹和5头北极熊。"

杰文斯的恐慌周期

在本书开头部分，我们曾经提及了历史上发生的金融市场恐慌，也提及了斯坦利·杰文斯教授和他的周期理论。在其周期理论当中，他认为经济和金融的恐慌其实与太阳黑子的周期性爆发有关，因为太阳黑子对气象条件，进而对农业会造成显著的影响。我曾经指出过其中可能存在一些逻辑上的谬误，毕竟其中的巧合是无法澄清的。

但是，杰文斯教授在理论中提及的英国经济和金融危机年份还是让人记忆深刻的。这些经济和金融恐慌发生的年份是：1701年、1711年、1712年、1731~1732年、1742年、1752年、1763年、1772~1773年、1783年、1793年、1804~1805年、1815年、1825年、1836年、1847年、1857年、1866年和1873年。

查尔斯·H. 道在1902年7月9日的《华尔街日报》上发表了一篇社论文章，其中引用了上述日期。他在该文中评论道："这些日期表明10年周期理论具备坚实的事实基础，同时美国在最近一个世纪当中发生的危机也进一步证明了这一周期理论。"

查尔斯·H. 道对美国发生的几次经济和商业危机做了无比精辟的记录和论述，他亲自经历了其中3次危机，分别是1873年、1884年和1893年。这些相关论述值得我们在此摘

朱格拉周期长达10年左右，与太阳黑子周期较为接近。太阳黑子周期与地震关系也很密切，2008年的汶川地震就发生在太阳黑子活动极小年。流行病和农作物生长情况，甚至车祸率、脑卒中发病率、生育率等都与太阳黑子有着密切的关系。10年前，我也曾经一度痴迷于太阳黑子周期和ENSO的研究，搜集和研究了大量的相关文献。

录。从杰文斯教授的记录来看，他似乎遗漏了一次比较严重的危机，也就是 1715 年的危机。这次经济危机是由苏格兰入侵英格兰引发的，当时斯图亚特王朝（Stuarts）企图复辟，重登英格兰的王位。杰文斯之所以没有记录这一年的危机，大概是因为当年的太阳黑子数目并不支持其理论模型吧。

查尔斯·H. 道对美国经济危机的记录

接下来，我会摘选一些道本人对美国经济和金融危机的记述：

美国在 19 世纪发生的第一次经济和金融危机是 1814 年危机。这次危机的导火索是 1814 年 8 月 24 日英国侵占华盛顿引发的。当时费城和纽约的银行基本停止了取款业务，形势一度相当危急。这次危机出现的原因很多，如英国的禁运法令、1808 年贸易法案使得出口大幅下降、财政赤字激增、雨后春笋般出现的州立银行使得银行业竞争激烈等，还有一个重要的原因是许多银行在没有充足资本金的前提下发行了大量的银行券，这就为金融体系的动荡埋下了祸根。

1819 年、1825 年和 1837 年

因为银行系统的流动性大幅紧缩，导致 1819 年几乎濒临经济危机。此前，**银行体系通过发行银行券和贷款释放了大量的流动性，以至于催生了投机热潮。接下来的紧缩使得商品与地产的价格大幅下跌**。从肇因的角度来看，这几乎就是一场流动性紧缩引发的恐慌。

只有傻瓜在做交易的时候才不会关注宏观流动性！

1825 年欧洲发生了经济危机，使得欧洲大陆对美国商品的进口需求显著下降，而这进一步使得美国国内出现通缩：一方面，商品价格下降；另一方面，黄金等硬通货短缺。不过，万幸的是这次危机并未发展到严重的境地。从整体而言，

欧洲进口需求下降，导致美国通过出口赚取黄金的规模下降，进而使得国内出现通货紧缩，因为黄金是当时的货币。

这次危机其实只是经济增长过程中的一次回调而已，并非经济繁荣的终结。

1837 年爆发了一次较为严重的经济恐慌，原因很多：之前一段时间内制造业和商业过度扩张，大量新兴公司创立，农作物收成欠佳，一些食品原料大量进口，等等。最为重要的原因是**美国政府拒绝了延长美国银行的特许经营权，使得美国的银行业格局出现了根本性的变化，资金从银行系统流出寻找更高的收益，于是一系列疯狂的投机泡沫出现了。**

金融监管放松和金融创新兴起使得投机泡沫很快形成，索罗斯和金德尔伯格都深入地论述了这种信贷周期。这种周期是投机客必须掌握的。

1847 年、1857 年和 1866 年

1847 年欧洲出现了经济危机，虽然使得美国的出口受到了影响，进而降低了黄金等通货的输入，但是整体上对美国的经济影响不大。“美默战争”对企业有一些影响，不过此后由于面包原料的大量出口以及 1848~1849 年发现了金矿而大大缓解。

这场战争在历史学术界被称为“美墨战争”（Mexican-American War），是美国与墨西哥在 1846~1848 年爆发的一场战争。美国通过这场战争，夺取了 230 万平方公里的土地，一跃成为地跨大西洋和太平洋的大国，从此获得在美洲的主宰地位。墨西哥丧失了大半国土，元气大伤。

1857 年 8 月俄亥俄人寿保险和信托公司（Ohio Life Insurance and Trust Company）倒闭引发了美国国内一波规模巨大的经济和金融危机。尽管此前物价已经持续下跌了数月了，但是当真正的危机到来时，大众还是猝不及防。当时的铁路基建规模巨大，银行持有的黄金储备并不充足，但是却向铁路等行业发放了巨额的贷款。危机一旦出现，大量企业和银行破产倒闭。到了 10 月的时候，绝大多数银行都停止了取款业务。

伦敦的欧沃伦·格尼银行破产引发了 1866 年的英国经济危机，导致股市暴跌。同年 4 月，南方密歇根铁路公司（Michigan Southern）逼空事件出现，股市投机活动重新热络起来，火热程度超出常态。

1873 年、1884 年和 1893 年

1873 年 9 月爆发的危机不仅是经济上的，也是金融上的。这次恐慌是大量的流动性从资本市场涌入房地产市场引发的。

此前一段时间，以地产为主的商业迅猛发展，而货币供给无法完全满足其信贷需求，银行存款不断减少，整个经济处于流动性匮乏的状态，步入严重的萧条之中。

1884 年的恐慌只不过是股市上的暴跌而已，经济本身并未出现任何危机。当年 5 月，海运银行（Marine Bank）、大都会银行（Metropolitan Bank）以及格兰特—沃德公司（Grant & Ward）的接连破产，引发股市暴跌，全年都处于下跌走势之中。数年的铁路干线争夺战（The Trunk Line War）也导致股市的铁路板块处于看跌背景中。

1893 年的危机是许多因素综合作用造成的：货币和信贷状况不确定、外资撤离、保护主义下的关税立法等。其中最为重要的原因是金本位存在动摇的潜在风险，一旦金本位被推翻则会引发一系列动荡。

存在缺陷的一次预判

查尔斯·H. 道本人在预测股市的时候总是极端谨慎，这不仅是新英格兰人的特点，也是苏格兰人的性格特点。在预判的最后，他总是一如既往谨慎地总结道：

过去 6 年，甚至更长的历史表明，我们有理由认为在未来的数年时间内，股市至少会出现一次小型的恐慌。

道的这次推断是有充分依据的，其预判并不算大胆和激进。仅仅在 5 年之后的 1907 年，股市就出现了一波恐慌，但是绝不是小型的恐慌，其规模超出了大众的预期。股市在短短 5 分钟之内就陷入巨大的恐慌之中。道的这次预判是在一波牛市中作出的，这波牛市在他去世后 3 个月即 1902 年 9 月见到了终极顶部。

此后，股市的走势也否定了查尔斯·H. 道认为牛市和熊市将各持续 5 年的论断。1902 年开始的熊市只持续了接近 1 年的时间。1903 年 9 月，牛市抬头，但是直到 1904 年 6 月牛市才明显起来。1907 年 1 月 1 月，牛市见到了顶部。接下来，熊市在经历了 1907 年的危机之后持续到了当年 12 月，这波熊市一共持续了 11 个月。

纳尔逊论述股票投机的著作

《股票投机指南》这本书也在我重读和新解经典的名单当中。

查尔斯·H. 道有关股市的全部论述都发表在《华尔街日报》上，我们只有通过认真研读这些材料才能够重构其理论。但是，已故的 S. A. 纳尔逊（S. A. Nelson）在 1902 年出版了一本名为《股票投机指南》（*The ABC of Stock Speculation*）的书。这本书现在已经绝版了，或许能够从旧书点淘到。纳尔逊本人一度尝试说服查尔斯·H. 道来写作这本投机指南，但是未能得偿所愿。此后，纳尔逊本人亲自将道在《华尔街日报》上发表的论述进行整理，融入到了自己写作的这本投机指南中。

《股票投机指南》这本书一共有 35 章，从第 5 章到第 19 章源自查尔斯·H. 道的精彩评论，当然也作了一些删节和编辑，其中包括“科学投机”“两种常用的股票交易方法”等。其中许多章节都非常有意思，但是并不适合全部转载过来，在我写作本书后续章节的时候会引用其中一些精彩段落。

纳尔逊这本指南写得非常严谨，而且也切合实际。他是一个严谨而务实的人，身材矮小，人缘很好，喜欢开玩笑，以至于年轻记者无法严肃地对待他。当我写下上述文字的时候，桌上正有一本他签过名的《股票投机指南》复印本。

当我阅读纳尔逊的著作时，我阅读他关于投机的道德争论时，仿佛可以看到他弱小的病体以及无比真诚却被疾病折磨得扭曲的脸庞。

在《股票投机指南》出版后不久，纳尔逊就去世了，他永远地告别了毕生珍重的华尔街。正是因为他，才使得道氏理论声名远播；正是因为他，查尔斯·H. 道的名字才被加到一门股票市场理论之上，这使得道本人获得了极高的荣誉。

虽然不少人也觉察到了股市波动的结构和规律，以及股票平均指数的晴雨表作用，但查尔斯·H. 道却是第一个将这些规律和模型以清晰语言陈述出来的人。

第四章

道氏理论在股票投机中的运用

没有散户的参与，主力的任何计划都无法实现。这是一出双簧，这是股票交易的本质特征。

——魏强斌

从此前我们对道氏理论的介绍中可以发现，这个理论的核心法则可以概括成三句话。查尔斯·H. 道本人在 1900 年 12 月 19 日的《华尔街日报》上就用了三句话来概述其思想的核心：

股票市场上同时存在三个层次的波动。第一个层次的波动是逐日的日内波动；第二个层次的波动是持续两周到一个月，甚至更长时间的短期波动；第三个层次的波动持续至少四年时间。

然而，现在我们已经清楚了一点：道提到的第三个层次的波动，也就是主要运动，其持续时间远远小于 4 年。道本人试图将经济恐慌的 10 年周期套在股票市场上，将 10 年周期一分为二硬套在牛市和熊市上，这是一种不符合实际的设想。不过，这类错误无关紧要，因为他成功地给出了价值巨大的股市波动理论，而且指出了三种层次的波动是重叠和同步的，这给了我们建立股市晴雨表模型的基础。

投机的真相

关于投机和股市的真相是道氏理论的核心所在，不过道本人在世的时候并未完全搞懂并且呈现这套核心的要义。他并未为这套理论撰写专著或者专门的系列文章。他只是在谈到股票市场以及投机时会借机阐述一下自己的这套理论要义，以便进一步阐明自己的市场观点。

《华尔街日报》有时候会基于查尔斯·H. 道提出的根本法则对市场做一些预判，编辑们也因此会收到一些读者的来信询问预判背后的假设和理论基础。1902 年 1 月 4 日，查尔斯·H. 道回答了一个读者的问题，这个问题其实是任何一个看过道的专栏，并且愿意思考的人都能回答的。

这个读者的问题是："就你的文章的观点而言，倾向于看涨，但是在更为长期的视角上，你却看跌市场。请问如何解释这种看似矛盾的观点呢？"

查尔斯·H. 道的回答是这样的：在一次次级折返层次的回调之后，市场会继续上涨，但是行情记录显示这波主要运动已经持续了 16 个月，继续上涨的可能性很小了。

从查尔斯·H. 道的回答中你可以发现一个有意思的地方，那就是道的这个答案与他提出的主要运动至少持续 4 年的论断是矛盾的。从行情事后的发展来看，这波上涨走势只延续到了次年 9 月。

一个有用的形态定义

在同一篇社论中，查尔斯·H. 道给出了一个极其有用的形态定义，我们可以从中引申出一些有用的推论。他在这篇文章中写道：

> 当平均指数的高点超过前一个高点，那么股市就处于牛市中；如果平均指数的低点低于前一个低点，则股市处于熊市之中。我们往往很难判断牛市是否临近结束，因为趋势变化时股价会波动，而一次幅度显著的次级折返运动也会出现

我认为汉密尔顿完全没有读懂这段话。其实，道在这段话中讲的是"高点渐次抬升表明趋势向上，低点渐次降低表明趋势向下"，与双底和双顶，以及横盘整理没有半点关系。

股价的波动。

这段话其实包括了“双重底部”和“双重顶部”以及“横盘整理”等概念。坦诚而言，我至今对前两个概念的价值保持怀疑，但是横盘整理却是一个非常有价值的概念。平均指数在历史上经常出现小幅震荡的走势，这是筹码吸纳和派发的表现。这类形态有效地预示趋势是否反转或者次级折返是否结束。也正因为这样，一旦出现横盘震荡，大众就会误认为趋势要结束了。“横盘整理”这一概念是在1914年正式确立的，我将在本书后续章节进一步详细地讨论它。

一次成功的市场预判

接下来，我会呈现1902年以来的多项股市研究成果以及《华尔街日报》专栏当中的一些发现，它们表明了道氏理论确实是一项有效的股市预测工具，可以帮助交易者预判主要运动，区分主要运动与次级折返。这一方法已经在实践中展示出了巨大的效率和极高的胜算率。

华尔街的预测者们能够为了自己的处境而主动选择有利的做法。如果他无视市场的真相，总是做出乐观的预判，那么最坏的处境无非是被人当作一个可爱的傻瓜。但是，如果他做出牛市即将结束的悲观预判，那么就可能面临招来一片骂声。即便此后市场的发展证明了他的预判是正确的，大众也会质疑其动机。就算他的初心是良善的，并未有任何利益牵涉其中，大众还是会认为其悲观预判导致或者加剧了市场的下跌。

再度被尊重的预言家

这两人都是历史上有名的预言家，但是境遇却很悲惨。

美国大众真的对诸如迈凯亚（Micaiahs）和卡桑德拉（Cassandras）这类预言家毫不感冒吗？事实确实如此。

1912年，美国工程师协会的汤森德上校（Colonel C. Townsend）是密西西比河流域委员会（Mississippi River Commission）的主席。此君曾经是一位知识渊博、心性敏锐的军官，有着优良的职业记录。任职委员会主席时，他根据流域上游的水位变化预测到密西西比河流域将面临大洪水的袭击。于是，他向新奥尔良（New Orleans）发出了洪水警报，预测洪水将在1个月之内抵达该地，建议当地政府立即采取相应的防洪措施，以便将损失降到最低。

但是，新奥尔良的普通百姓会为此感谢汤森德吗？不，他们一点感激之情都没有，反而召开了抗议大会，要求塔夫脱总统（Mr. Taft）将这个悲观主义者革职。

幸运的是，塔夫脱总统理性地对待了这起事件，并未撤销汤森德的职务。但是，密西西比河流域却遭受了大洪水的袭击，财物损失严重，新奥尔良也被洪水洗劫了。不过，一些处于危险地段的铁路和制造业企业因为听从了汤森德的警报而做了相应的防洪准备，因此降低了损失程度。

能量值高的人，就会从容淡定。交易者在面对市场波动的时候，能够心如止水，一是靠有效的交易策略，二是靠较高的身心能量值。如何提升身心的能量值呢？禅修和穴位按摩是比较好的方式。

洪水过后，新奥尔良的市长撤销了提议罢免汤森德的决议，并且公开就此向其道歉。倘若你对美国军队中那些低调而实干的工程师有所了解的话，就会明白汤森德无论是在百姓们集体抗议时，还是在市长道歉时，都保持了平静而从容的心态。

帮助交易者与价格波动同步

我此前曾经强调过一点：道氏理论绝非为股市赌棍的工具。或许有一些交易者完全没有搞清楚这句话的含义是什么，以至于在股市上鲁莽行动。因此，有必要进一步澄清这一点。从我与查尔斯·H. 道的数次讨论中可以看出，道本人从来就没有认为自己的理论是股市赌博的工具。

与查尔斯·H. 道一起工作时，我正在为道琼斯通讯社和《华尔街日报》撰写股市方面的评论，这使得我必须深入而全面地掌握跟随股价波动的科学策略。

华尔街中的许多从业者都与查尔斯·H. 道相熟，而且经常在他的通讯社里面讨论自己的工作和经验。在这些讨论中，道在表达自己的主张时都非常谨慎，基本上不会出差错，他的观点清晰，逻辑严密，结论务实可信。我的主张与他并不完全一致，不过事后的行情发展往往证明他的观点比我更正确。当他出错的时候，往往都是因为缺乏准确的数据造成的，不过到了今天这一问题已经有了妥善的解决之道，因为获取准确而全面的数据并非难事。

更高、更大、更勤奋和更专业的圈子是最好的成功催化剂。如果你想要成为一个市场赢家，在圈子这个问题上可以有些什么作为呢？

必须具备的知识

在此，我或许有必要强调一点，那就是如果想要通过公开发行股票为自己创办的公司募集资本，那么就必须具备一些股市波动的基本知识。詹姆斯·R. 基恩，这个人我此前提到过，这里讲一个他自述的故事。当时联合铜业（Amalgamated Copper）准备发行股票，而基恩是主承销商。影响很大的波士顿新闻社（Boston News Bureau）反复告诫新英格兰的投资者们不要买入联合铜业的股票，不要因为其每季度 1.5%的股息以及 0.5%的额外股息而被误导。尽管媒体一再看空这只股票，基恩还是成功地将这只股票推销给了乐观的大众。

在接下来的谈论中，我将详细描述这一事件的全过程。虽然《华尔街日报》公开指出这家上市公司的资金投向处于暗箱操作状态，也指出这家公司的销售和股本情况都无法支撑起发行价格和如此高的股息率。

虽然智慧，不如乘势；虽然气力，不如待时。如果说是英雄造时势，那为什么拿破仑后期几次折腾都被摁下去了？不是他不行了，而是时势不应承他了。J. L. 算是股票投机史上的大家了，为什么肯尼迪的父亲当上证监会主席后，他就一蹶不振了？不要从个人的才华和品德去评判一个人，而要将其才华和品德放到大的历史背景下去剖析，才能找到本质和症结。

事实上，**基恩能够成功推销这只股票在很大程度上得益于当时的牛市氛围，热火朝天的股票交易让大众对任何股票都趋之若鹜**。在发行超级大盘股美国钢铁公司（United States Steel Corporation）的时候，基恩再度凭借似火牛年的势头完成了更大的承销壮举。事实上，如果是在此后的 1903 年熊市期间，任凭其多么聪明和努力都无法完成承销工作。

一篇启发性的社论

查尔斯·H. 道曾经发表了许多社论，在这些文章当中他阐述了自己的理论，并且表达了一些个人见解。正如我此前提到的那样，这类社论文章主要着眼于评论当时的股市，其中附带地谈了一下研究和分析股市的思路。

倘若大家没有亲自研读一下这些文章，并搞懂其中蕴含的思想，那么就浪费了这么好的学习素材，辜负了道的一片苦心。下面有一篇社论，发表于 1901 年 7 月 20 日，也就是北太平铁路公司股票逼空事件之后的第十周。

我将以近乎全貌的方式呈现这篇文章。当查尔斯·H. 道在撰写这篇社论的时候，还未完全认识到这并不是一次主要向上运动的顶部，而仅仅是牛市期间一次幅度较大的次级折返而已。在这篇社论当中，他最先谈及的是个股研判方面的理论：

有一种记录股价波动的方法，将变化的股价记录下来，一个新的股价就是一个点，将这些点连接起来就成了一条价格曲线。这条价格曲线会水平运动，也会随着股价波动而上行或者下降。**通常而言，筹码交换活跃的股票会处在横盘震荡的狭窄区域内**。如两个相距很近的高低价位之间，股价会形成一条较长的近乎水平的直线。这期间，股票通常处于筹码集中吸纳或者派发的阶段，参与者集中买入和卖出。从保存了 15 年的行情记录来看，似乎可以通过观察这种形态来判断市场上是否存在主力和操纵行为。

在江恩理论当中，横盘震荡也是非常重要的一种形态，江恩也认为这种形态是筹码集中交换的特征。

还有一种理论，称为双重顶部理论。具体来讲，我们可以从大量的行情记录中发现，一些股票的价格涨到高点之后会出现一次幅度不大的下跌，然后会重新涨到高点附近，然后再度下跌，这个时候股价就会出现大幅下跌。

但是，仅仅按照这一形态进行操作的交易者很快就会发现，股市上也存在许多例外的情形，许多顶部也并不以这种形态出现，甚至毫无征兆就转而下跌了。

基于“市场将回归均值”的理论进行交易

第一种理论是一些人会基于“市场将回归均值”的理论进行交易。这一理论认为在相当长的时间内，股价上涨和下跌的天数将大致相等。换而言之，如果股价已经连续上涨了数日，那么此后下跌的天数也必然与此相等。

格雷厄姆式的价值投资其实包括了“均值回归”的前提。但是，投机最忌讳的思路就是“均值回归”。投机遵循的是“马太效应”。

当时，这一理论存在固有的缺陷。大波动是由小波动构成的，或许市场整体上确实倾向于上涨和下跌天数相等，但是小波动却可能持续朝着一个方向，而在另外一个方向上只是短暂折返一下。因此，如果你在较短时间内运用这一理论的话，难免会遭受巨大的挫折。

短期市场是投票器，长期市场是称重器。短期投机，长期投资，关键是这个短期和长期不好定量化，因此这类说法也往往沦为不可证伪的空谈了。

第二种理论要更加实用一些，它建立在作用力和反作用本书中，个股的 1 个点并非 1%，而是相当于 1 美元。

力定律的基础上。也就是说，市场的一波走势往往由一次主要运动和一次次级折返构成，并且**次级折返的幅度往往是主要运动幅度的 3/8**。例如，一只股票上涨了 10 个点，在接下来的回调中就很可能下跌 4 个点，或者更多。不管股票具体上涨的幅度有多大，这一理论看起来都非常有效。例如，当某只股票上涨 20 个点时，接下来的回调可能就是 8 个点或者更多。

我们无法预判主要运动的持续时间和幅度，但是我们知道主要运动持续的时间越长，则接下来的反作用力就越大，次级折返的幅度也就越大，根据这一理论进行反向交易的胜算率也就越大。

第三种理论被称为试盘法，这是经验丰富的主力操盘手经常采用的手法之一。市场总是或多或少处于被操纵的状态，而主力与散户的互动情况是试盘法的基础。

当一个主力操盘手想要推动股价上涨时，他们并不会一来就买入所有的相关股票，而是利用先推升 2~3 只龙头股的价格，然后观察其他股票的盘口走势。如果此刻市场氛围良好，那么大众就会追涨龙头股，同时买入跟风股。**盘口上的公众跟风特征明显，这表明整个股市和板块的上涨将得到延续。**

没有散户的参与，主力的任何计划都无法实现。这是一出双簧，这是股票交易的本质特征。

相反情况下呢？**如果仅仅是龙头股上涨，跟风效应不明显，这就意味着大众跟进的意愿不强烈。一旦看清楚这些盘口信息，主力就会放弃继续推升股价的计划。**

那些敏于观察行情走势的操盘手和交易者非常善于观察跟风的特征。我们也可以在股市收盘之后，通过复盘成交明细来发掘股票在短期内上涨的细节，以及是否有跟风的迹象。

研究股票最佳的方法是从股价出发，因为股价的波动并非像空中的气球一样是随机的。**整体上来讲，股价贴现了那些见识卓越者的预期。**

卓越的主力操盘手并不在乎股价是否马上上涨，而是关心自己运作的股票能够吸引到足够的参与者来跟风，由此促进股价上涨 10~20 个点。

一只股票 3 个月之后的价值是影响参与者跟风程度的重要因素，因此我们研究股票时最为重要的一点是搞清楚对价值的预期，并且观察市场参与者们是否正将股价朝着这一预期推进。采用这一策略，我们可以很好地甄别出股价波动的趋势。当然，股价本身就体现了市场的真相。

在这篇社论当中，或许有一些观点可以进一步完善，但是我个人认为必要性不大。要想证明股市上涨和下跌的天数倾向于相等，我们至少需要半个世纪的数据，而这是不可能的。就算完成了这样的研究，但是其结论可能也不具什么意义。这就好比抛硬币的次数足够多，则两面朝上的次数将一样多。

尽管如此，我们从这篇社论当中仍旧可以看出查尔斯·H. 道的睿智和深邃。他的社论体现了难能可贵的职业素养，思路清晰，文笔简洁，没有丝毫的累赘之感。这种风格使得他对市场的重要观点往往很容易引发大众的共鸣。

此外，他将股票交易当作一个客观事物来研究，并且能够透析其中的规律，也未将股票投机与毫无章法的赌博混为一谈。

在接下来的论述当中，我将基于道的思路和风格来演绎和阐述其思想，这将非常有益于大家研习道氏理论。

第五章

主要运动

记住，投机者永远要从筹码和预期的角度去分析股价的波动趋势！

——魏强斌

查尔斯·H. 道本人在《华尔街日报》的专栏上发表过许多评论，主要围绕以股价平均指数为中心的市场波动理论展开。现在，大众已经非常熟悉这一理论框架了。在继续讨论这套理论之前，我们有必要强调一下道为了自己的理论能够在股市中实践运用，专门设计了一个工具，作为股市走向的晴雨表。

首先，我们要明白“晴雨表”并非“温度计”，两者是完全不同的。温度计只是记录当时的实际温度而已，这就好比股票报价机一样，只是显示当时的股价走势而已。

晴雨表的作用在于预测，这是晴雨表最为重要的价值所在。道氏理论就是股市晴雨表，这是道氏理论最为重要的价值所在。股票市场体现了一个国家宏观经济运行状态和商业兴衰，甚至是全世界经济运行状态的体现，而道氏理论则是帮助我们研究股票市场的工具。

股指本身已经足以用来预判

股票价格平均指数，或者说股指在研究股市方面是不可替代的，是极其有价值的。我有充足的证据来支撑这一观点。华尔街一度被抨击为“国家衰败和腐朽的罪魁祸首”，对此我们并不以为然，因为这是一种带着情绪的偏见。

筹码集中在主力手中，还是散户手中？持有筹码的人抱有何种预期？持有资金的人持有何种预期？记住，投机者永远要从筹码和预期的角度去分析股价的波动趋势！

1912年12月，这个由路易斯安那州民主党人阿尔塞纳·浦若（Arsène Pujo）主持的国会听证会旨在彻底曝光华尔街财阀的所有秘密。在这个听证会上，约翰·P. 摩根（John Pierpont Morgan）最后一次公开亮相并接受质询。

从客观来讲，证券交易所当中的所有买卖都折射出了华尔街参与者们对现在和未来的预期。平均指数已经足以体现整个市况了，我们并不需要像统计学家一样贪图更多的数据，自作聪明地加入商品价格指数、银行信贷余额、汇率以及贸易额等指标。华尔街早已考虑到了所有这些因素，历史数据早已体现在股价走势之中，股价同时还吸纳了对未来的预期。

社会上存在一种未经证实的看法，那就是华尔街上存在强大的既得利益集团，它们掌握了一些市场秘密，并且借此获利，而这就是罪恶的勾当。蒲若听证会（Pujo Committee）曾经花费了很多时间和精力对金融业的强大集团进行深入调查，这一听证会其实代表了社会上的一种普遍看法。

事实上，股票市场本身的力量盖过了所有的“秘密势力”和利益集团。同时，华尔街上的金融大佬们也并不是铁板一块，他们相互之间也有利益争夺，因此很难联合起来操纵整个股市。除了为了阻止类似于1907年的金融恐慌，否则这些华尔街的金融集团很难真正携手合作。即便他们少数人能够合力在某只股票上坐庄，但是也经常误判形势。就算在亨利·H. 罗杰斯领导“标准石油帮”在股市上呼风唤雨的时代，他们也同样错误百出，经常连续数月甚至数年操作失误。要知道，在判断大型企业的营商要素方面，没有人能够比罗杰斯更加精明了，即便如此他仍旧功败垂成。我曾经听过他为自己的失败做的辩解，认为错不在他，而是因为整个股市和大量参与者导致了这样的惨淡结局。

市场的力量胜过任何庄家的操纵

如同查尔斯·H. 道曾经指出的一样，**股价运动其实已经展现了华尔街所能得到的所有信息，同时也体现了未来的预期。现在的股价走势并不是反映过去的和现在的商业运营情况和**

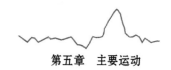

宏观经济，而是体现了对几个月后走势的预期。

虽然市场上存在着庄家操作的痕迹，这种操纵也确实影响到了几只龙头股的走势，但是股市本身却拥有盖过一切操纵的力量，从指数的走势就可能看到这一点。操纵者对于市场大势的预判要比普通散户强许多。不过，即便是这样，操纵者仍旧会在判断上出错。

在大势向下的阶段当中，妄图推动股价上涨的操纵是无法实现的。任何苦心设计好并且最终成功的坐庄计划基本都在牛市中。因为市场作为一个整体，其实比庄家要更加聪明，知道的信息也比庄家多。因此，庄家必须敬重市场。根据我在华尔街以及其他金融市场的个人经验判断，熊市中的下跌其实并不存在庄家的大力推动。如果庄家花费很大的力气驱使股价下跌，好比是自讨苦吃。其实，趋势之所以向下，是因为未来的事件整体利空。

牛市期间的评论

临近1900年6月底的时候，也就在麦金利再度当选为美国总统之前4个月的时候，虽然整个股市成交量低迷，但是已经有了抬头上涨的迹象。最终，股市上涨了26个月，堪称一轮大牛市。

其间，1901年5月，因为北太平洋铁路公司股票出现的逼空操纵引发了整个股市的恐慌，使得上行的主要运动出现了回调。这波回调的幅度很大，但仍旧只是一波次级折返而已。

在这轮牛市形成期间，查尔斯·H. 道在《华尔街日报》上发表了一系列的评论，也就是本书中大量摘录的那些精彩段落。这些文章体现了道氏理论的精髓和核心原则。查尔斯·H. 道设计出了一个可以用来进行实践的系统，也就是预判股市大势的晴雨表，并且将这个股市晴雨表用于实践当中。他希

桥水基金的创始人达里奥（Ray Dalio）认为每个人都应该建立和完善自己的模型，不断进化，放在百多年前的查尔斯·H. 道上身上看，他确实践行了这样的哲学。

望通过实践来检验这个研判工具是否有效和准确。

不过，天不遂人愿，查尔斯·H. 道英年早逝，未能在接下来长达 12 个月的熊市中继续检验这个工具的效应。其实，此后的一切股市主要运动，无论是上涨还是下跌，都被这一工具准确预测到了，这就足以证明了道氏理论的伟大价值。

在 1900 年的牛市期间，道对大盘而不是个股或者板块的预判是非常准确的。为什么说他的预判是准确的呢？因为在股价会回调到什么点位这个重要的问题上，他的预判都非常准确。1902 年 7 月，他写出了总结性的文章并发表，此后不久就去世了。在这一系列的文章当中，**他认为当前的股价已经远远超过了内在的价值。**因此，他认为接下来的几个月时间，铁路板块和主要工业板块的涨势将放缓，其他板块的成交量也将下降。

主要运动

我认为有必要在下面列出一些股市的主要运动数据。这些主要运动开始于查尔斯·H. 道 1900 年写下上述一系列社论时，结束于 1921 年熊市结束时。表 5–1 记录了从 1900 年到 1921 年的主要运动（见表 5–1）：

表 5–1　从 1900 年到 1923 年的主要运动

序号	主要运动方向	开始日期	结束日期
1	涨	1900 年 6 月	1902 年 9 月
2	跌	1902 年 9 月	1903 年 9 月
3	涨	1903 年 9 月	1907 年 1 月
4	跌	1907 年 1 月	1907 年 12 月
5	涨	1907 年 12 月	1909 年 8 月
6	跌	1909 年 8 月	1910 年 7 月
7	涨	1910 年 7 月	1912 年 10 月
8	跌	1912 年 10 月	1914 年 12 月
9	涨	1914 年 12 月	1916 年 10 月
10	跌	1916 年 10 月	1917 年 12 月
11	涨	1917 年 12 月	1919 年 11 月

续表

序号	主要运动方向	开始日期	结束日期
12	跌	1919年11月	1921年8月
13	涨	1921年8月	1923年3月
14	跌	1923年3月	1923年10月
15	涨	1923年10月	

已故的金融巨擘约翰·皮尔庞特·摩根（John Pierpont Morgan）曾经说自己是美国股市上的一头公牛，上述数据确实表明他所处的时代美国股市走牛的时间远远多于走熊的时间。从1900年到1923年的23年期间，牛市的时间长度几乎是熊市的两倍。从另外一个角度来看也会是如此：其间7轮牛市的平均持续时间为25个月，而7轮熊市的平均时间为15个月。

从表5-1中我们可以看出，持续时间最长的牛市是从1903年9月22日上涨到1907年1月5日的那一轮。在这轮牛市中，股指的最高点出现在1906年1月22日。接下来的1906年内，出现了若干次持续数月的不规则下跌走势和反弹走势。到了1906年底，股指重新回到此前的高点。虽然1906年内出现了几次我们记录中最长时间的下跌，但是直到1906年年底才能确认上涨趋势结束了。

1906年是一个重要的年份，因为当年发生了震惊世界的旧金山大地震（San Francisco Earthquake）。在接下来的章节中，我会对这轮牛市的始末进行深入而全面的剖析。另外的5轮牛市，上涨持续时间从19个月到27个月不等。

在旧金山大地震前夕，杰西·利弗摩尔（Jesse Livermore）综合分析后选择了做空，此后恰逢大地震发生，当时他的想法如下："又过了一天，我们听到了旧金山大地震的新闻，这是一场大灾难。不过，开盘时仅仅下跌了几美元，多头力量仍旧非常强劲，大众总是缺乏独立思考的能力，对于新闻事件他们更多的是跟风采取行动。历史表明这种情况屡见不鲜。例如，如果行情处于牛市之中，那么无论新闻报道是否报道庄家操纵，利空新闻都无法像熊市中一样发挥相同的影响。新闻能够产生什么样的影响要取决于大众的情绪状态。旧金山大地震发生后，华尔街的人们并没有认真评估灾难的实际影响，因为大众的情绪还处在乐观之中，所以在收盘之前，股价又涨了回来。我持有5000股空头头寸，大利空消息已经出来了，但是股价却纹丝不动。自我感觉良好，但是账面上却没有浮动盈利，更不用说兑现利润了。和我一起去度假的那位朋友，也就是见证了我做空的那位仁兄正在替我担心，为自己叫好。"

惊人的预判

在上面一小节的内容当中，我们提到了6轮熊市，其中时间最长的一轮熊市持续了 27 个月的时间，具体来讲是从 1912 年 10 月持续到了 1914 年 12 月，其间发生了第一次世界大战和证券交易所停业。这次熊市在 1914 年圣诞节时见底。许多人现在应该仍旧对那个见底时的恐慌和压抑记忆犹新。不过，接下来的 1915 年由于军工行业的景气使得保持中立的美国处于极端繁荣之中。**当时的美国商界人士并未认识到这些事件对美国经济中长期走势的意义，但是股票市场已经提前准确地预测到了一场大繁荣即将降临，因为股市已经先于经济复苏出现了上涨。**

在 6 轮熊市中，有两轮持续了 1 年左右，而其中一轮仅仅持续了 11 个月，还有 1 轮持续了将近 15 个月。从上面这些数据似乎可以得出这样的结论：熊市持续的时间往往短于牛市持续的时间。或许是因为更大的趋势是向上的，这就好比上涨趋势中的回调虽然强烈但持续时间都非常短一样。又或者是因为股市上涨时大众处于犹豫和分歧之中，因此比下跌花费的时间更多。

市场永远是对的

从后续的市场主要运动来看，股市作为宏观经济的晴雨表总是能够有效预示出未来一段时间的商业和经济发展态势。

为了大家能够准确地明白本文的主旨，我希望自己的语言更加深入浅出。如果这里的论述不能让金融菜鸟搞清楚的话，那么我的行文就相当于失败了。

约瑟夫·鲁德亚德·吉卜林(Joseph Rudyard Kipling)，英国小说家、诗人。主要作品有诗集《营房谣》《七海》，小说集《生命的阻力》和动物故事《丛林之书》等。1907 年吉卜林凭借作品《基姆》获诺贝尔文学奖，当时年仅 42 岁，是迄今为止最年轻的诺贝尔文学奖得主。本书扉页的那一段话就是来自他的一首诗《如果》，大家在网上搜一下整首诗，绝对让你正能量倍增。

晴雨表是任何航海者必备的工具，无论是最小的帆船，还是远洋巨轮都无法离开这玩意儿。著名英国作家吉卜林的叙事诗中的主角“玻利瓦尔”(Bolivar) 就深刻地体会到了在大海中航行时晴雨表的巨大作用。当他被茫茫无边际的大海包围时，由于没有晴雨表的帮助而步履艰难，以至于其他装备齐全的奢华邮轮从旁经过时，他满肚子的嫉妒和怨言。

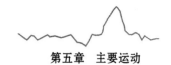

在股市中，任何一笔买卖都会体现到指数上，同时任何一笔交易都要受到指数的影响。其实在进行大手笔交易时，最严重的错误就是交易者忽略了晴雨表给出的糟糕天气即将来临的信号。

市场从未得到应有的感谢

已故的参议员多利弗在美国国会读完了一篇《华尔街日报》上的评论后，大声说道："让我们服从市场的残酷判决吧。"他认识到了股市对经济形势的昭示是准确的，因此股市所做出的判决是基于所有可以得到的证据和信息，包括那些隐藏在潜意识当中的观点和预期。

不过，这位参议员并不是在替华尔街说好话，相反他为了自己的政治前途让华尔街成了替罪羊。他这样做的目的是讨好那些不明就里的农村地区的选民。

华尔街在农村地区的印象非常负面，他们认为华尔街是一切祸乱的根源，应该为惨淡的经济形势负责。其实，华尔街不过是提前预判到了这一糟糕形势的到来，而不是做了什么导致了这样的灾难。

但是，大众可没有这么客观。正如我在前面章节提到的那样，预测到灾难的预言家们总是遭受厌恶，一旦其预言兑现，则大众的厌恶会更加强烈。

当华尔街预测的经济繁荣降临时，大众会选择性地遗忘；但是，当华尔街预测的经济衰退降临时，大众会牢记于心，并且饱含怨言。恰恰是这些忽略了华尔街预测而遭受了损失的人会在事后寻找替罪羊来为自己的疏忽和愚蠢开脱。

华尔街其实是农场主的朋友

常常有人将华尔街称为粗俗的地方，别有用心的政客和包藏嫉妒心的人们属于此列。尽管《联邦储备法案》（*Federal Reserve Act*）的制定者们增加了华尔街的政治色彩，同时也试图建立更多的金融中心，事实上美国的金融中心毋庸置疑地存在于华尔街。

农场主和他们的政治代言人们总是质疑华尔街对农业有多少了解。事实上，华尔街对农业的了解超过了所有的农场主。它不仅了解现在的东西，对于历史上那些被人忘记的信息，华尔街仍旧记忆犹新。毕竟，华尔街雇用着最为出色的农业专家，甚至比农业部那些专家更为出色。当所有的农场主都将农业部的出版物束之高阁时，华尔街却在认真阅读这些材料，以便从中找到未来行情的线索。

现在做农产品期货的人，没有不看美国农业部报告的。USDA 是每一个期货交易者都非常熟悉的机构。

1919 年 10 月底到 11 月初时，当农场主们还在以每蒲式耳 3 美元的价格囤积小麦，以每磅 40 美分的价格囤积棉花的时候，股市已经开始下跌了，因为股票市场比农场主们更清楚经济形势和商品的价值。

这个时候，股市发挥了晴雨表的功能，清晰无疑地向农场主发出了赶快卖出所有小麦和棉花的信号，规避即将出现的经济萧条。当这些农场主因为忽略了这些信号而遭受巨大亏损的时候，他们不断埋怨华尔街和联储银行等机构，但是却从不责怪自己。他们认为只要自己选出的议员们能够搞垮股市，一切情况就会变好。

这些农场主甚至想要搞垮芝加哥和明尼阿波利斯（Minneapolis）的谷物交易所，以及新奥尔良和纽约的棉花交易所。20 年前，德国政府在农场主的强烈要求下通过立法关闭了谷物交易所，结果如何呢？此后，形势所迫，使得德国不得不建立新的谷物交易所。在没有谷物交易所期间，许多农场主无法对冲价格波动的风险，为此付出了巨大的代价。从这次事件当中，德国学会了遵循市场规律。其实，这条规律很早之前就被英国领教了，因此英国吸取了这条教训，因此便能拥有全球艳羡的商业和贸易规模，拥有伟大的帝国。

掩耳盗铃和讳疾忌医的行为永远都在上演。

第六章

一项独特的预测能力

夏虫不可以语于冰者，笃于时也。

——庄子

这个世界，其实有两个华尔街：一个是真实的华尔街，缓缓脱胎于胡乱与迷茫之中，展示出光辉的前景；另一个是存在于媒体和政客口中的华尔街，进行着肮脏不堪的交易，祸害着整个经济和社会。媒体刻画的华尔街形象，如同半个世纪之前老式音乐剧的角色一样荒诞不经。媒体笔下扭曲的华尔街形象，我在第二章已经探讨过了。我们应该进一步描述一下更加真实的华尔街。

主要运动无法被操纵

股市是盛传错误观点的地方，其中有一个流传甚广的误解认为股市能够被完全操纵，以至于偏离其自然的运动轨迹。这种误解进一步使得人们质疑股市作为宏观经济晴雨表的作用，他们认为只有自然未经操纵的股市才能恰当而准确地预测宏观经济未来的走向，一旦存在操纵，那么晴雨表也就不准了。

我不敢自称为股市的绝对权威，只能就个人思考和经验来谈一下上述观点。我在华尔街已经工作了 26 年的时间，也曾参与伦敦和巴黎的证券交易，甚至熟悉 1895 年约翰内斯堡的金矿股热潮。依据我还算得上丰富的经验来看，没有任何一次股市的主要运动是靠操纵形成的。所有的主要运动，无论是上涨还是下跌，其形成和结束都是由宏观经济决定的。无论市场上的投机情况多么严重，无论市场多么恐慌，都无法改变主要运动。希望大家能够搞清楚上述观点，否则接下来的谈论都是毫无意义的。

不可能的金融市场操纵行为

1900 年，联合铜业已经完成了并购，但是还未发行股票上市，而詹姆斯·R. 基恩负责发行上市的承销事宜。计划发行 22 万股公开股份，而基恩实际上卖出了 70 万股，实际发行价超过了票面价值。这就为上市方增加了每股 90~96 美元的收益。这次发行的规模并不大。

基恩能够承销成功完全有赖于当时的牛市背景，以至于有人认为基恩得到了大型辛迪加财团的支持，这些财团联手延续了牛市，让基恩的发行能够顺利进行。我们假设股市中真的存在这样的辛迪加财团，规模非常巨大，超乎想象，它们同大型银行保持密切合作，以便延续一起牛市。要知道，如果基恩没有这样的牛市帮助，是无法完成其承销工作的。它们为了促成联合铜业的发行成功，买入了数百倍于联合铜业股份数的各种指数成份股。

其实，任何学过一点小学数学的人都知道，以当时的股市交易量计算，这个辛迪加需要买入 1.2 亿股左右才能控制住股市的趋势，所需要的资金规模要求这个辛迪加和合作银行放弃其他所有业务，将全部资金投入其中，至少需要数十亿美元的巨额资金，在现在的情况下是完全不可能做到的。如果从这个角度去思考，就会发现想要操纵整个股市，就算有银行的帮助也无法做到。

1900 年，美国名义 GDP 总值才 205 亿美元，几十亿美元是一个巨大的资金。

哪里存在操纵

那么下跌趋势能够被操纵出来吗？事实上，主力操纵驱使股市进入下跌趋势是更加不可能的。因此，上述辛迪加财团的成员必然有来自金融行业或者制造业的大股东，他们不可能搬起石头砸自己的脚，让股市大跌也会极大损害他们的根本利益。

从动机去分析，许多阴谋论都是无稽之谈。

基恩在一轮牛市中，承销了美国钢铁公司的大量股份，相当于其总股份的4%，要知道这是一只超级大盘股。出面负责承销的人是基恩，但是其背后站着强大的“标准石油帮”，这些财团大佬竭力促成了这次承销，其中不仅有摩根财团的身影，还有美国钢铁公司的大佬支持，大众也对这次承销给予极高的关注。因为当时的社会大众已经开始觉察到钢铁生产和贸易将面临一场大扩张。即便有了这样多积极因素，基恩也无法承销百倍于此数量的股份。那些深知股市是经济晴雨表的商人和银行家、产业大佬都不会认为基恩能够承销成功是通过操纵成功的。

罗杰·W. 巴布森（Roger W. Babson）的理论

巴布森的理论受到了普遍的肯定。我在这里并未引发争议的想法，而是想以他老先生的专著《商业晴雨表》（*Business Barometers*）为例来说明一下问题。他老人家当然会明白我的苦心，并无贬斥其理论的意图。为了忠实于他的原意，我先引用一段他发表于1909年的文章：

逐渐下跌的股市往往预示着最优秀的投机者们已经开始

> 这段文字来自1910年第二版的《商业晴雨表》。

预期商业即将步入萧条之中；逐渐上涨的股市则经常预示着最优秀的投机者们预期商业即将步入繁荣之中。但前提是股市的下跌和上涨并非人为的操纵引发的。

实际上，如果股市上完全没有操纵行为，则股市可以作为商人最佳的晴雨表，因为股市上的那些参与者们会帮助商人去搜集一切有价值的信息。但真实的情形却并不理想，只通过研究股市本身并不能区分人为操纵与自然运动。因此，如果商人和银行家们想要将股市作为晴雨表来使用的话，则必须考虑到操纵的程度，从而为股市给出的信息赋予一个恰当的权重。

> 股市除了体现了宏观经济预期，还体现了筹码等因素。中国加入世贸组织之后，经济越来越好，但是股市从2002年一直跌到了2005年，这里面就是筹码因素在起作用了。

巴布森先生的图表

晴雨表很多，每种晴雨表在预测天气方面都有自己的优势和劣势。我们要选择哪一种晴雨表呢？实际情况是股市晴雨表也并不完美。进一步来讲，准确解读股市晴雨表的技术还处于初级阶段，还有待完善和发展。

股市晴雨表并不完美，但是有缺陷的地方并不是巴布森先生所言之处。从一段合理长度的时期来看，股市确实很好地发挥了预测作用，可以说是分毫不差。我们可以从巴布森先生自己制作的图表出发来说明这一问题。

巴布森先生在X–Y坐标上表示一个国家的财富增长情况。X轴代表时间，每一格代表一个月；Y轴代表财富水平。巴布森先生首先基于搜集到的各种经济数据计算出相应的国家财富数值，然后记录坐标轴上。一件有趣的事情发生了，如果将股指也绘在这个坐标上，就会发现股指的走势总是领先于国家财富水平的波动。

股市如何预测经济的波动

我们可以观察巴布森先生这个图表的一些规律。如果国家财富增长在某一水平停留的时间越短，则表明经济衰退或者繁荣的势头强劲。图表显示经济萧条开始于 1903 年，到 1903 年下半年才越发明显起来。但是，**股市早在 1902 年 9 月就处于下跌趋势中，领先于经济萧条本身。**

美联储的经济先行指标体系中也纳入了标普 500 指数。

1905 年上半年，图表显示经济复苏。而股票市场早在 1903 年 9 月就已经转而进入上涨趋势了。到了 1904 年 6 月的时候，股市的上行趋势已经非常明显了。但是，巴布森图表中的经济增长曲线仍旧处于萧条阶段，直到 1904 年年底才逐渐结束。

等到了 1906 年，巴布森的图表才显示出经济复苏的迹象，但是股市早在 1905 年 9 月就已经预示经济将迎来新一轮的扩张。股指作为经济的晴雨表，不仅预测到了巴布森图表所反映的所有经济扩展阶段，而且还预测到了一轮持续到 1907 年 1 月的长期牛市。这次牛市的后续发展完全超出了所有人的预期，不过这并非个案，而是牛市和熊市中较为常见的情形而已。

空头不死，多头不止。分歧在，行情在！一致时，行情灭！

一个真实有效的晴雨表

巴布森的图表显示经济扩展在 1907 年达到了最高点，但是此时的股市却已经步入了下跌趋势之中。这轮下跌持续了 11 个月，直到 1907 年 12 月初才结束。**股市再度领先了巴布森先生绘制的曲线，提前预测到了经济衰退的到来。**他的图表显示这次经济衰退的幅度较大，但是持续时间不会太长，但是会持续到1908年年底。

此后，直到1908年7月，巴布森先生的图表才显示出经济复苏的迹象。而股市作为晴雨表，再度领先经济本身预测到了经济扩张的降临。1907年年底，股市就开始步入了上涨的主要运动之中，在1909年8月见到这轮牛市的高点。接下来，又在巴布森先生之前准确地预测到了下一波经济衰退的到来。

上述事实无可辩驳地证明了股市是经济形势的有效晴雨表，而巴布森先生的图表更像是天气变化的记录仪。像巴布森先生这么精明的人，如果能够得到股市晴雨表的帮助，就能够对未来形成有效的判断。

可以用更加略显浅陋的直白话语来总结上述结论：股市晴雨表是独特的、不可替代的。这种独特性是不可替代的，其有效性也是不可替代的，不能够完全复制的。

股指是较为有效的经济领先指标，除此之外还有哪些有效的领先经济指标？大家可以动手到网上查一下。不同经济体的领先指标存在较大的差异。例如，澳大利亚的经济领先指标肯定需要包括中国的宏观经济指标。

正如我们在上述的实例中看到的那样，这只晴雨表能够准确地预测出数月后的经济和商业形势。可以毫不夸张地说，这样的功效是其他任何指标无法做到的。

我国的气象机构拥有先进的科学设备和技术人员，虽然他们会在预报突发情况的时候出现错误，但是绝不会误报我们会回到冰河时代。气象局对历史上的灾变数据和气候演变了如指掌，但是却无法很好地预判出未来的灾变情况和具体天气情况。当他们需要这样做的时候，只能从无数的潜在组合中选择一个作为最可能的结果，而这个选择性与胡乱猜测可能并无两样。

在塔夫脱就任总统的典礼期间，不知道有没有读者恰好也在华盛顿？你们是否仍旧记得当时的天气预报预测典礼当日是晴天吗？我仍旧记得典礼当日我乘坐宾夕法尼亚铁路公司（Pennsylvania Railroad）的火车，从纽约到费城，一路上大雪几乎掩埋了每一根电线杆。我甚至还听到说有一些专列因为天气原因没能及时赶到华盛顿特区，以至于错过了典礼仪式。即便较为先进的晴雨表也只能预测到一定时间内的天气情况。

被高估的经济周期及其理论

就如何预测经济而言，涉及许多相关话题，我将会在更为恰当的地方来详细讨论哈佛大学的相关研究。我个人的看法是，这些有关经济预测的主张，过于重视周期的作用了。如同我们此前看到的那样，就连查尔斯·H. 道本人都具有这种倾向，他也硬生生地根据 10 年经济周期，将牛市和熊市机械地划分为 5 年，而事实上这样的时间长度并不符合现实情况。

从巴布森先生的经济增长图表也可以证明我的观点。他的图表显示经济增长阶段以及通胀阶段基本上不会达到 5 年，往往只持续 2 年，不到 3 年的时间长度。同时，巴布森先生的图表也表明了经济增长阶段也会出现回落，经济停滞阶段也会出现反弹。股市的情况与此类似，如在牛市阶段出现了 1901 年的北太平洋铁路回落走势。当然，熊市中也会出现急速下跌的恐慌现象，如 1907 年的情况。股市的恐慌往往先于经济的恐慌，股市很早就能预测到经济的萧条，并通过下跌来发出信号。

有一个很有意思并且值得深思的观点，我想在这里补充一下。**当恐慌和危机能够提前被大众一致预期到，那么这些恐慌和危机就不会发生了。因为当绝大多数人都预期到这样的恐慌和危机时，就会提前做好充分的准备，这样就会大幅降低恐慌和危机发生的概率。**

预期、筹码、估值、竞争优势与业绩，你认为哪些因素对股票投机和投资最为重要？我认为预期与筹码对投机最为重要，但是也不能忽略估值和业绩，因为估值和业绩也能影响预期；估值、竞争优势与业绩对于投资最为重要，但是也不能忽视了预期和筹码，因为这两者会影响估值。那么，经济周期重要吗？当然重要，因为它影响了上述所有因素。

至于经济周期理论，我并不想继续纠缠于此。我的观点很清晰：我们不能将股市的主要运动硬塞到固定的周期长度之内，不能让从现实走势中得出的股市运动模型去迁就仍旧处在理论层面、未经证实的经济周期理论。

秩序是宇宙的首要法则

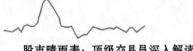

华尔街算得上是一个全国资本流动的蓄水池和枢纽，同时也是一个信息中心，所有反映商业和经济运行状态的信息都汇集于此。因此，我需要反复强调一点：股市其实体现了所有商业和经济数据汇集后的综合观点和预期。

这些商业和经济数据包括了地产和建筑业、银行信贷、破产和并购重组、流动性、进出口、金价、通胀水平、资本更新、农作物收成、铁路运输等情况，以及其他政经因素的变化。所有这些事实，包括其他无数并未列出的因素，都会对股票市场产生权重不等的影响。

站在这个角度来看，我们此前的观点无疑是正确的：华尔街没有任何一个人能够掌握全部的信息，当然也无法理解到全部信息背后的含义，但是股市却能够综合吸纳和贴现所有的一切信息。股市的功能就像晴雨表一样，忠实地显示一切。

股市的任何波动都不是偶然的，都是有切实理由的。任何人和机构都无法通过持续操纵市场扭曲市场的波动，从而渔利。股市的波动是有章法的，是有规律的。本书的目的就是带领大家找到这种规律，并将其用于实践。

乔治·W. 科布尔（George W. Cable）曾经说过："我们认为偶然的事情，其实是有某个规律在其中发挥作用的，只不过这个规律发挥作用的时间较长，以至于我们活着的时候也只能目睹一两次它主导的现象而已。"

夏虫不可以语于冰者，笃于时也。

我们不应该让自己沉迷于宿命的窠臼之中，也不必轻视教堂中的忏悔之语。但是，我们应该牢记：秩序是宇宙的首要法则。即便作为个体我们无法很好地理解这一法则，但即便强大如组织，也不得不臣服于它，遵从它。

第七章

操纵和专业交易

没有交叉验证，就没有结论！

——魏强斌

当你阅读到这里的时候，可以停下来回顾一下，想一下在此前的章节当中，我此前从道氏理论推导了多少结论出来，而这些结论当中有多少是我用事实证明了的。

讲到这里，我们已经基本接受了查尔斯·H. 道关于市场波动的一些主要观点：股票市场存在三个层次的运动，它们分别是主要运动、暂时打断主要运动的次级折返、数不清的日内波动。主要运动分为上涨的牛市和下跌的熊市，次级折返分为回调和反弹，而日内波动从我们的研究目的而言是可以基本被忽略的。

另外，通过一些实例，我们还发现股价有时候会进行横盘窄幅震荡，我定义为“横向整理”（Lines）。这种形态持续的时间越长，则其意义和价值越大，研判的重要性也上升了。因此横向整理或者说横盘震荡体现了筹码集中交换，结合此后的股价突破运动可以看出是筹码处于供不应求的状态还是供过于求的状态。

“横向整理”在道氏理论当中非常重要，在江恩理论中也非常重要。道氏理论的集大成者罗比特·雷亚对此有更为系统的阐述，我放在了附录2中，请参考。

正确的推论

我们还可以基于道氏理论做出进一步的推论。仅仅从前述案例来看，我们就能发现每一轮市场的主要运动都能在随后的宏观经济走势中得到解释和验证。由此看来，股市只不过是领先于经济和商业而言，是经济的晴雨表，股市的波动受制于此后的经济形势，而非被操纵所主导。

当股市领先于经济时，就会出现股市下跌和经济仍然向上的背离，或者是股市上涨而经济仍然向下的背离，不过这种背离并不表明股市受到了操纵，而是体现了股市的晴雨表功能。股市的当前走势体现了对经济的未来预期，而不是现在的经济情况。大众都知晓的信息是已经被市场贴现了的信息，这种信息不再对股市的走势发挥影响。只有那些意外的信息才能对股市产生影响，导致股市出现暴跌或者暴涨。

基于逻辑推理和实践来检验自己的假设和理论，这是道氏理论的优良传统之一，相形之下其他技术理论就要落后很多了。

我的上述见解以系列文章的形式连载于全国性的财经杂志《巴伦周刊》（*Barron's*）上。连载期间，我在 1921 年 9 月 18 日对股市的晴雨表功能做出了如下推论，正式发表时间为 1921 年 11 月 5 日。

这个推论并非是凭空捏造的，而是从正确的前提出发基于科学推理得到的。并且后续事实也证明了这一推论正确地预测了接下来股市的趋势性变化：

目前有一个恰当的案例可以用来检验我们的理论。我的观点和主张曾经持续遭受质疑和挑战，许多人要求我提供证据，用来证明股市作为经济晴雨表是有效的。

现在的宏观形势比较恶劣，欧洲金融市场萎靡不振，美国国内的棉花作物正在遭受大面积的虫害，恶性通缩使得经济停滞不前，官僚和立法机构毫无作为，战争结束后出现了失业率上升、铁路和煤矿行业工资调整不及时的种种问题。

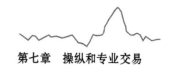

虽有这些因素共同导致了目前的艰难局势，不过股市却已经出现了上涨的迹象，意味着经济形势即将迎来转机。我此前已经指出开始于1919年10月底11月初的熊市在1921年6月20日见到了底部，当时的20种工业股平均指数为64.90点，而20种铁路股平均指数为65.52点。

许多年前，看过一档知名的财经节目，其中一位嘉宾认为当时的股市上涨只是反弹，因为经济并未出现复苏迹象。主持人说了一句："股市不是领先于经济吗？股市不是按照预期在走吗？"其实，这位主持人的功力比这位嘉宾强多了。

现在的一个实例

1921年8月的最后一个星期当中，道琼斯两大指数刷新了低点。乍一看，股市将继续走低。不过，不要忘了一点，**判断股市的时候需要两种指数相互验证才行。**8月25日的时候，《华尔街日报》做出了如下的预判：

兼听则明，偏信则暗！没有交叉验证，就没有结论！

就当前两大指数的表现而言，股市不太可能马上转为牛市；但是，它们现在也并没有发出信号表明熊市将继续下去。

当时的铁路股指数正在横向整理，其间有一次小幅下跌，但是跌破区间低点并未超过1个点，此后继续窄幅震荡，并未出现新的低点，这表明熊市继续的可能性很小了，反而有聪明资金在低点附近吸纳筹码。这期间，工业股指数也呈现出止跌企稳的迹象。接下来的9月21日，《华尔街日报》发表了一篇名为《价格波动的研究》(*Study in the Price Movement*)的专栏文章，其中有一段是这样说的：

有些人说我们的宏观经济和商业形势会变得更加糟糕，我并不认可这种说法。**倘若股市不能超越现状，看到更远的可能性，那么股市的存在就毫无意义。**目前的股市走势预示着宏观经济和商业形势将在明年春季逐渐走好，牛市已经形成了。

傻瓜！股市是向前看的，不要再用后视镜去理解股市的功能。

从这篇文章发表算起，工业股指数和铁路股指数走出了一轮上涨的主要运动。10月4日的《华尔街日报》继续对股市进行了准确的点评和分析：

基于解读股指的有效方法，我们发现只有当工业股指数的下跌幅度达到 8 个点，铁路股指数的下跌幅度达到 9 个点，或者说两大指数同时跌破 6 月 20 日的熊市最低点，才表明熊市会继续下去。

从另外一个方面来看，铁路指数目前只需要上涨不到 1 个点，那么两大指数就同时创出了新高，这就吹响了牛市展开的号角。就现状而言，工业股指数已经刷了高点，两大指数不久之前的走势都表明聪明资金吸纳筹码的迹象十分明显。

在这篇社论的最后一段，作者继续写道：

现在的股价之所以处于低点，是因为那些看空的股评家们所搜罗到的利空消息都体现在股价中了。除非出现意料之外的重大利空，否则股市不会创出新低。从历史来看，股市很少遭受到重大意外的冲击。

对于投机而言，预期重于现实，筹码重于价值。

当前，所有利空的因素和消息都已经为大众所熟知。这些利空因素确实让人感到恐慌，不过**股市并非基于当前的信息进行交易，而是根据对数月后形势的综合预期进行交易的。**

亨利·H. 罗杰斯及其评论

前面几个小节展示了道氏理论的实际运用，读者们可以结合随后的股市发展来评判其效果。读者们甚至可以亲自运用这一理论工具，基于严密的推理来展开类似的分析和预判。

投机老手非常善于隐藏自己的意图和行动，以至于大众认为这些人深不可测，战无不胜。更为重要的是，他们能够透过现象看到本质，见微知著。当大众只看到事情的一个方面时，他们却能同时看懂事情的正反两面。亨利·H. 罗杰斯就是其中一位。

许多年前，罗杰斯曾经对我坦言："那些无事生非的报章杂志总是喜欢指责约翰·D. 洛克菲勒（John D. Rockefeller）和其合伙人占有了大量的财富。但事实上，正是这些媒体推波助澜，蛊惑了大众，将数百万的金钱从自己口袋里面掏出来，拱手相送。

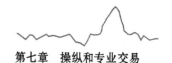

你和我对此都心知肚明，也知道我们这些华尔街人士到底有几斤几两，但是那些媒体却喜欢扭曲华尔街在大众心中的形象，使得怨声载道。不过，反过来说，这种格局对我们而言也未必全都是坏事。倘若每一个和我们做生意的人都认为我们可以操纵一切的话，那这就是一笔大有可用之地的无形财产。”

那些无知的媒体鼓动政府将标准石油公司拆分为 33 家子公司，而这其实帮助了这家集团，使得其总价值增加了 3 倍，而油价却继续上涨，直到一个新的高点。我甚至怀疑这些报纸的股东会不是就是标准石油公司的股东们。如果这件事情发生在“福特汽车时代”（The Era of Ford Car）之前，大众会认为这仅仅惩罚了少数拥有汽车的富人们。但是，这件事情却发生在家家拥有小轿车的时代。

一个伟大投机客源自推理

大众总是认为专业投机者或者说交易者拥有一些不正当的优势，这就使得普通参与者处于完全不公平的竞争当中。其实，这种观点是站不住脚的。就拿杰西·利弗摩尔（Jesse Livermore）来讲，即便是像他这样的专家也是依靠自己的刻苦分析和科学的方法在这个市场上打拼的。他从研究整体的宏观和商业形势出发，并且采用我们一系列文章谈到的科学方法进行操作。

利弗摩尔曾经在 1921 年 10 月 3 日主动透露自己正在买入股票，对此我们暂且相信。就这位专业投机者而言，我们可以确定的一点是**他一直在揣摩和分析大众的预期和观点。**

如果你不知道持有货币的人是怎么想的，持有筹码的人是怎么想的，你如何判断筹码的供求呢？

他的这种做法肯定不能称为操纵，因为他并未主动制造行情以便吸引跟风盘。

10 月 3 日《巴伦周刊》的专栏文章引用了利弗摩尔的一句话：**“交易建立在合理推断未来市场波动的基础上，股价的波动是基于合理的预期展开的。因此，除非一个人能够对未来做出大致准确的预判，能够读懂重要的预期，否则其投机能力必然一般。”**同时，他还强调：“投机是一门生意，而非胡思乱想，也非乱赌一气。投机是一项艰巨的工作，需要参与者付出极大的努力。”

查尔斯·H. 道给出的更加明确的定义

接下来，我们将利弗摩尔上述观点与查尔斯·H. 道在 20 年前发表在《华尔街日报》上的一席话做一个比较。这些话具体发表在 1901 年 7 月 20 日的社论当中：

> 股票市场并非随风乱飘的气球。整体上来看，**股市体现了那些富有洞察力的人们的预期，正是这些人的行为将股价推到了现在的价格水平上。**优秀的交易者并不关心股价是否能够立即上涨，他们更加关注目标股能够吸引到其他交易者持续买入或者持有 6 个月的时间，由此使得股价上涨 10~20 个点。

巴鲁克的整体成就远远超过了利弗摩尔，但在中国知之者甚少。作为一个投机客，巴鲁克能够功成身退，实属不易。他有一本自传，值得一读，我将其翻译出来，进行了全面解读，请参考《投机巨擘回忆录——巴鲁克自传：顶级交易员深入解读》一书。

从这段话可以看不出，利弗摩尔的关键点与查尔斯·H. 道的观点不谋而合。在第一次世界大战之后，伯纳德·M. 巴鲁克（Bernard M. Baruch）曾经在国会的专门委员会作证，他承认自己某次盈利丰厚的交易只不过来源于合理推断出市场对一些公开消息的可能反应而已。他说自己并未获得有价值的内幕信息，也没有任何华盛顿的雇员曾经透露过任何机密信息，就其行事风格和人品而言，他确实不可能这样做。

华尔街的专业人士们自始至终认为所谓的内幕，其实价值不大。如果从个股的角度来看，内幕消息能够提供一些优势，但是完全不管这些内幕消息也不会带来多大的损失。

如果内幕消息对市场波动没有影响的话，监管层为什么要立法处理内幕交易呢？只能说小道消息容易误导交易者，因为你不知道究竟有多少人已经知道这个消息。真正有价值的内幕消息，绝对能够让及时获悉的人拥有极大的优势。在规范的证券市场当中，这就要承担违法成本了。最近十来年，美国一些知名的对冲基金经理人就曾因为内幕交易而与司法部门达成和解，支付高额费用后脱身。

一流的输家

詹姆斯·R. 基恩、杰伊·古尔德（Jay Gould）、艾迪森·卡马克（Addison Cammack）或者其他金融大佬都曾经在华尔街叱咤风云。他们的成功就算是同等智商和努力的人也无法企及，但是他们的成功却总是招致大众的指责，他们究竟在市场上干了些什么呢？像杰西·利弗摩尔和伯纳德·M. 巴鲁克这样的投机天才，他们其实也是在市场中根据对手盘的出价进行交易的，不过他们不会购买那些附有特殊要求的股份。他们在市场中按照规则买卖，无论盈亏，都不会拒绝履行合同。

持有股票的人在卖出时是有理由的，而持有资金的人在买入时也是有理由的。例如，一个持有美国毛纺（American Woolen）股票的人在卖出其股份时是因为预期到未来毛纺业将走下坡路；而一个持有美国钢铁股份的银行家则因为预期到美国钢铁行业将遭受激烈的外资竞争，因此决定卖出，**他认为自己的理由和信息比对手盘更加可靠和准确。**

买卖双方都承担了判断失误的风险，那些参与其中的投机大佬们也是如此，他们也会判断失误，但是他们从不因此而抱怨或者拒绝履约。我认识许多这样的投机者，他们不会因为亏损而捶胸顿足，也不会因为盈利而趾高气扬。

一点不抱怨是不可能的，看看利弗摩尔的回忆录就知道了，只不过有些人会一直陷到抱怨中去，而一些人会继续往前走。一些人被抱怨所干扰，一些人因为抱怨而奋发。抱怨很容易成为绊脚石，很难成为垫脚石，因为抱怨的成本很低，以至于很容易上瘾，变得不思进取，只晓得怨天尤人。

末流的输家

大多数混迹于华尔街的小玩家们却心胸狭窄，他们心中的格局实在是太小了，他们想要凭着自己的一点小聪明与华尔街的大佬们、聪明资金一争高低。这些聪明资金来自场内交易者、职业交易者，以及长期研究商业的专业人士。

这些缺乏自知之明的小玩家实在是最差劲的输家，他们总是高谈阔论，屡屡受挫却不从中总结和学习。倘若他们在刚刚踏入华尔街时就因为初尝失败的滋味而立即退出，那么对他们而言反而是幸运的事情。像他们这样眼高手低的人，在华尔街是很难过上好日子的，早一天离开反而是好事。如果股市中全是这类因为无知而受苦的人，那么股市就成了一个真正的人间地狱。幸好，美国股市长久以来的历史表明情况并没有这么悲观，现实要比这好很多。

机会是为有智慧的人准备的

查尔斯·H. 道与杰伊·古尔德是老交情了。如同当时其他财经记者一样，查尔斯·H. 道十分欣赏古尔德的王者风范。因为古尔德自信，这是源自独特精神的自信。道曾经在一篇评论中提到：古尔德之所以能够在股市中取得如日中天的地位，关键在于他基于价值建立起相应的头寸。古尔德会先通过买入一定数量的股票来试探市场的反应，通过观察盘面的动向来判断大众是否认可这只股票的价值，这样就是对自己预判的一个检验。

倘若大众的反应并不符合他此前的预判，那么他就会果

前面说古尔德基于价值进行交易，后面的论证却明明讲古尔德如何利用筹码来揣度市场的预期和筹码，汉密尔顿此处的逻辑有点混乱了。其实，古尔德是投机大师，在美国证券法出台前，他是美国股市的大神，而美国证券法出台后，格雷厄姆师生们登上了历史舞台。在历史的滚滚洪流下，能够顺利转型的人屈指可数，巴鲁克算一个。

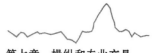

断离场，损失幅度大概在 1 个点。离场后，他就有机会更加客观冷静地反思自己的判断，同时获得旁观市场波动的机会。

当然，本小节的话题并不在古尔德本人身上。数年前，在新街（New Street）的外围投机市场有一个失意的落魄者，其实此君曾经收到过杰伊·古尔德的合伙邀请。

现在我已经快要忘了这个人了，对其记忆变得模糊起来。我只记得当时，他还是一名在华尔街混得风生水起的年轻经纪人，前程似锦。他在证券交易所的场内执行交易，这是一份不允许出错的工作，要求极端苛刻，需要果断和冷静处理问题的能力。

当时，古尔德将自己的很多交易都委托给了这位年轻人。当然，古尔德不会将所有的交易都委托给一人执行，因为他不想别人知道他的真实意图和动向。

古尔德对这位年轻人非常满意，因此要求这位年轻人成为自己的合伙人。不过，这位年轻人出人意料地拒绝了古尔德的邀请，他的理由很简单："杰伊·古尔德先生，我为你执行过许多订单，发现亏损大于盈利。我可不想参与到这种亏本的生意中。"

这位年轻人只是看到事情的一面就断然下了结论。当幸运女神来敲门的时候，这位年轻人却充耳不闻。这位年轻人就此断送了自己的大好前程，他的严谨此后也没能让他在华尔街待上更长时间，以至于只能在新街谋个糊口的工作混日子，此后他就只能混迹于无名小辈之中。

幸运女神敲过许多人的大门，但是只有其中少数有真正智慧的人真正受到了幸运的眷顾。

一个真正聪明的交易者

无论处在什么领域和行业之内，如果你是真正的人才都会得到很高的收入和酬劳，因为真正的人才是稀缺的。股市上也如此，真正聪明的交易者毕竟是少数人。那些将股市当作赌场的新手们往往一开始就走到错误的方向上。

当浮亏出现时，他们捂住头寸不放，而一旦出现一点浮盈就会急于兑现。离场后发现行情继续发展，于是后悔不迭，抱怨自己卖得太早了。最后，他们抱怨职业投机者和机构们，因为正是这些玩家用了不正当的伎俩才让自己亏钱的。

事实上，这些赢家们并非针对某人进行交易，如果他们持有了亏损的头寸，他们会立即离场。这些聪明的交易者不会落在市场后面，期望市场掉转过来符合自己的利赌博也好，交易也好，其实都要懂得“点灯”。老是输或者亏的人可以成为我们的反向指标。

益，他们总是紧跟市场，甚至走在市场前面，正如古尔德一般。

我在华尔街认识了一个非常聪明的交易者，他刚去世不久。以前他是一名优秀的古典学者，后来他以股票投机为业，业余爱好是收集各种稀有的钱币。他并非经纪人，因此并不是以佣金为生。他是一个纯粹的投机者，每天的工作就是在经纪柜台前下单或者是在行情报价机旁坐着。

他每年从股票上赚取的利润从未低于 3 万美元。他在股票投机上的成功源自刻苦的研究、果断但是谨慎的操作。最为重要的成功因素是他能够及时认错离场。他去世之后，留下了大笔遗产，其中大部分来自于股市，还有一些珍贵的硬币。

此君一直基于独立分析来挑选股票，他会关注股票的价值，也会关注市场的波动。当他决定买入的时候，肯定是信心满满的，不过他只动用自己的资金。一旦市场的走势与预期不符的时候，他会立即离场，亏损幅度一般在 2 个点左右。

当他发现行情未能如预期一样运动时，他认为应该立即离场，否则将无法客观地分析市场的趋势和动向。他的起始本金只够医学院或者法学院的大学生支付学费，不过他却以此为起点，将本金不断增加。

他投身于股票交易之中，心无旁骛。他总是在牛市启动的时候大量买入股票，当牛市处于尾声阶段时，他会离场，然后去欧洲旅行，收集珍贵的硬币。

此君并非股票市场上成功的孤例，我还见到了不少类似的人。在这里提及这个案例，并非鼓励条件相同的人去参加股票投机。如果你现在的职业让你觉得快乐，而且经济上也比较宽裕，那么就没有必要费力从事股票投机了。换作是我，我也不会这么做。

华尔街的资源配置功能

从最初的讨论开始，读者们已经向我提出了许多有价值的问题，当然也有一些不那么有价值的问题。现在有一个很有意思的问题被提出来，那就是投机者是否有存在的必要？投机者是否对经济有贡献？

我不想在回答这个问题的时候牵涉经济学等学术问题，也不想牵涉道德评判。我只想基于事实来陈述一些大家都能听得懂的问题。股市是经济的晴雨表，但是不仅仅是晴雨表。为了更好地理解股市的其他功能，我有必要简单介绍下股市的结构。至于我本人是否想要成为投机者，与主旨无关，这里暂且不表。每个人都有自己的人生目标，没有必要强求。

回到开头的问题，华尔街除了为经济提供晴雨表，同时也负责资源的配置。资源的配置与生产一样重要，华尔街最大的功能就是更加有效地配置资源。而职业投机者就具体承担了这一任务。无论投机者本人的品德如何，无论他们的动机如何，他们确实是整个金融体系中不可或缺的组成部分。他们或许会因此而赚取大笔利润，但是也可能因此承担巨大的亏损。这些都不是我们的主题，因为我们并不反对资本主义，并不认为私有财产是罪恶的根源。

这个社会有一种非常危险的信念，认为财富及其附属品只能带来不平等，而非竞争，如果不能公平地分配财富，让每个人都富裕起来，则应该至少每个人都一样贫穷。这样的观点着实让人难以苟同。

不患寡，而患不均。私有产权保护观念的培养同样还有很长的路要走。

站在现实中，只要证券交易所还存在一天，我们就应该去了解它。我们应该积极地面对现实，在了解的过程中去改进和完善它，例如，提升股票作为晴雨表和资源配置场所的效力。

第八章

股市的运行机制

我还注意到一个细节，在华尔街取得成功的人多数都不假辞令，为什么会这样呢？

——**W. P. 汉密尔顿**

此前的章节当中，我们已经基于事实，通过逻辑向大家证明了操纵不会影响股票的主要运动。在牛市和熊市期间，市场自身的力量完全盖过了操纵的力量。

但是，道氏理论并不否认主要运动之外的波动层次存在操纵的可能，如牛市中的回调或者是熊市中的反弹，以及日内波动。即便如此，主力也仅仅能够对一些个股或者流通盘较小的板块进行操纵。例如，在短时间内卖出一些小盘的石油股，确实可以制造出惊人的暴跌。这类砸盘行动确实可以清洗一些意志不坚定的浮筹。不过，任何操纵都需要适宜的土壤和条件，次级折返走势存在这样的突然和条件，因此专业的操纵往往发生在这一层次的波动中。

交易者和赌徒

无论是牛市还是熊市，行情的发展往往会让人感觉非常极端。如同一些股票交易者所言，牛市的时候大量的机构蜂拥买入，到了熊市的时候大量的机构蜂拥卖出。

资深投机者会通过融券融资余额和利息来观察市场是否处于超买或者超卖状态。他们经常在市场超卖时买入，在市场超买时卖出。散户们则容易陷入盲目追涨杀跌的陷阱，进而成为职业投机者的猎物。这些散户们往往喜欢跟着小道消息操作，或者是根据毫无根据的直觉操作。他们不懂得分析与独立思考。

如果股市的定价效率近乎完美，那就不存在套利空间了；如果股市没有错误的定价者，那么交易就没有必要了。因此，汉密尔顿这段话我并不赞同。我认为他只不过在情绪化地表达而已。

盲目的散户并不是股市不可或缺的部分，没有了他们，股市仍旧可以处于运转当中。如果认为离开了这些人，股票交易所就要关门了，这种说法其实是错误的。如果无知的人非要参与一项要求很高的竞技游戏，想要与资深玩家抗衡，那么就应该承受相应的后果。

但现实却是，这些人常常咒骂华尔街，责怪和埋怨不绝于耳。其实，大部分经纪人都会尽量保护客户的权益，但这行工作十分难做。尽管经纪人努力做到让客户满意，但是股票市场可不留情，无知的人很快就会输得精光。

众口铄金

当然，那些因为无法承受亏损而怨天尤人的股票交易者毕竟是少数，这些人与主流投机人群的关系就好比日内波动与主要运动的关系。

投机是零和博弈，投资是非零和博弈，这种论调其实也并不完全正确。如果你能准确地预判到上市公司未来的全部收入流，并且选择恰当的贴现因子，那么你对股票现价的判断就是完全准确的，在这种情况下你不会在股价低于这个估值时卖出。因此，严格来讲任何持股者，哪怕投资者，如果在股价低于准确估值时卖出，其实都是亏损的，且无论卖出价是否高于此前的买入成本。因为他损失了潜在的收益，这部分收益被对手盘赚到了。这是不是零和博弈？对手盘赚到的那部分，恰好是你失去的那部分。

尽管每个人对股市的整体看法并不一致，但下面这类观点肯定是错误的。这类观点认为股票投机就是赌博。在这场赌博中，有人赚了钱，那么必然有人输掉了同样数目的钱。在牛市中，情况就未必是这样的。一些持股不坚定的人会在中途离场，他们确实会损失潜在的利润，但是他们也兑现了部分利润。

不过，在牛市尾声阶段，许多人不顾一切买入，丧失了对股票内在价值的合理判断能力，他们想要将股票在更高的价位上卖给后来的人，结果遭受了重大的损失。这些人才是真正损失的人。

对华尔街的指责，可以称为“众口铄金”。那些挪用公款而东窗事发的银行职员常常将自己的过错归咎于华尔街。他们不会谈论自己将钱花在了美女和豪车上，而是怪罪华尔街坑了他们。这些自我辩解之词常常获得大众的共鸣和同情，认为是罪恶的华尔街让他们犯下了可怜的罪行。

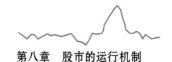

那些无法成功的散户们，总是对不能从股市中赚钱耿耿于怀，但是他们却找不到症结所在。他们经常将自己的失败归结于股市中的另外一群人。他们喜欢公开指责那些自营交易商，以及场内交易者，将这些人定性为赌场里面的迭码仔。他们甚至认为这些人还不如赌场里面工作的人，因为这些职业交易者在他们看来就是坐庄的人。

迭码制度可以说是澳门独创的一种博彩中介的运作模式，从事博彩中介工作人员称为“迭码仔”。“迭码仔”的工作是寻找赌客客源、鼓励赌客到赌场博彩、令赌场增加博彩收益，而自己从中获取佣金。

我们先来谈谈场内交易者的实际情况，他们的优势并不明显，只有在与那些冒失的新手打交道时才有一些微弱的优势。但是，负责人的经纪人是不会鼓励新手从事场内交易的。我在华尔街认识的所有经纪人都会对这类不知深浅的客户敬而远之，因为这类客户早晚会掉到麻烦之中。

场内交易者和买卖价差

我不想将本书弄成华尔街股票交易的教科书，因为市场上并不缺乏相关的优势著作。我在本书的目的在于讲透彻股市晴雨表的机制，以及影响这个晴雨表的因素。

现在回到场内交易者这个话题。场内交易者是证券交易所的必要成员，他们基本上也是证券经纪商的合伙人，但是他们不受外界的影响独立操作自己的资金，他们不进行经纪业务，自然不会接受佣金。

场内交易者相对场外交易者而言，更能把握微小的价差带来利润，如买卖报价之间的价差。股票的交投越是活跃，则买卖之间的价差就会越小，通常来讲是 0.25%。以美国钢铁为例，其普通股卖方报价在 90.50 美元，而买方报价则为 90.25 美元。此时，交易者如果想要买入股票，则必须以 90.50 美元成交，因为挂出来的卖单只接受等于或者大于这个点位的报价。如果交易者想要卖出股票，则必须以 90.25 美元成交，因此挂出来的买单只接受等于或者小于这个点位的报价。

场内交易者也会在买卖报价上挂单，从而赚取买卖报价的全部差价或者部分差价。他们的交易或许会对日内波动产生影响。场内交易者能够迅速买卖，继而赚取微小的价差，这是他们的优势，这种优势是场外交易者所不具备的。场内交易者会在每天都结清头寸，偶尔出现一定的损失，他们也不会在意。就算忙活一天下来，刚好盈亏相抵，他们也会感到高兴。

对赌经纪行的勾当

显然，场内交易者能够通过买卖价差赚到大约 1 个点的利润，因此有一定的优势。如果你在场外交易，那么通过合法的经纪商入市就需要支付买卖差价以及其他佣金和手续费。如果你想要省下这 0.25%的差价，那么就必须支付 0.125%的佣金给对赌经纪行。

一旦加入对赌，客户赢了，对赌经纪行赖账或者跑路，对赌经纪行就跟今天的一些外汇和商品黑平台一样，大家要认清其真实面目。

这些对赌经纪行名义上将你的单子以较低的成本递进了证券交易所场内进行撮合，实际上它们根本没有这样做。单子就在它们手里，你成了赌局的一方，而且是处于劣势中的一方。这类对赌经纪行会想办法招徕客户，它们最喜欢新客户，并且会抓住一切机会榨干客户的资金。它们虽然收取了客户的佣金，但往往不会将客户的单子递到交易所执行，它们与客户对赌。对赌不是证券交易所的业务，倘若警察行动起来的话，这类违法行为将被消灭。

怡然自乐的老股民

如果一个投资者的本金充足，基于估值来买卖股票，当他预判股价的上升空间巨大时，那么佣金、买卖价差以及手续费都无足轻重了。通常而言，经纪商都喜欢这样的客户。

一家老字号经纪商，从1870年经营到现在，至少拥有一位超过50年的老客户，还有一些客户已经在这家经纪行交易了20多年了。由此可以看出，场外交易者并非都是在亏钱，经纪商也不是非得靠着对赌才能从客户身上赚到钱。

券商同其他公司一样，要努力营销自己才能吸引到新的客户。这就好比报刊需要努力吸引新的订阅者一样。如果你询问它们是如何吸引新客户的，资深的经纪人会告诉你营销虽然能够奏效，但是后续的服务更为关键，口碑才能真正带来新客户，守住老客户。

我还注意到一个细节，在华尔街取得成功的人多数都不假辞令，为什么会这样呢？后来我才明白，因为市场的残酷让这些人学会了沉默。相比之下，亏损的人却不甘寂寞，他们不能独自承担亏损与痛苦，于是他们反而话特别多，习惯了多说少做。

何须争辩

我并不需要为股票交易争辩。我们的老朋友乔治三世（George Ⅲ）并非因为其才智而享有盛誉。当他接受沃特森主教（Bishop Watson）呈上的《为圣经辩护》（*Apology for the Bible*）一书时，说了一句意味深长的话："圣经需要别人来为它辩护吗？"

我们也无须为股票交易和道氏理论辩护。我们应该满足于正在进行的工作，因为我们正在清晰地揭示股票市场波动的机制，而理解了股票市场也就清楚了美国经济晴雨表的实质与功能。

交易特定股票的专营经纪商（Specialists），在某种程度上也是股票经纪商，或者说证券经纪商。他们在证券交易所内进行股票交易，只不过他们的交易标的局限于少数几种特定的股票。他们也会接受其他经纪商递过来的单子，替他们买卖。

专营经纪商经常被大众误解，也经常遭到不明真相者的诽谤和抨击。大众经常误认为这些专营经纪商会滥用其市场地位，从而坑害普通交易者。为了避免因为市场出现预期外的下跌而造成客户出现大额亏损，经纪人通常会给专营经纪商预先下达大量的止损单。这些止损单一般会挂在低于市价 1 个点左右的位置。而大众普遍认为专营经纪商会故意引导市场下跌，从而触发客户的止损单。

众口铄金，积毁销骨。普遍的猜忌足以毁掉一个专营经纪商的声誉和事业。最近有一位专营经纪商就因此而失去了证券交易所的席位。

完成场内交易基本是通过口头承诺完成的，而不可能通过书面合同来完成，很多时候都没有第三方证人在场，这样的交易要靠诚信。买卖双方的承诺是无条件的，在我记忆中并没有交易场中的人撕毁口头承诺的。即便在实际交易过程中会出现一些误会，但是会按照惯例来协商和解决。专营经纪商会从普通经纪商那里获取一定的佣金，如果这些利润还没有从其他客户那里赚到的多的话，他会停止为普通经纪商服务。通常而言，专营经纪商的主要利润还是来自于普通经纪商的。

职业交易者有限的影响力

商业和经济的晴雨表是股市，而股市的晴雨表则是股指。

活跃的职业空头交易者会给股指带来什么样的影响呢？他们无法影响市场的主要运动；对于次级折返而言，他们的行为可能产生一些短暂而局部的影响；在最不重要的日内波动层面，他们确实可以在一些特定股票上兴风作浪。总体而言，这些职业空头交易者并不会对股市的晴雨表——指数造成什么重大的影响。

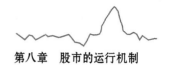

两种主要的道琼斯指数，也就是 20 种铁路股平均指数和 20 种工业股平均指数的成分股都要满足一定的要求。首先，这些成分股必须符合纽约证券交易所的上市条件；其次，这些上市公司必须定期披露合规的财务报表。所以，这些上市公司不存在任何具有价值的所谓“内幕消息”。

在股市中或许会出现如下情形：40 只成分股中的某一只出人意料地取消或者增加分红派息。就算这种意外公布的消息真的会对该股的走势产生影响，但是对股指中其他 19 只股票也要产生影响则比较困难，即便有的话也可以忽略不计。当然，我很怀疑这类消息能够对相关的个股产生实质性的影响。

我一时半会儿想不起相关的实例，不过可以做一个假设。假设超预期的分红派息消息导致了这只个股出现了 10 个点的波动。而这只会导致指数出现 0.5 个点的波动。如果这次分红派息并不意味着上市公司的业绩会出现结构性变化，那么指数 0.5 个点的波动会在一天之内被抹平。**如果这次分红派息的方案体现了这家公司业绩的趋势性变化，那么有理由相信这种变化早已经被股价吸收和贴现了，**市场比任何董事会都更早了解到这一点。

驱动因素的结构性变化带来趋势性运动；驱动因素的一次性变化带来短暂波动。

做空具有必要性和重要性

在这里，我不想讨论做空的道德性，这并非我们的主题。对于多头而言，他获利的前提并不一定有他人亏损，也可能是赚取了其他人不够专注于交易而损失的潜在收益而已。比较而言，做空者获利的前提则一定是他人正在遭受亏损。但是，做空者对于一个健康的市场而言是必需的，允许做空的利大于弊。

如果一个金融市场禁止做空的话，那么这个市场就变得极端危险。这样的市场无论处在什么阶段，都容易出现无法遇见的恐慌蔓延。伏尔泰曾经说过，就算世间并不存在上帝，也应该创造一个上帝。伦敦证券交易所起源于一个康希尔（Cornhill）的乔丹咖啡馆（Jordan's Coffee House），当时做空已经出现了。

从做空诞生之后，这一交易行为很快就成了一种普遍存在的合理性做法。有趣的是，伦敦证券交易所发生的几次崩盘事件都不是可以做空的活跃股引起的，而是那些被禁止做空的股票引发的。其中一次是因为银行股票缺乏市场支持，进而发生1890年的巴林危机（Baring Crisis）。

从19世纪70年代到90年代，流向阿根廷的移民使该国的人口增长了一倍，进而刺激了对于铁路、供水系统和工业企业的巨大需求。从1882年到1889年，大量欧洲资本进入阿根廷。1889年，英格兰银行和德意志国家银行迅速提高了各自的基准利率，全球流动性紧缩。同时，阿根廷的小麦产量下降，随后便是1890年夏季爆发的一场血腥的政治革命。英国的巴林银行深陷其中，爆发危机。

事实上，对于下跌的市场而言，没有什么力量比做空更能为市场提供支持了。在上述的例子当中，由于缺乏做空机制，使得只能依靠临时拼凑的银行救市联盟来力挽狂澜。

1922年伦敦证券交易所进行了重组和改制，在进一步摆脱政府的干预下，议会取消了限制做空银行股的法案，并且要求银行股及时公布准确的信息。全面而及时地准确公开相关信息才是股市健康运作的基石，才能够保护大众的福祉。

上市机制对公众利益的保护

当查尔斯·H. 道在20年前写作一些有关股票投机的普通社论时，会偶尔提到他的股市运动理论。在这些讨论中，有一些股票是在证券交易所内交易的，有一些股票则处于未上市的场外交易状态。

站在今天的角度来看，很难理解当年的《华尔街日报》剖析的某只道琼斯指数成分股会是一家未上市的场外交易公司。不过当时亨利·O. 哈维梅尔（Henry O. Havemeyer）的美国糖业（American Sugar）就是这样的情况。

此后，纽约证券交易所的未上市证券部门被承销了，这是最值得赞扬的内部改革措施之一。这一变革曾经遭到了纽约证券交易所的保守成员的强烈反对，他们其实大部分都是既得利益者。已经去世的未上市证券部门的前任主席，曾经因为我支持这一合理的改革而当着客户们的面抨击我。他认为我这类鼓动改革的人，其实是在毁掉华尔街的生意。

十分愤怒的他将与我有关的所有市场通讯和报刊都扔出了办公室。不过令他十分尴尬的却是，他的客户要求他立即将这些材料捡回去。

现在，美国糖业、联合铜业以及其他一些曾经是未上市公司的股票，现在已经在证券交易所挂牌交易了。这些公司见证了上市制度的变迁，它们明白如果拒绝了公开透明的信息披露要求，则它们的公司治理就会遭到质疑，上市相关的条款有力地约束了上市公司的行为。

纽约证券交易所对于任何涉及改革的建议都不太热心，但是到今天为止我还从未听说它们想要重新组建未上市证券部门。

联邦政府的干预

在此前的讨论中，我们提及了保护大众的利益需要进一步的努力。但是，可不要是政府过度地干预经济和商业活动。当政府管得过多过宽时，只会妨碍一些诚实经营的公司，反而不能阻止那些一心行骗的皮包公司。

在这一小节当中，我将简要地介绍一下英国的投资者保护措施。根据英国 1908 年颁布的《公司法（总则）》，从公司在伦敦萨默塞特宫（Somerset House）注册登记开始，就可以在伦敦证券交易所进行交易了。而要完成注册事项，公司必须详细地披露公司的章程、合同、授权情况以及经营范围等项目。一旦完成注册，则投机者在交易这家公司的时候就能

萨默塞特宫是一座巨大的都铎王朝的宫殿，到了 18 世纪它已经是英国一些重要的团体组织的总部，像英国皇家美术学院、英国文物学会，它也是英国海军的摇篮。

够掌握大体情况，即便这家公司的经营面临诸多风险和复杂情况，投机者也能够做好心理准备。在这个法规下，上市公司需求提醒交易者注意相关的风险，同时交易者自己也能够通过支付 1 先令从萨默塞特宫获得公司的相关信息用于投机决策和权益保护。

英国政府对股市的干预不多，但是很好地履行了监管的职责，我们的联邦政府也不应该过度干预市场，否则将会招来不必要的问题和大众的反对。我们应该实施类似于伦敦的证券法规，同时以非党派的精神一以贯之。纽约证券交易所应该履行职责，全力保护会员和客户的利益。但是，纽约场外证券市场联合会（New York Curb Market Association）是一个涉及未上市公司的组织，其治理能力存在重大缺陷，且管理层的诚信度也不足。其中的会员并无太大问题，但是，这一组织本身却存在重大的隐患，丑闻和危机一触即发。因为在这里交易的公司并不愿意定期公布自己的信息和财报，它们觉得这样做会招致商业损失。纽交所中的一些公司也曾经有这样的顾虑，甚至还一度逃避信息披露的义务。

证券交易所应该推行真正的改革

过去几年时间当中，证券交易所推行了一些成本不菲的改革，但是事实上这些改革只是表面的，缺乏实质性的东西。无论这些改革的意图是什么，我都认为这些并非真正有效的变革。

在我看来，证券交易所的门槛是在逐步提高的，这促进了投资者和投机者的保护，特别是其中的中小投机者，毕竟他们是市场的新兴力量。在查尔斯·H. 道那个年代，证券交易所的一些惯例在今天看来已经不合时宜，甚至有些难以容忍了。在未来的牛市中，比如基恩那样的运作手法已经行不通了。

证券交易所对于上市公司信息披露的严格要求，使得公司的财务状况更加透明，即便是再冲动的交易者也不会轻易相信一些天花乱坠的蛊惑了。主力想要通过对倒吸引跟风盘的做法也变得困难了，而任何一个经纪商一旦被怀疑从事对赌交易，则会遭到客户的强烈抵制和监管部门的惩罚。

现在，大众会全面地恪守证券法规的相关条款，欺诈和操纵将受到惩罚。这些契约精神早在 40 年前，美国工业刚刚崛起的时候，就可以在发挥作用了，它们绝不是一纸文书而已。

第九章

股市晴雨表中的“水分与泡沫”

观察经济周期可以判断大势，观察筹码和预期也可以判断大势，这就是我的交易哲学之一。

——魏强斌

在本书中，我总是想要深入浅出地展开论述，简明扼要地阐释，尽量避免那些无关的内容。我发表的观点起到了抛砖引玉的作用，带来了大量的评论，其中一些确实很有价值。但是，另外一些评论却明显透露出偏见和错误的思维定式。其中一位读者的评论如下：

如果我们连证券交易所里挂票交易的股票都信不过，又怎么能够相信你提出的晴雨表呢？你并未谈及任何有关过度资本化（Overcapitalization）的话题，你如何看待那些虚高的发行价呢？也就是那些注水股。

实体经济的泡沫

现在的美国社会很不喜欢“注水”的东西，也就是价格虚高的东西。在美国的金融中心观察宏观经济形势和商业形势会发现，实体经济的水分要比金融市场的泡沫更大。造价 100 万美元的地产，实际上只有 50 万美元的价值。对于泡沫只有一种办法，那就是破产清算，这样才能挤出其中的水分。

早在第一次世界大战爆发之前的“工资虚高时期”，大量的公寓如雨后春笋般拔地而起。高工资引发的通胀使得建筑业存在巨大的泡沫，在房租真正上涨之前，地产公司就已经经历了普遍破产重组。

相比实体经济的水分与泡沫挤出过程而言，股票市场存在的水分和泡沫有更快捷的处理过程，这个过程并不涉及破产清算等复杂流程。

题材股和高成长股的本质区别是什么？如何预判？

使用“水分”和“泡沫”这类词汇可能掩盖了问题的实质，也容易误导人。你或许因为没有彻底认识到一家创新性高成长公司的价值而认为其股票存在过多的水分和过大的泡沫。站在 J. P. 摩根的角度来看，或许高企的股价贴现了未来的高成长预期，其实，无论情况到底如何，股市都会将股票的价格调整到反映其内在价值的水平，所谓的“水分”会很快被挤掉，而“泡沫”则会破灭掉。我将在后面以美国钢铁公司上市的案例来说明最后一点。

挤出水分

在本小节我先做一个小的总结。行文到这里，我们都在介绍对股市晴雨表的各种研究。股市晴雨表就是两个主要股票板块的平均指数，即 20 种工业股平均指数和 20 种铁路股平均指数。经由这两种股票平均指数，我们发现股市存在三个层次的有规律运动，分别是主要运动、次级折返和日内波动。

讲到这里不得不谈内在价值的问题。任何一只个股的价格都会围绕其价值进行修正。证券交易所是一个开放的自由竞争市场，其作用在于将大众的不同估值调整到一个共同的基础上，最终通过股价体现出来。20 年前，当詹姆斯·R. 基恩将联合铜业的股价推升到 130 美元的高位时，许多的金融家认为这只股票顶多价值 100 美元。股价并未在一天之内就完成修正，但是也并未等待太长的时间。联合铜业的股价从牛市的高点下跌了100多点。

重复说明一下，本书中1个点在大多数情况下是1美元，而不是1%。

这就是股票市场所要发挥的作用，它会充分考虑股票现在的内在价值以及预期的内在价值。在熊市尾声的时候，股价常常会跌破内在价值。因为，这个时候恐慌蔓延使得大众卖出股票的动机特别强烈，以至于将股价打压到显著低于内在价值的水平上才能抛出筹码。这个时候的成交价格可以说是显著低于股票账面价值的，也就是低于公司净资产的。账面价值是不考虑商誉等无形资产的，也不考虑公司的业绩预期。

那些场外市场交易的垃圾股如果出现问题也会冲击到场内的价值股票。当银行集体拒绝接受垃圾股作为抵押时，人们不得不将手头的价值股抵押或者变现，这就会使得场内交易的价值股也出现股价下跌的情况。场外交易的股票经常像走马灯一样，投机性很强，交易量有限，而且要求更高的保证金。

股票收益和所得税

牛市启动时总是以那些价值严重被低估的股票上涨为标志。股票市场会预见到宏观经济和商业环境的复苏迹象，等待实体经济真正好转的时候，将进一步推升对股市的乐观预期。

在股市长期上涨的牛市中，股价持续上涨，最终会显著超过其内在价值水平。**那些不明事实真相的大众由于错失了牛市初期的机会，反而在牛市末期受到乐观氛围的蛊惑而盲目地大举买入股票。**

牛市启动阶段，大众一致看空；牛市持续阶段，大众意见分歧严重；牛市结束阶段，大众一致看涨。

华尔街部分资深的交易者曾经打趣说道，**如果电梯操作员和擦鞋匠都在向顾客提供买入股票的建议时，就是牛市接近尾声的时候了。**这个时候应该卖出手中所有的股票，去钓鱼休闲了。

伯纳德·M. 巴鲁克在1929年牛市见顶的时候，因为一个擦鞋匠向他高谈阔论股市，而意识到股市已经见顶了，于是成功逃顶，被誉为“大跌前成功高位抛出的人”。

1919 年 10 月上旬，为了报道英德两国的金融市场，我乘船前往欧洲。当时的金融市场正处于一次大牛市的最后飙升阶段。当时大家都在热情洋溢地讨论牛市，其中一种有代表性的观点认为哪些在股市上拥有大量浮盈的交易者不会在此刻就卖出。原因是他们一旦兑现利润，则面临一大笔所得税支出。

在我所乘坐的毛里塔尼亚号（Mauretania）上的酒吧里面，大家吞云吐雾地深入探讨了上述谬论。参与讨论的部分商人决定清空手中的股票，缴纳所得税，与美国政府分享自己的收益。这次谈论的观点简直荒谬透顶，不堪一击。股市中那些脆弱的多头头寸，幻想着各种继续上涨的理由，唯独看不到市场上人人都希望上涨的危险信号。

考虑利害关系的时候，要分清主次。孙宏斌说贾跃亭是“一片羽毛都不肯放弃的人”。蒋介石何尝不是这样的人，以至于经常因为无法舍弃小的损失而招致战略失败。

乘船横跨大西洋的最后 3 天时间当中，由于无线电通信装置出了问题，以至于无法与外界沟通。等到我们抵达法国西北部的瑟堡港（Cherbourg）的时候，股价已经开始下跌了。好了，股价下跌使得大家需要缴纳的所得税也降低了。到了当年年底的时候，那些曾经担心缴纳高昂税收的人再也不用担心了，因为浮盈已经完全不见了。

筹码高度分散的股票

当市场处于超买状态时，股价高起，但是这种状态是无法永远持续下去的。能够轻易将个股的价格推至虚高的水平，有很多原因，其中一个重要的原因是筹码高度集中。因此，出于保护大众利益的目的，必须限制筹码的高度集中。

如果一个华尔街的主力实际上完全控制住了某只股票的流通盘，他们就能轻易地操纵个股的价格，比如斯图兹汽车公司（Stutz Motors）的例子。当筹码高度集中到庄家手中时，股价并不是自由竞争得到的，因为真正的市场已经消失了。

伟大的亚伯拉罕·林肯（Abraham Lincoln）曾经说过，你不能通过将狗尾巴改名为狗腿，就主张狗有 5 条腿。平均指数当中的每只成分股的筹码都是高度分散的。例如，宾夕法尼亚铁路是铁路股平均指数中股本最大的一只成分股。其股本为 550 万股，股东平均持股不超过 100 股。对于大众来讲，高度分散的筹码可以避免庄家的操纵。

估值与市场定价

在本章开头的时候，给出了一个读者的问题。现在，我们已经具备了回答这一问题的基础。我们可以做出如下的回答：股票市场中根本就不存在水分，这位提出问题的读者也无法证明股指中存在水分和泡沫。我们可以进一步答复这位读者，证券交易所上市的所有股票的交易价格都不存在任何水分和泡沫。以铁路股为例，在任何正常的时期里面，股票的市价都要显著比政府给出的资产评估价更能体现其内在价值。什么是正常时期呢？也就是股市既不过度乐观，也不过度悲观的时期，没有因为恐慌出现不计成本抛售筹码的时期。

汉密尔顿此处的回答就好比技术分析原教旨主义者经常宣称的那样——市场永远是对的。但是，格雷厄姆却说市场在短期是投票器，在长期是称重器。技术分析者认为市场永远是对的，所以没有泡沫和水分；而基本分析者则认为市场永远是错误的，定价错误是价值投资的基础。你觉得谁是对的，谁是错的？其实，你应该换个角度来思考——谁的假设更加有效果？假设市场是完全正确的，操作下来的结果会如何？假设市场完全是错误的，操作下来的结果又是怎样的？再进一步来分析，这两个假设各自在什么情况下最有效，在什么操作手法下则会带来灾难？

股票的市场成交价格充分考虑到了所有可得的信息，这些公开的信息也很难受到大规模的实质性的操纵。股票市场是自由市场，其价格在形成过程中考虑到了各类资产的价值，如不动产的价值、流动资产的价值、特许经营权和商誉等无形资产的价值。

在判断这些资产和生产要素的价值方面，股市要比政府的相关机构更加正确可靠。州政府的商业委员会会对本周的上市公司进行估值，但是等到这个估值被公布的时候，已经时过境迁了。而证券交易所的交易价格却在持续地评估股票的真实价值，从昨日到今日，从今日到明日，从一个月到下一个月，从今年到明年，从牛市到熊市，从一个太阳黑子周期到下一个太阳黑子周期，从不中断。

金融界的投行家们都不会参考政府商业委员会的估值，他们更愿意接受股市的定价，并且基于这一价格投入资金。

股价虚高的流行偏见

有一种流行的偏见，认为美国许多上市公司的股票价格存在“水分”，这一偏见事实上害了不少人。流毒甚广，令人惊讶。这种观点主要集中在铁路股上。

事实上，如果按照美国铁路里程数与土地面积和人口密度的比例远远低于英国，美国铁路股的证券化程度还不到英国的五分之一，同时也低于欧洲和英国任何殖民地的铁路资本化水平。即便有了这样的数据，许多人仍旧认为美国铁路股的价值被高估了，股价虚高了，存在大量的水分。

在这里，我敢大胆地宣称美国铁路行业的资本化程度严重不足，相关上市公司的价值也被市场严重低估了。工业股也面临同样的情况，从 1921 年证券交易所提供的数据来看，这些股票价格的水分早已被挤干了，现在都在“挤血了”。

在我撰写本文的时候，美国钢铁公司普通股的价格不足 80 美元。这家上市公司披露的信息非常全面和及时，超过世界上任何一家铁路公司。根据这家公司提供的财务和经营信息进行分析的话，会发现其普通股的合理价格应该在 261 美元之上。

美国钢铁在最近的 20 年时间里面，投入了 10 亿美元来增加固定资产，而收益结转的固定资产投资仅仅占到了 2.75 亿美元，固定资产投资中的水分极少。另外，公司的流动资产仅仅是现金这一项就超过了 6 亿美元，仅是这一项就可以支撑起 120 美元的股价。由此看来，股价哪里有什么水分呢？5.5 亿美元的总市值看起来好像很大，但其实这不过是针对绝

格雷厄姆正式奠定了估值的方法论。但是，在汉密尔顿的论述中也能看到账面价值投资法的影子。

对数值而言。按照摩根的说法，这无非是体现了未来增长的预期而已。倘若他的灵魂能够回来看一下今天的情况，一定会发现当年的估计太过于保守了。

美国钢铁普通股和优先股的发行是在牛市期间进行的，由大名鼎鼎的詹姆斯·R. 基恩领衔负责，这次公开发行的运作结果如何呢？普通股在 50 美元的价位完成发售，而优先股则以面值发售。如果当时有人以这样的价格买入美国钢铁的股票，坚定持有，那么即便在 1921 年 8 月这样的糟糕市况中，在经历了大熊市之后，股市见底之时，这些持有美国钢铁的人也并未遭受任何损失，当然也遗憾了。

基于价值买入（Buying on Values）

或许有人会指责我对美国钢铁公司普通股的估值过于乐观了。瞧吧，我们又遇上了冥顽不化的偏见。其实，我的观点主张全部都建立在事实的基础上，都是有坚实依据的，任何人都可以亲自去验证。至少那些一度在 1921 年卖出过这只股票的人能够明白我这番话的意义。

那些在 1921 年卖出这只股票的人往往都是因为积蓄资金，因为在 1921 年的时候大部分人都处于现金短缺的状态。这种大背景使得一些手头有充裕资金的人有了巨大的机会。

在滑铁卢战役（Waterloo War）期间，罗斯柴尔德（Rothschild）在战争结局尘埃落定之前的一周以 54 英镑的价格买入了英国国债。他的朋友问他，为什么在战局胶着的时候，你却自信地买入英国国债呢？他回答道：如果战事确定的话，你怎么可能以 54 美元的价格买入英国国债呢？他意识到正是由于存在高度的不确定性，英国国债才能以显著低于内在价值的价格交易。当时许多人急需现金，于是急于卖出手中的证券。而罗斯柴尔德则是少数几个手头有大量现金的

有另外一种说法是罗斯柴尔德家族有更加高效的通信网络，因此能够比大众更早得知战争结果。

一种筹码被绝大多数的人持有时，你最好卖出转而持有现金或者其他类型筹码；当绝大多数人持有现金时，你最好转而持有大量的筹码。筹码与预期的关系是微妙的，是值得我们深入研究的。当筹码基本上在大众手中时，你应该持有资金，这个时候大众的预期是一致看涨的；当大众基本持有现金时，你应该持有筹码，这个时候大众的预期是一致看跌的。观察经济周期可以判断大势，观察筹码和预期也可以判断大势，这就是我的交易哲学之一。

人，有能力在当时大量买入英国国债。

罗素·赛琪（Russell Sage）在股市出现大恐慌的时候成功抄底，大赚了一笔。我想恐怕没有几个人知道他是如何做到的，但是他确实超过了绝大多数人。在恐慌发生之前，他更加青睐那些容易变现的高流动性资产，如短期票据、活期存款等。这样做并非是出于保守，而是为了在大恐慌的时候能够获得大量的流动性以便抄底。当恐慌爆发时，流动性变得紧缺，这个时候大家根本无法考虑所谓的价值，被迫抛售以便获取紧缺的现金。

罗素·赛琪的传奇故事

罗素·赛琪的所有事迹都表明他是一个非常节约的人，当然我使用这个词并非本意，当然我也不想称之为吝啬，因为他也不是一个视钱财如命的守财奴。

当最后一次见到他的时候，我还是只是一个年轻的记者。当时，我正视图报道一家铁路公司的情况，而罗素·赛琪和另外一位金融大亨正在运作这家公司的股票。

说谎在华尔街是一个很少被提及的词汇，因为这个地方很忌讳这种说法。所以，我只能说那位金融大亨告诉了我一些假消息。当时要不是我非常客观冷静的话，可能已经被他的这些话误导了。为了搞清楚真相，我觉得去拜访一下罗素·赛琪先生，如果他吐露的东西与金融大亨所说的东西不一致的话，那么我就能从中获得一些有价值的信息。

于是，我去拜访了罗素·赛琪先生。幸运的是这位先生对记者非常友善。他以最为友好的方式接待了我。不过话又说回来，任何与金钱无关的人找到他，都不会被他拒绝。

首先，我开门见山地提出了自己的疑问，而他却顾左右而言他。他说："你对裤子的吊带（suspender）了解吗？"

当时的我非常不高兴，但还是礼貌地回应了他。我说自己对这东西不甚了解，不会比一般人知道得更多。

“那你认为这条吊带如何？”他顺手递过来一条吊带，询问我。

“这条裤子的吊带有什么特别之处吗？”我反问道。

“你觉得它如何呢？我花了 35 美分买的。”他继续说道。

或许是因为我并未从他那里得到任何有价值的信息，或许是我并未达到此行的目的，所以我有点生气地回答道：“你买亏了，在赫斯特大街（Hester Street），同款吊带只需要 25 美分就可以买到了。”

“我不相信！”他带着怀疑的眼神看着我。但事实上，我根本不知道裤子吊带在赫斯特大街的价格，但是他却对此十分不安，这并非关乎 10 美分的事情，而是触犯了他的原则——对内在价值要进行准确的判断。

买贵了，是价值投资者的心病！

价值和指数

现在大家应该明白了罗素·赛琪买入股票的原则是什么了吧？价值！他总是力图洞悉事物的真正价值，特别是这些价值隐藏得很深的时候，以至于普通人都无法看清楚。正是对准确估值的恪守，使得他去世后留下了超过 7000 万美元的财产。

股市的晴雨表能够折射出股市整体的内在价值，关乎现在和未来的内在价值。指数就是股市的晴雨表，在解读平均指数的时候，必须搞清楚指数在内在价值曲线之上还是之下。我们可以查看 1902 年年底，查尔斯·H. 道离世之后，《华尔街日报》发表的那些评论。这些评论将股市看作是宏观经济的晴雨表，是经济的领先指标。现在看来，这些评论中隐藏了关于指数的运用之道。即便其中蕴含的只是常识性的东西，但是对于读者而言还是非常有价值的。

倘若某人总是在你面前唠叨“我早就提醒过你了”，那么他肯定不招你喜欢，而这正是股市作为经济晴雨表所发挥的作用。

一次正确的谨慎预测

在熊市和牛市的过渡时间，能够对平均指数的晴雨表作用做到最为严格的检验。从 1902 年 9 月开始的熊市在 1903 年 9 月见到了最低点。不过，牛市并未马上到来，此后的走势表明还有数周甚至数月才能迎来转折点。

1903 年 12 月 5 日，《华尔街日报》的一篇社论在回顾了最近几年的宏观经济和基本商业形势之后，做出了预判：

综合考虑最近几年美国国民财富大幅增长、铁路里程数虽然大幅增加但是不及铁路公司业绩的增长，再考虑到上市公司整体业绩涨幅显著高于股票价格上涨速率这一事实，我们可以很好地回答一个问题——当前股市的下跌是否已经见到了底部？就现实而言，至少有一些证明表明股市确实见到了底部。

预判中的牛市出现了

或许有人会不以为然地说即便没有平均指数的指示，我们也能够得到牛市即将出现的结论。事实确实说起来比做起来容易。因为当时的股市正处于恢复下跌的走势中，而上述社论却敢在市场继续下跌的时候申明底部临近了。

这个社论无疑正确地预判到了牛市的到来，而且在做出预判的时候保持了一贯的严谨性。毕竟，这是利用平均指数预判市场的尝试，有待进一步的检验和完善。

后续发展表明这轮牛市其实正式开始于 1904 年，持续到 1907 年结束。上一小节中的社论文章是基于平均指数来分析大势和大盘的。在这篇社论发表 9 个月后，《华尔街日报》再一次彰显高水平的预判能力，要回答一个与此前问题一样难度的新问题——目前高位震荡的牛市是否能够继续上涨？

大家需要注意的一个大背景是当时牛市已经持续了 12 个月了，虽然上涨速度并不快，但处于加速之中，一般而言这是赶顶的迹象。1904 年 9 月 17 日，《华尔街日报》在社论中指出：

就当前的情形来看，没有可靠的证据表明牛市已经见顶了。我们认为铁路板块的整体估值并未见顶，而这会逐步带动股市进一步上涨。上涨的具体幅度取决于即将来临的冬季的情况。届时，股市将清晰地显示出整体估值的变化趋势。历史来看，价值决定了价格。如果铁路板块保持现在的价值水平，那么相对股价而言，其估值水平并不算高。

此处的观点与马克思的价值规律，与格雷厄姆的价值投资学说，都有相同之处。

此时，我们要进一步提醒读者们关注一个重要的驱动因素，黄金产量的持续增长将是推动股价上涨的最有利因素。这一点肯定会在未来的行情中得到验证，这一因素将会推动除了债券之外的所有证券价格上行。

为道氏理论正名

请仔细看上面这段评论的最后一句话。我们知道了一点经济和金融常识：**当生活成本的通胀水平上升后，固定收益类资产，比如债券的价格就会下跌。**

黄金现在是世界广泛接受的通货，当市面上的黄金数量增加时，黄金的购买力就会下降，以黄金计价的商品的价格就会上涨。这时候投机行为就会大幅出现。

从这些社论和本书的阐述就可以发现：道氏理论其实并不是今天我们认为的那样是纯技术分析。道氏理论当中有大量的经济周期分析、跨市场分析、市场心理分析等。

1904 年这篇社论发表的时候，股票市场已经受到了物价上涨的影响。一些债券经纪商对于这篇社论中看跌债券的观点非常抵触。但是，事实确实如这篇社论预测的那样发展。

这篇社论的文字并不拘谨和教条，理论化的东西不多，因为当时道氏理论才刚具雏形，了解的人不多。此后，我们可以看到道氏理论给出了越来越精彩的判断。这些事实表明在查尔斯·H. 道提出其解读股市晴雨表的正确方法之后，股市晴雨表很快就显示出超强的预判能力。

第十章

飓风起于青萍之末

股价已经显著低于内在价值了，这是牛市开始的征兆。

——《华尔街日报》社论

在进行此种讨论的时候，最好能够预想好潜在的分歧之处，并且解释清楚这些异议。毕竟，一个理论或者假说如果能够前后一致，逻辑严密，自圆其说，那么也就更具生命力和吸引力。当然，这样的学说自然也更容易迷惑人，让人日益迷信和盲从。随着时间的流逝，越来越大的事实会证明此前的理论存在漏洞和缺陷，但是错误的教条仍旧可以依靠人们的迷信而存在下去。在道氏理论的发展和完善上，我们要提防这种倾向和趋势。

比起道氏理论，江恩理论的教条化形势要更加严峻。库恩关于"范式"的观点值得我们深究和学习。

到目前为止，我们已经建立起了对道氏理论的基本认识，也就是股价波动存在三个层次：主要运动、次级折返和日内波动。基于道氏理论，可以得出一套合乎实际的股市研判之道，而这些方法正在成为股市晴雨表的主要部分。但是，我们也要防止自己过于自信。**我们应该认识到任何理论都存在例外，而任何例外都可以用来检验和完善理论。**

旧金山大地震

1906年，一个意外出现了，这也是一个看似不符理论的例外。乍一看，似乎道氏理论遇到难题和挑战了。一轮发展中的牛市遭到了迎头痛击，一波超乎意料的次级折返出现了。当然，如何看到这波大幅回调，取决于你的角度。

在此前的文章中，我反复指出牛市和熊市的持续时间和幅度往往都会超出大众的预期。股市虽然可以贴现一切事件和信息，以及对未来的预期，但是却无法预判到比如1906年4月18日的旧金山大地震以及随后的大火灾。

突发事件往往会在瞬间冲击市场，但往往只会引发市场短期波动。

讳莫如深

加利福尼亚当地人对这次地震讳莫如深，如果你不想招人厌的话，最好不要提起大地震。如果你直言不讳，他们会认为你非常不礼貌。他们更愿意称之为发生了一场火灾而已。

就我们的讨论而言，这是一场大地震，毋庸置疑。但是，热爱自己家园的加利福尼亚人却不想接受可能再度发生大地震的信息。火灾可以发生在任何城市，这会让他们觉得心里舒服和安稳一些。加利福尼亚人总是积极乐观，他们经常说如果告诉自己今天是好天气，那么今天肯定就是好天气。

不过1906年的那场大地震，似乎并不能这样自我安慰过去。它彻底改变了太平洋的一段海岸线，但是当地人显然不喜欢这样的变化。如同19世纪初一位英国的纨绔子弟博·布鲁梅尔（Beau Brumbell）所言："如果衣服上有一个洞，那并无大碍，因为任何人衣服上都可能发生意外而破个洞，但如

博·布鲁梅尔生于1778年，卒于1840年，英国著名纨绔子弟，以时髦服装和举止闻名。

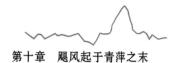

果衣服上有一个补丁的话，那么一定是贫穷的标志。”

大地震和火灾对股市的冲击

旧金山大地震发生的时候，股市遭遇意外的负面冲击。大家应该都还能够记得劳埃德船运保险（Lloyds Ship Insurance）的政策吧，它将自然灾害和战争的风险不放在理赔范围之内。

这次大自然制造的例外有助于解释股市晴雨表的记录中唯一例外的表现。牛市从1903年9月启动，并且在1906年1月见到了高点。虽然经济衰退并未紧随而至，但是股市仍旧无法保持在这一高点附近。通常而言，牛市的顶部不会出现明显的筹码集中派发阶段，特别是牛市处于严重超买的尾声阶段时，1919年的情况就是这样的。

1906年春天，股市开始下跌。跌势并不显著，多头随时有卷土重来的可能。甚至出现灾后重建的利好走势，让股市再度出现超买状态。

这次地震的损失惨重，无数房屋倒塌。地震引发了大火灾，这场大火很快演变得无法控制，以至于保险公司认定是突发大火。尽管保险公司可以将突发的地震作为拒绝赔付的理由，但是英国和美国的保险公司还是支付了部分的赔偿费用来帮助受灾者。德国汉堡的一些保险公司则采取了不一样的做法，它们大多拒绝理赔。从这里或许我们知道一点德国式的事情处理之道。其实，通过德国发动战争、斡旋外交，以及处理合同和从事体育竞争的方式和精神，我们也能了解德国人处理事情的特点。但是，从此以后德国汉堡的火灾保险公司就难在美国获得保险业务了。

困境中做出的完美预测

当股市遭遇大地震和火灾的意外冲击之后，恐慌性下跌出现了。认真剖析下去，你就会发现造成这波恐慌的关键因素就是地震的意外性。

1906年4月末，尽管我们不能将股市定性为已经失去了控制，但确实是暴跌。1906年1月22日，20种铁路股票平均指数位于138.36点，到了1906年5月3日的时候，跌幅已经达到了 18 个点。12 种工业股平均指数也从 1 月 19 日的 103 点跌到了此后的 86.45 点。

同样的股市暴跌情形中好像都存在同样的驱动因素和特征。历史经验表明，恐慌性暴跌结束后市场会修复一段时间，接着会出现一次幅度较小的下跌，这次下跌是对下方承接力量的真正考验。

其实，《华尔街日报》在 1906 年 7 月 6 日发表的社论，通过对平均指数的研究，预判股市将很快步入恢复状态，这篇社论提醒人们关注即将出现的情况：

自从平均指数创建以来，历史数据表明恐慌性暴跌之后常常会出现一波反弹，反复的幅度往往是暴跌幅度的 40%~60%。此后，会出现一次不显著的下跌，这次下跌会回到反弹的起点，甚至更低。股市通常需要通过再度下跌来清洗那些恐慌的持股者。旧金山大地震后的股市波动就是明证。尽管我们不能断定旧金山大地震后的暴跌属于大恐慌，但此后的反弹确实符合上述规律。在反弹阶段，铁路股平均指数回升到了 103.05 点，这波反弹的幅度恰好为 1 月 22 日开始暴跌的幅度的 60%。此后，股市的运行也符合上述规律。所以，我们几乎可以因此推论，在出现类似恐慌时，市场的大举抛售其实有利于股市减轻压力，更加迅速地恢复过来。

灾难导致严重后果

旧金山大地震已经过去较长时间了，现在我们可能已经变得淡漠了，印象已经模糊了。灾后数据表明，这次地震造成的直接损失高达 6 亿美元。阿特纳火灾保险公司（Aetna Fire Insurance Company）坦陈由于地震引发的火灾，公司承担的理赔金额将使得 40 年积累的盈余都被耗光了。这是一家美国乃至全世界的保险业巨头。如果这场火灾对它的冲击有这

巴斯夏，法国经济学家。1801 年 6 月 29 日生于法国一个大商人家庭。他是自由贸易思想的热情宣传者，同时也是市场经济的提倡者。“破窗理论”是巴斯夏作为批评的靶子而总结出来的，见其著名文章《看得见的与看不见的》。他指出“破窗理论”的谬误有三个地方：首先，其前提假设在现

么大，可以推断其他保险公司遭受了多么严重的影响。

一些天真的乐观主义者认为玻璃被砸坏了就为玻璃制造商和安装公司提供了新的商业机会，但前提是业主要为被砸坏的玻璃支付金钱。正如巴斯夏（Bastiat）所说，如果你的窗户没有被打破，则你花费在新玻璃安装上的资金就可以用来做别的更有价值的事情。按照这些天真的乐观主义者的想法，促进美国经济繁荣的最佳办法就是摧毁掉美国的所有城市。

实中是不存在的。其次，灾难破坏可以创造需求，但是不能促进经济发展，甚至都谈不上“零和博弈”。最后，“以破坏来创造需求”是一种为了获得经济增量而牺牲存量的愚蠢行为。破坏创造需求这种行为，会造成有限资源的浪费，产生“双重成本”：一个是机会成本，这部分有限的资源本来可以挪作他处，用来创造更多的财富。另一个是毁灭成本，就是对已有财富的破坏形成的巨大损失。

从行情走势我们可以看到铁路板块比工业板块的下跌更为严重。为什么会这样呢？因为当时的铁路股成交量和流动性要远远好于工业股，以至于当人们急需离场的时候发现铁路股更容易卖出，而工业股的成交量太小，根本没有什么市场，于是大家只能匆忙卖出铁路股，导致铁路股的下跌幅度更大。

正如《华尔街日报》在评论中指出的那样：“在恐慌暴跌中，第一次股市的下跌算得上是警告和恐吓，第二次下跌就表明市场完全乱了分寸，整体信心遭到了巨大的冲击。”这篇社论具体谈到 7 月 2 日的股市时强调：**“股价已经显著低于内在价值了，这是牛市开始的征兆。”**

牛市出现回调后恢复上涨

上述判断此后得到了市场走势的验证。在我们接下来的讨论中，非常肯定地认为 1903 年 9 月开始的牛市，在 1906 年 12 月结束，而并非某些人所谓的 1906 年 1 月就结束。

在上面一小节的牛市评论发表的时候，市场在回调底部出现了筹码吸纳的迹象。这篇看涨的评论此后得到了行情走势的验证。1906 年 8 月 21 日的《华尔街日报》再度基于平均指数对市场未来的走势进行了分析。当时的股市交投活跃，大家又开始认为这是庄家操纵使然。对此，《华尔街日报》评论说，那些认为华尔街强力集团能够在星期六的两个小时交易时间内操纵 160 万股股票的想法过于幼稚了。这个评论距今已经 15 年了，这是一个非常有意义的观点，也进一步强调了此前我们所说的操纵对于主要运动毫无影响的观点。

《华尔街日报》在同一篇评论中继续指出：“从 1 月 22 日到 7 月 2 日之间的股市下跌，只能算作是牛市中的一次加长的回调而已。”

基于指数的预判总是正确无误的

巴菲特在接触格雷厄姆之前阅读过大量的技术分析书籍，肯定也接触过道氏理论。巴菲特在实际操作中究竟有没有用到一点技术分析，我们无从得知，有日本的专业研究人士，从一些公告和相关个股的技术走势推断巴菲特也在利用技术形态选择入场点。真相如何，不得而知，不过什么可能性都应该考虑一下。

大家需要注意的一点是，《华尔街日报》的上述推论都是在当时做出的，绝非马后炮。我们可以回顾从查尔斯·H. 道提出其理论之后 20 多年当中的股市波动情况，能够轻而易举地证明这些基于平均指数做出的预判都是正确的。但是，如果据此认为能够基于平均指数推断出主要运动的具体转折点的话，那也是异想天开的观点。

然而，一些每日使用股市晴雨表的交易者认为道氏理论在研究股价波动方面确实非常有价值，这个理论在判断大盘是否处于牛市和熊市时是否有效。即便股市处于极具误导性的次级折返走势中，基于指数和道氏理论也能做出准确的判断。**对于资历尚浅的交易者和分析师而言，他们很容易被次级折返所误导，经常因为回调而将牛市误判为熊市，因为反弹而将熊市误判为牛市**。但是，道氏理论始终给出了正确的判断。

华尔街一直盛传詹姆士·R. 基恩曾经说过如果能够达到 51%的胜算率，他就很满足了。我对此表示怀疑，因为想要取得他那样的成功，51%的胜算率是远远不够的。这样的胜算率不足以抵补其操作的成本，而不用说还要维持一个马场的开支了。

从有据可查的书面记录中可以看出，基于指数做出的趋势性预判，在大多数情况下都是正确无疑的。我曾经仔细核对过历史上的预判，这些预判从未出现过重大误判，对此我以人格担保。

基于股市晴雨表（也就是指数），做出的研究可以先于大众们知道其预期，能够持续正确地预判出大众对经济和商业形势的看法。如果说这些预判出现过失误，那也是因为想要预测出次级折返走势的具体转折点。要知道，预测次级折返走势要比预测主要运动困难得多，这就类似于预测纽约市的天气要比预测更大一片地区的天气困难得多。

一次熊市的开始

当这轮牛市接近顶部的时候，《华尔街日报》发出了预警。1906 年 12 月 15 日，《华尔街日报》发表的评论指出平均指数处于高位横向窄幅震荡走势中，特别是 20 种铁路股指数。如果股价跌破了这个震荡区间，那么股市的暴跌就会降临。这次预判只是表明可能会出现一次下跌，但并未指出这就是牛、熊市转折点。

1906 年，哈里曼（Harriman）控制下的铁路公司宣布了高额的红利派发政策，到了 1907 年的时候由于利息支出攀升，铁路公司的利润遭到严重侵蚀。这一迹象预示着下半年即将爆发严重的金融和商业危机。短期拆借利率达到了历史新高，整个经济的流动性空前紧张，银行想方设法筹集资金，不得不求助于此前已经停止使用的特殊票据。

1907 年 1 月，活跃的交易者们持续卖出，政治上的动荡和干预也在影响着金融市场的情绪。股市逐步下跌，不过市场大众花了很长的时间才意识到牛市已经转为熊市了。1 月在历史上通常都是上涨的，因为 1 月利率比较低，人们此刻也将资金重新进行投资，但是现在却处于跌势之中。当然，华尔街这个时候也会忌讳悲观的观点，正如我此前提到的那样，预言厄运即将来临的人在美国总是招人厌恶的。

繁荣阶段和下跌走势中的晴雨表

在那一轮持续时间很长的牛市中，大量新股上市，数量庞大。同时期的 J. 皮尔庞特·摩根提出了“未消化证券”（Undigested Securities）的概念。美国人对此很受用，他们很喜欢这个提法。

制造业上市公司的业绩，特别是美国钢铁公司的业绩十分靓丽，同时期铁路上市公司的业绩也十分喜人。但是，1 月份的下跌使得市场评论人士变得保守起来，特别是在涉及市场是否能够恢复涨势时，他们不敢断言这仅仅是一次牛市的回调而已。

总体来讲，大众对于行情恢复上涨持有谨慎的看法，他们认为并不能过早断言股市将上涨。其实，股票的下跌让许多人心存狐疑。但是，从此后的行情走势来看，3 月初的时候基本上可以确认熊市并未到来。当时的《华尔街日报》和一些有洞察力的报刊发表了一些值得信赖的特别报道，让下跌走势中的大众看到积极光明的一面。

一些利空的驱动因素

股市会考虑到所有的因素，其中一些因素对经济的影响也会贴现在股价中。1907 年 3 月 15 日，我们展开了一场关于利空因素的大讨论，现在重新回顾其中的观点是非常有意思的。这些利空因素如下：

1. 经济过热。
2. 黄金生产量大增，导致通胀上升，进而增加了生活开支。
3. 更高的利率水平导致资产价值重估。
4. 土地投机盛行，导致资金从实体经济流向投机。
5. 罗斯福推行政府对公司的管制措施。
6. 许多州爆发了抗议铁路公司的群众事件。
7. 社会主义思潮泛滥，许多人仇视富人和财富。
8. 哈里曼操纵事件的调查曝光了更多高级金融的不道德运作。

9. 金融利益集团的相互倾轧。

10. 证券过度发行上市。

11. 旧金山大地震的冲击。

这次讨论中还得出了一些其他利空因素，至于空头打压这类因素只能排到最后一个。本书此前的章节曾经提到过，每一波下跌都可以从后续的基本面发展中得到解释。一些利空因素的影响是持续的，另外一些利空因素的影响则是短暂的。**虽然从理论上讲，股市比我们任何一个人都要看得更远和更全面，即便如此它也不可能预见到所有的因素和影响。**例如，市场并未充分预计到此后政府对铁路行业的管制和干预。

股市能够贴现一切参与者的预期，但是却不能贴现一切事实。只有那些处于预期中的事实才能被贴现。技术分析认为价格吸收一切信息，其实道氏理论对此是有保留看法的，汉密尔顿这里的观点就体现了这种保留。

异常的货币市场

现在回顾 1907 年发生的一切，我发现这是自己在华尔街度过的最获启发和最有意思的一年。这一年带给了我许多的经验和教训，因此我希望能够花费更多的时间和篇幅来讲述这一年发生的一切。

对于想要深入搞清楚这一年背景的学习者而言，亚历山大·达纳·诺伊斯（Alexander Dana Noyes）的《美国金融 40年》（*Forty Years of American Finance*）是最好的参考读物。诺伊斯在 1907 年的时候是《晚报》（*Evening Post*）的编辑。

我清楚地记得在 1907 年年初的时候，制造业正处于繁荣上升期，铁路公司的利润水平都刷新了历史纪录，股市已经连续涨了三年了，当时稍微有一些回落。至少从估值上来看，股市整体处于合理水平，前景看起来一片光明。不过，我和诺伊斯对当时异常的货币市场都感到忧虑。因为年初的时候通常是信贷比较宽松的时候，利率应该处于相对低位，但是当年 2 月的时候，货币市场的流动性却显得非常紧张。股票

异常值是非常有价值的市场信号，值得我们深入解读。国内信贷市场也是上半年，特别是年初的时候宽松。由此可见，这并非那个时候美国特有的现象。

市场比我们更早发现了货币市场的异常及其意义，随后股市在当年进入到了熊市下跌之中。

飓风起于青萍之末

雅科布·路德维希·费利克斯·门德尔松·巴托尔迪（Jakob Ludwig Felix Mende－lssohn Bartholdy），生于1809年2月3日，卒于1847年11月4日，德国犹太裔作曲家、德国浪漫乐派最具代表性的人物之一，被誉为浪漫主义杰出的“抒情风景画大师”，作品以精美、优雅、华丽著称。在1846年的伯明翰音乐节上指挥他的清唱剧《以利亚》，取得辉煌成功。此时他的健康已是每况愈下，于六个半月后去世，终年38岁。以利亚是《圣经》中的重要先知，活在公元前9世纪，以色列王国一个灵性衰微和反叛神的时代。他按神的旨意审判以色列、施行神迹、被以色列王室逼迫。以利亚这名字，意即“耶和华是神”，他是忽然出现，不知从何处来，最后他没有经历死亡就直接被神接去，故有人谓之为活神的代表。

在我记忆中有一位说话生动幽默的经纪人，不过现在已经离世了，他喜欢凡事与华尔街联系起来，同时他确实要比普通人头脑更好一些。他受过良好的音乐教育，造诣很高，而且也真的喜欢音乐。某日，他向我谈及门德尔松（Mende-lssohn）的《以利亚》（*Elijah*），当时担任主角的艺术家是查尔斯·桑特利（Charles Santley）。这场歌剧显然深深地打动了我的这位朋友。他情不自禁地将这出清唱剧与华尔街联系了起来：太阳神的祭司们正在被以利亚“逼空”，他们不得不全力“买入股票回补自己的空头头寸”。以利亚的谋略和手法给他留下了深刻的印象，他认为以利亚通过高明的手腕战胜了他的对手盘——祭司们。他说当想要描述1907年年初的金融市场时，他脑袋里面蹦出一句台词来——“瞧，海面上升起了一缕云，好像一个人的手！（A Little Cloud Out of the Sea，Like a Man’s Hand）接下来的1907年秋天，“暴风雨”就降临在华尔街上空了。

通过货运吞吐量来分析经济走势，这并非国外采用，通过发电量和铁路运输量来预测宏观经济在我国也是有效的。

如此形容这次下跌，并非其幅度非常大，而是因为下跌出现得过于突然，以至于让人感到窒息。1907年年底时，我与萨缪尔·瑞（Samuel Rea）一同搭乘宾夕法尼亚的列车旅行。瑞当时是宾夕法尼亚铁路公司的第一副总裁，现在已经是总裁了。无论是当时还是现在，这家公司的运输量都占据了全美铁路货运量的十分之一。瑞当时跟我透露，他们公司的运输量在达到高点一个月之后，生意突然变得惨淡起来，从费城到匹兹堡地区，空荡荡的车厢所处可见，往年这个时候车厢根本不够用，除了维修的车厢之外全都要被调用起来满足运输的需求。

致命的行政干预

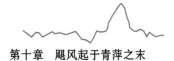

从 1893 年股市崩盘以来，还未出现过相同的局势。1890 年美国国会批准了《谢尔曼白银收购法案》(*Sherman Silver Purchase Act*)，这反映了国会在经济事务上的愚昧无知以及狭隘思维。这项法案导致股市出现了持续时间最长的恐慌，由此给立法者上了一堂有价值的课。恐慌之后，萧条紧随而至，铁路公司大量破产倒闭，失业率大增，这使得那些立法者和政客们开始搞清楚状况。1907 年之前的 10 年当中，他们终于认识到错误，停止了对经济和金融事务的行政干预。

不过，好景不长。到了 1907 年的时候，他们又开始挥舞起行政干预的大棒，金融市场对此投了反对票。所有可能因为行政干预而出现损失的人都对此心存恐惧。每一个具有金融常识的人都能够预见到行政干预对商业和经济会造成何种损害。

谈论这些，或许有一点偏离主题。但是我觉得有必要把这个问题讲清楚。就我个人的观点来讲，无论是否爆发战争，行政干预都会给美国经济投下阴影。股票市场早在两年前就已经预判到了无知的行政干预将带来深远的负面冲击。整体来讲，如果减少行政干预，那么经济将迎来重大发展，但是到目前为止，国会的表现令人失望，股市必然要对此作出理性的修正。

第十一章

让人迷惑的周期

能不能不预测，就能从金融市场中赚钱呢？

——魏强斌

到目前为止，我们已经对股市晴雨表的历史表现做了详细的介绍和探讨，接下来我们将要对一段不太被人熟知的时期进行分析。这段时期从1910年见底的熊市开始，直到世界大战爆发前夜。

行文至此，我们还未深入地探讨人类社会方面的各种周期理论，特别是商业和经济方面的周期理论。在本书开头部分，我们介绍了杰文斯对18~19世纪经济和金融恐慌的论述，以及查尔斯·H. 道对美国19世纪经济和金融恐慌的扼要介绍。但是，我们需要建立一个自己的模型来介绍股市中那些不规则的周期。这一模型不必包含股市的恐慌，因为这些恐慌或许是由意外冲击引发的，同时这些恐慌大都只是主要运动中的小噪声而已。

我们自己的周期模型

道氏理论认为股市中存在三个层次的运动：上涨或者下跌的主要运动、次级折返、日内波动。这些运动在证券交易所的股票平均指数上可以看到。

读者们能够发现，我们可以基于道氏理论建立起一套描绘和预判不规则周期的模型。长期而富有规律的周期理论现在仍旧是主流，广受青睐，很多读者和评论家们都钟爱这类型的周期模型。他们从不做任何深入而全面的研究，也不刨根问底，只是天真地认为这样的理论应该是正确的。即便缺乏足够的事实基础，他们仍旧执迷于这样的理论。因为他们认为那些发生恐慌的日期本身就具有惊人的周期特征，根据历史的周期性，我们就可以预测出未来将发生同样的事情。存在这样想法的人，在从事任何经济和金融事务时都显得天真无知，历史上这样的例子数不胜数。

江恩理论的特长在于仓位管理，而不在于行情预测。江恩本人非常痴迷于周期理论，但事实上在实践中很难创造出什么交易优势来。

周期理论的基础

按照杰文斯的记录，18 世纪一共发生了 10 次重要的危机和恐慌，每次危机和恐慌之间的平均间隔恰好 10 年，这体现出了非常强的周期特征。过于完美的周期特征，以至于有人认为这是牵强附会而已，不愿再深入下去。

杰文斯确实忽略了期间的一次危机，也就是 1715 年发生的危机，当时苏格兰入侵了英格兰，引发了经济和金融动荡。杰文斯之所以忽略这次危机，是因为在当年没有出现足够多的太阳黑子，难以支撑其理论。

另外，我们注意到杰文斯将 1793 年和 1804~1805 年也当成发生的年份，事实上 19 世纪有记录的第一次经济危机爆发于 1814 年，这次危机发生在英国占领华盛顿之后，这场危机是杰文斯的周期理论无法预测出来的。不过，如果我们将 1814 年以及查尔斯·H. 道认为近似于出现危机的 1819 年也计算在内的话，则美国在一个世纪也发生了 10 次危机。

我们来看一下持有规则周期论的人是如何理解上述历史的。发生在英国的 1804~1805 年危机，与发生在美国的 1814 年危机恰好间隔 10 年时间，这一事实初看起来可能会鼓舞那些规则周期论者。此后的 1837 年和 1857 年全国严重危机也能支持他们的观点，截至 1837 年的 40 年当中，发生了 4 次危机。

虽然1847年危机对欧洲的影响很大，也波及了美国，但是一般并不认为这是一次美国的危机。所以，当1857年危机爆发后，他们十分兴奋地认为发现了股市的秘密，股市的周期是20年，每隔20年发生一次大危机，中间则会出现一次小危机。他们认为现在机械周期理论已经完全得到了事实的验证和支持。

事实并不相符

按照机械周期论的观点，1877年应该爆发一场大危机，波及整个美国。但显然，历史并未按照机械周期论的预期发展。因为1873年危机就爆发了。1872年，绿背纸币（Greenback）的大量使用使得美国经济出现大问题。如果不是当年俄罗斯农作物歉收，提升了小麦作物的国际价格，进而利好美国的农业，则危机会提前到1872年发生。

你瞧，危机间隔的时间缩短了，从20年变为16年了。虽然在这两次危机之间的1866年爆发了伦敦欧沃伦·格尼银行危机，但也无法支撑机械周期论的观点。1866年伦敦危机之后，美国的证券交易所也出现了暴跌。同年4月，密西根南方铁路公司的股票被逼空，引发股市动荡。谨慎和坦诚的查尔斯·H.道评论说这种疯狂投机的行为是异常的。

1873年、1884年和1893年的三次危机和恐慌又为持有10年或20年机械周期论的人们提供了一些支持，他们更加自信。那些机械周期论者指出："虽然1857年与1873年两次危机的间隔时间从20年缩短为16年，但这是偶然的。或者说只要我们对周期长度参数稍加修改，就能很好地利用周期理论解释这一现象。"而那些坚持20年机械周期论的预测者们

10年周期的基础是朱格拉周期，也就是产能周期。新旧产能的交替情况决定了这一周期的具体长度，19世纪这一周期为10年，20世纪这一周期为8年。

则会说："1873年与1893年之间刚好间隔20年，我们的理论是完全正确的。1903年将会发生一次小规模的恐慌，**而1913年或者说1914年之前会发生一次大恐慌。**"

迷失在周期长度的变化中

其实，除非机械周期理论能够提供持续一致的有效预测，否则也无法运用到未来的实践中。1893年和1907年的两次危机间隔了14年。这到底是因为20年周期缩短了，还是10年周期延长了。关于这种周期理论是否存在可靠的基础，我们无从得知。我们可以看到没有任何可靠的证据可以支持机械周期理论者对于1903年和1913年危机的预测。

这些预测对于商业运作和金融交易有什么价值吗？至少我看不出任何价值。使用这一理论需要不停地调整和修补，以便符合事实的发展。因此，我认为这套理论更适合事后解释，而不是预判。我们可以看到，那些根据周期假设做出的预判需要不断根据事实进行修改，这样的理论能够给出什么有价值的结论吗？

不确定性带来恐惧，恐惧迫使我们追求控制，而控制带来僵化，僵化就无法乘势当机。机械周期论者就是追求控制。

我并非一个怀疑论者，但仍然忍不住对机械周期论嗤之以鼻，这是一套自欺欺人的玩意儿。**我能理解任何规则复杂和严苛的游戏，但却无法理解一个可以不断变化规则的游戏。**

金融交易为什么很难，因为金融市场是随机强化的游戏，也就是一个看起来规则在不停变化的游戏。参考附录。

所谓的应该如此

"市场的作用力与反作用力是相等的"这个假设是正确无误的吗？其实我们还能找到确实的证据表明这一假设是完全正确的。当然，这个假设的支持者肯定会说："就算事实表明两者并不相等，我也认为市场的作用力和反作用力应该是相等的。”

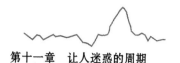

我无法理解“应该相等”，市场的繁荣必然伴随着一个反向的危机。身为一个基督徒，我相信人类的本性是善良的，因此我无法理解为什么人类一定要遭受苦难和危机，为什么危机无法被消除。

消除了危机，经济也无法发展了，相辅相成的道理只有中国古典哲学能够理解。

事实上，危机间隔的时间在变长。1893 年到 1907 年危机之间的间隔为 14 年，但是 14 年后的 1920 年并未发生任何恐慌和危机。

除非我们故意改变危机和恐慌的要素，否则就不能将 1920 年的股市正常抛售当成是一次危机。这次抛售带来的冲击根本无法与 1893 年以及之前的 1837 年、1857 年和 1873 年相提并论。

我认为如果在 5 年之内股市出现大跌或者经济出现衰退，其实是一件好事，因为可以提前释放一点压力，避免更大的麻烦。

我们需要“危机病理学”

我们需要关于商业方面的科学病理学，或者说病态心理学。在此前的章节当中我曾经提到过，研究商业和经济的各种影响因素时，仅依靠历史数据是不够的，还需要研究商业和经济危机本身的机理。

风险威胁到人类的生存和发展，但同时也在促进人类的生存和发展。如果不能站在这个角度去看待矛与盾的关系，就无法理解宇宙的大智慧。汉密尔顿陷入了二元对立的绝对思维，因此认为消除一元，追求另外一元就能得到永久的幸福，殊不知两者是相互促进的，皮之不存，毛将焉附！奥地利学派从来不认为危机有害而无用，因为危机是经济在“自我瘦身”，是为了更加健康的一种策略。

最近的 25 年当中，我们在这方面的研究已经取得了显著的进展。现在我们正在研究出一套诊断商业和经济危机的科学方法。1893 年的时候，还没有这种方法，因为当时缺乏足够的股市数据，但是今天我们已经有了足够的历史记录。

为什么我们假设每隔 10 年或者 20 年，大众就会失去理性，忘记此前得到的深刻教训呢？关于恐慌和危机，有一点结论是正确无疑的，那就是**如果恐慌和危机能够被大众预测到，则就绝不可能发生**。我现在正在朝着这个方向努力，持续在积累知识，提高预判的准确程度，就是为了成功消除天灾人祸之外的所有潜在风险。

联邦储备体系的保障作用

显而易见的是联邦储备体系中存在过大的行政干预，缺陷不少。但是，这一体系确实为经济和金融提供了更多的保障。你很难设想再度爆发类似1893年和1907年的银行体系混乱。

只有耗费大量的人类才智才能构建出一套高效的银行体系。即便如此，仍会有人从中看出大量的缺陷来。但是，可以认为从银行旧体系到新体系的转变，是美国商业和金融制度上最伟大的一次变革。

对于机械周期论持有者而言，联邦储备体系的建立难道不是一个需要考虑的新因素吗？尽管我们的金融和经济体系有了如此重大的举措，但不能因此认为危机将不会发生了。危机肯定还会发生，但是我们通过提高自身的认识水平部分地预见到它们，这样可以降低其负面冲击的程度。

教学相长

股市的本质是什么？这个问题并不简单，汉密尔顿把它说简单了，捧了读者，也捧了自己。股市的本质我不敢妄言，但是股市确实是“不言之师”，它在持续给你反馈，供你进步，但是却从不挑明，只能靠你自己去发现和反思。

如果我们的这些研究能够让一个对华尔街毫无兴趣的人明白知识就是力量，知识能够保护他免受金融危机之苦，那么我们的基本目标就达到了。

当然，我阐述的这一系列知识的目的在于教会大家搞清楚股市运动的规律。掌握这一理论精髓要求我们采取务实的态度，坚持跟踪和分析指数这一股市晴雨表工具。道氏理论认为股市的本质很简单，只要你的股市老师不是糊涂蛋或者骗子，就能阐述其中股市的本质。

道氏理论不仅关乎股市本身，也是宏观经济和整体商业情况的研判理论。当然，哈佛大学也正在编制一份宏观经济和整体商业情况的指数。这一指数肯定是可信的，因为编制者们并不需要依靠这一指数的曲线走势来挣钱。他们也并不会天真地认为这条曲线会以同样的速率上涨，只会受到战争的影响。

物理定律可以用于金融市场吗

哈佛大学的这一经济增长指数并没有遵循所谓的“作用力等于反作用力”的物理定律，并不认为繁荣之后就是危机，危机之后就是繁荣。这个物理定律听起来不错，但是将这一定律用在人类社会中，还有待更多的证据来支持。

股票平均价格指数提供的各种事实和数据表明，股价的波动中并没有作用力与反作用力相等的规律。上涨的幅度刚好与下跌的幅度相等，市场并不是这么对称地运动的。从持续时间上来看，这一规律也不存在。事实上，牛市持续的时间往往长于熊市持续的时间。

A 股 30 余年的历史却是“牛短熊长”。

我也绝不相信在人类社会的其他领域存在这样的平衡和对称规律，至少历史数据看不到这样的规律。总之，我从金融市场的各种图表中并未发现任何“作用力与反作用力相等”的规律和证据。

涨跌幅度和持续时间并不存在对称性

当然，作为股市晴雨表的指数也并没有体现出任何对称性的特点。无论是从涨跌幅度来看，还是从涨跌持续时间来看。现实是我们更容易看到熊市下跌了 40 个点，而接下来的牛市花了两倍的时间反弹了 50 个点；熊市下跌了 60 个点，而接下来的牛市则反弹了 45 个点；熊市下跌了不到 30 个点，而牛市反弹了不到 20 个点；牛市期间，工业股平均指数上涨了将近 60 个点，而同期的铁路股平均指数则上涨了不到 30 个点，持续时间也并不相同。

如果你一味执迷于把握市场的转折点，那么就会陷入过度优化的窠臼中。

上述数据体现了过去 25 年的股市运动，这些运动好像存在某种周期，你可以通过优化的方式得到某种周期，等到下一次主要运动发生后，你又需要再度优化这个周期的参数。如此优化下去，只会得到一个毫无实际价值的理论，而无法依靠它从市场中获利。

故作高深的伎俩

虽然长篇大论会被人当作权威，也更容易受到欢迎，但是我仍旧坚持通过深入浅出的语言将科学原理传递给大家。因为我喜欢讲授的东西通俗有趣，而不是复杂而教条。

我个人的看法是所有的教育活动当中都存在一个普遍的误区，那就是教师为了维护自己的权威，需要让所传授的东西显得神秘。教师们的根本动机是为了避免学生能够与他们竞争，因此倾向于夸大学科的知识难度。

信息不对称可以制造某种优势。

人性使然，教师们喜欢将原本简单的东西变得复杂无比。

宗教同样如此，神职人员更加关心教会权力的更迭，而不是人类灵魂的拯救，他们为了维护自己的权威也会故意复杂化和神秘化那些神学知识。

同样，那些帮助你维修管道的工匠们总是喜欢向你有意无意地展示他们复杂的工具与设备，而你作为一个门外汉根本无从得知具体任何的实际难度系数，这样他们就可以给你一张价格不低的账单了。

内幕人士和小道消息提供者

我认识一些可爱的人士，他们供职于股票投资咨询机构。这些人是对人性了如指掌，他们的建议大有市场。他们从不发表看跌的观点，他们在牛市中的建议则大受追捧。所以，他们在牛市中赚到的钱足以让他们在熊市中支撑下去。

这些证券分析师往往对客户投其所好，而不是告诉他们真正有价值的信息。当市场被他们说中的时候，客户会更加追捧他们，认为他们有某种神奇的理论或者工具，可以预测市场。他们的建议广受追捧，但实际上遵循这些建议的人出错的时候远远多于赚钱的时候。

其实，真正能够提供有价值信息的人是那些上市公司内部参与实际业务的人，但是他们往往非常繁忙，根本没有时间去关心股市。他们的日常工作往往局限于自己的岗位之内，难以判断股市的大势走向，更别提成为股市专家。他们往往对自家公司的股票感到乐观，认为潜力无限。

但是，这些人往往对于宏观经济和整体商业形势不够了解，这些宏观因素会影响到他们公司的股价，以及同板块其他股票的价格，以及股市所有相关板块的价格，如铁路和工业板块。他们的视野和信息来源过于狭窄，反而容易使得他们只见树木，不见森林。过多的局部信息可以毁掉华尔街的任何一个聪明人，这绝不是偏激的说法，而是客观的观点。

当然，比如总裁之类的高层管理人员应该对行业之外的宏观形势有一定的了解。因此，他们需要接受一些专业的培训。倘若他们能够阅读此书的话，也能够有一些好处，因为本书将传授客观分析的方法。客观看待事物的能力很难获得和维持，就算是一个在大学受过良好教育的聪明人也很容易因为此后的具体工作而丧失客观全面看待问题的能力。

值得信赖的股市向导

股市晴雨表与任何机械周期论毫无瓜葛，也不会牵扯一些玄妙的思想和理论。它从一切有用的知识中汲取养分，利用一切可得到的信息形成有价值的洞见。这些就是股市晴雨表对股票交易者有用的原因。

股价贴现了一切可得到的信息，每日的买卖就是对股票进行估值，高价值的股票得到高价，低价值的股票得到低价。股市吸收和体现信息的能力超过了所有的高效率分析师和研究员。在分析师和研究员们将信息整理出来之前，股价已经处理好了这些信息。

牛顿承认自己栽在股市上了，能够预测天体运动，但是无法预测人心。因此，能够预测股市的人恐怕要比牛顿厉害吧？能不能不预测，就能从金融市场中赚钱呢？

只有极少的人能够成为开普勒和牛顿，但是我们还是可以在股市上总结出一些有效的规律，帮助那些每日需要对市场进行预判的交易者。这正是股市晴雨表的工作，预判时它几未失手，当然它也承认了人类认知能力的局限性。即便它并不完美，但是迄今为止没有任何工具在预判股市方面能够与它相媲美。

第十二章

预测一轮牛市

道氏理论重格局，江恩理论重时机，你认为哪个更能让人有大局观呢？有了大局观，不懂时机，感到无从下手；没有大局观，但是懂时机，总感觉事倍功半。

——魏强斌

现在我们继续讨论股市晴雨表在研判方面的巨大价值。如果我们想要检验道氏理论的正确性，可以回顾一下 1907~1908 年《华尔街日报》不定期发表的一系列指数评论。

这些评论文章记录了历史，这些文章出自已故的赛睿诺·S. 普拉特先生（Sereno S. Pratt）之手，他经济学素养深厚，而且编辑素质卓越，是优秀的新闻工作者。1907 年年底，他辞去了《华尔街日报》主编的职位，到纽约商会担任秘书的职务，这样既体面也轻松一些。

客观的评论

《华尔街日报》的总编评论不需要作者亲自署名，也不含有大众和政客以为的太多主观成分，这些文章其实比较客观。当然，总编不仅需要对报纸的所有者负责，还要承担相应的法律责任。如果需要的话，编辑的文章会先交给相关领域专家审核一遍。专家撰写的文章也会先交给编辑们修改润色一下。在一家运营卓越的报社中，每篇社论在正式发表之前都会经由几个优秀的人反复修改和审核。

我是在 1908 年时接替普拉特先生担任《华尔街日报》的总编。虽然总编的风格会影响到其他编辑，但是我无法确定上述社论包含了多少个人的主观认识。不过，我在解读指数上的方法与普拉特先生一致，也就是遵循查尔斯·H. 道先生传承的思路和方法。

觉察到下跌的尾声

或者读者还记得我曾经提到过 1907 年出现了一次短暂但是幅度较大的下跌行情，并于当年 11 月 21 日见到底部。11 月的最后一周时间里，工业板块出现了大幅回升，看起来似乎只是熊市中的反弹。这使得从指数上判断趋势转折点是否来临存在困难。12 月 5 日的《华尔街日报》发表了评论文章，指出：

11 月 21 日时，20 种铁路股票平均指数跌到了新的低点 81.41 点。不过，昨天股市表现不俗，截止到收盘时，铁路指数已经升到了 89.11 点。上涨幅度为 7.7 个点。最近 10 个交易日以来，股市只有两天是下跌的，即便从整体上看，现在的股市处于低位，继续上升或许会缩量，但是这一次反弹确实幅度较大，势头很猛。

12 月 23 日的《华尔街日报》在讨论当周的股市态势时，提到过平均指数的情况，那篇评论的作者认为现在就要做出股市趋势转折的结论过于仓促了，因为他表达了关注，而不敢贸然断言，他指出：

在《外汇交易圣经》当中曾经提到一种“渐短”的形态，类似于这类的走势形态。不过，“渐短”针对的是连续几天的 K 线，而这则社论中则描述的是一段较长时期的走势。

我们可以发现铁路股平均指数已经走出了一波比较有代表性的走势。从 7 月 20 日到 11 月 21 日，该指数先是下跌了 26 个点，然后又在两周内反弹了 9 点。随后，在接下来的 10 天内又下跌了 4 个点。在过去的一周内反弹了 2 个点。**下跌幅度在逐渐变小，意味着股市正在走向多空均衡的状态。**

自我修正的指数走势

在展开进一步的讨论之前，我们有必要介绍一下次级折返。在上面一小节中，我们已经给出了一个简要的实例。就我们讨论要达到的目的而已，这已经足够了。从中我们可以看到，**在熊市见到底部之后，反弹展开，接着会再度下跌，但这波下跌会在高于底部的点位企稳。**

标志着熊市结束的N字底部。其实，熊市见到底部之后的第一波上涨不能被称为反弹，因为这是主要运动的体现。

上述评论中只提到了铁路股平均指数，按事实上同时期的工业股平均指数也经历了如此的走势，两者之间相互确认，表明熊市结束了。

如果我们想要在本章当中清晰地解释次级折返的意义和功能，那么上一小节的最后一句话能够最好地做到这点。股市的晴雨表是指数，指数通过调整来完成自我修正。当熊市即将结束时，市场上可能处于混乱无序的状态，形势错综复杂，等到市场重新恢复到主要运动中，市场再度恢复了秩序。不少交易者却会错判形势，他们仍旧沉浸在此前的走势中，因此偏离真正的走势太远。

昙花一现的胜利

有些人或许会恰好踏中趋势的开头，但是却因为没有真正认识到趋势，而只是当作次级折返行情来交易，因此而在华尔街遭受巨大的损失。我可以举出许多这样的例子。

我现在能够想起来的一个印象深刻的例子发生在1900年麦金利再度当选总统之前那个夏季。当时股市处于牛市之中，有一位业绩优秀的场内交易者路易斯·沃姆泽（Louis

Wormser）。他当时是一家在市场上非常活跃的套利公司的合伙人。不过，这家公司现在早已不存在了。

什么是套利公司呢？为了便于大家更好地理解套利公司，我先做一个简单的解释。所谓的套利公司就是在纽约证券交易所和伦敦证券交易所对同一家上市公司的股票进行价差交易的公司。它们通过电报参与伦敦证券市场，由于两地存在时差，当纽约还在早上时，伦敦已经处在下午了，两地的交易时间存在差异，使得同一家公司在两个交易所的股票报价存在差价，套利公司就是以赚取这些差价为生的。

同品种跨市套利以前在伦铜和沪铜之间非常流行。

不过在那个夏季，虽然市场整体处于牛市当中，但是行情不温不火，与其他资产管理机构一样，这家套利公司也没有什么赚钱的机会。根据业绩记录，它最好的时候日均交易量能够达到 300 万股，但当时日均交易量下降到了不足 10 万股。

不过，即便在这种情况下，路易斯·沃姆泽仍旧在场内交易中非常积极进取。整个夏季，他都保持着乐观情绪，以至于他的操作非常激进，其他场内交易者抱怨说一些仅有的活跃股也被他榨干了。但是，从公正的角度来看，一个场内交易者完全有权利这么做。

直到大选结束前几周，股市才开始进入到强劲的走势中，成交量也随之放大。沃姆泽对形势的直觉显然是正确的，他顺应了市场的强势。我怀疑他当时肯定认为自己在引领整个潮流和趋势。

总统大选结束三天后，牛气冲天，但是沃姆泽认为这段时间的上涨已经完全贴现了麦金莱再度当选的利好，市场会重回跌势。所以，他开始多翻空，看空股市，他不想自己在此后的几天当中赔掉过去几个月做多赚到的丰厚利润。

此后行情仍旧处于上升趋势中，期间虽然经历了北太平洋铁路的逼空大战，股市乐观情绪受到了冲击，但是这轮牛市仍旧持续到了 1902 年 12 月。

这个例子表明，不懂股市晴雨表的交易者只能觉察到驱动股市因素中的一部分，他们容易被短期和局部的走势所迷惑，而市场本身却能看到全局。沃姆泽就像井底之蛙一样，他在一口井中左右逢源，表现不凡，以至于他认为自己见到的局部行为就是全部。他虽然把握住了最初的上涨，但是错失了更大的机会，他不断频繁交易，却忽略了大盘与大势。

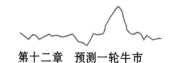

大局观对趋势交易者而言重要，对于价值投资者而言也重要。见小利，则大事不成！道氏理论重格局，江恩理论重时机，你认为哪个更能让人有大局观呢？有了大局观，不懂时机，感到无从下手；没有大局观，但是懂时机，总感觉事倍功半。

一个大胆的预测

让我们再度回到 1908~1909 年的牛市话题之中。《华尔街日报》显然早就预判到了这轮牛市的来临。1907 年 12 月 25 日，其社论指出："我们认为现在股市已经见到大底部了！"

1908 年 1 月 10 日，当时全国经济还处于 1907 年冲击的阴影之中，但是《华尔街日报》已经基于指数判断出故事将出现一波大幅的上涨，当谈及还处于酝酿阶段的牛市时，《华尔街日报》给出了如此的判断："这将会是一轮出现在大底部之后的猛烈上涨走势，其持续的时间可能很长，也可能非常短，在此之后股市趋势将出现大转折。"

这一预测非常大胆，而且直接明了，也正是这次预测使得许多谨慎的商人们开始重新审视股市晴雨表的作用。请大家记住，道氏理论并非是投机取巧的秘诀，也并非操纵市场的必胜工具。我们需要心无旁骛地下功夫去解读平均指数。

在解读的过程中，如果我们让情绪和偏见主导了思考，那么就会从指数中得出错误的结论。我们都曾经听到过这样的一个说法——当学徒乱动魔法师的法杖时，魔鬼很可能被召唤出来。

回溯崩盘的历史

在牛市初期准确预判股市是一件十分困难的工作，因此使得没有人愿意在那个阶段去干这件事，更不用说要做出某种非常肯定的预测了。在本书的前面章节，我曾经强调过1907年商业和经济危机的突然性。而1908年1月24日的《华尔街日报》就发表了一篇文章来专门回顾1907年的崩盘景象和剖析背后的机制：

以我国为例，可以看到商业的周期从极度繁荣转向极度萧条的速度是极快的。好像在一夜之间，经济状况就从一个极端跑到了另外一个极端。即使这场大恐慌蔓延到了华尔街之后，一家铁路公司的高管还在信心满满地自称前天他们公司的货运量创下了历史新高。但是，仅仅在三周之后，他们公司的货运量就暴跌了。这样的实例数不胜数。

股市是前瞻的，是实体经济的先行指标。

发轫于华尔街的恐慌仅仅过去了三个月的时间，但是这段时间却让全国的经济形势发生了彻底的改变。三个月前，缺乏足够的火车车皮来装运货物，而现在车站和铁路线两侧停泊着数以万计的空车皮；三个月前，钢铁贸易还热火朝天，但是现在需求却暴跌，以至于大量钢铁工厂都关门了。倘若以图表的形式来描述过去10周内的钢铁产量情况，那么肯定会画出一条垂直线，因为钢铁产量下降得非常厉害。

当时美国的经济还是以钢铁和铁路运输为主导行业的。

一轮被确认的牛市

从1907年冬季到1908年春季，美国的整体商业和宏观经济仍旧处于严重衰退的阶段。不过根据股市晴雨表透出的信号，我们给出一些牛市的判断。这些判断可以补充上面一小节摘录的市场评论。两者可以相互参考，以便加深我们的理解。

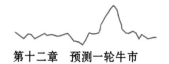

当时大众已经普遍认识到了经济处于衰退之中，但是大众并未意识到股市是领先于实体经济的，股市会贴现所有它能预判到的信息。

在上面一小节当中，我们可以看到《华尔街日报》给出了一些普遍知晓的事实。此后的经济扩展速度超乎大众的预期，经济才能从衰退中快速扩张，甚至还未经过复苏阶段，就进入到了繁荣阶段。繁荣阶段一直持续到次年 11 月。

作为股市的晴雨表，平均指数早在一年之前就已经成功地预测到了这轮牛市。当商业和经济露出一点曙光时，诚实的晴雨表就已经预测到了这波强劲的上涨。

被苛责的先知们

回顾当时艰难的日子，我非常庆幸并感激道氏理论提供的强大支持，让我能够勇敢地直面那些充满恶毒的责难和抨击。那些别有用心，蛊惑民众的政客认为华尔街是一个罪该万死的地方，因为每次政客犯错的时候，华尔街却总是对的。

当时的美国社会处处充满了对商业和资本的仇视，加强政府干预和监管的民粹言论大受欢迎。那个冬季失业率高涨，社会弥漫着愤怒和仇视的情绪。

当时的我收到了大量读者的来信，其中充满了指责和愤怒，他们认为我们不应该对股市发表乐观言论。这些遭遇现在可以当作笑料来听，但是当时却让人非常苦闷。我们这些积极的预言者，就好比农村集市上等待出售的黑奴，将自己的头从床单上的洞伸出来，只要有人愿意掏出一点钱，就能拿枪射向我们的头。即便是程度最轻微的指责，也难以让人

当大众一致悲观时，牛市就要来临了。

觉得舒服，因为这类指责会说“当罗马被大火烧毁的时候，华尔街还在扬扬自得”。大众认为华尔街是一帮赌徒们在进行违法的罪恶勾当，比如操纵股价。

如果你能够查阅此前提到的20年前出版的图表，就会发现**当时的股市成交量已经降至1904年以来的地量了。**当时市场交投清淡，即便存在操纵行为，也无法吸引到足够的跟风盘。但是，大众总是喜欢在熊市期间或者回调阶段发出上述抱怨和指责。

或许我的逻辑论证还不够严密，无法证明操纵行为其实改变不了主要趋势，但是萎缩到极致的成交量也能从另外一个角度证明我的观点，那就是市场已经下跌到了极致，任凭谁也不能阻挡下跌趋势的结束。

但是，那些固执己见的反对者们却并不这样认为，在此后的数月时间当中，仍旧不断寄信给我，指责抨击我。在那段时期，预测牛市即将到来显然不受大众的欢迎。

成交量与趋势的关系

此处，我们有必要提醒大家注意一点：牛市中的成交量整体大于熊市中的成交量。股价上涨，则成交量放大；股价下跌，则成交量萎缩。如果你能够稍加思考，就能很快明白其中的缘由。

当股市处于长期的熊市时，大众遭受巨大的损失，因此用于投机或者投资的资金就会减少。相反，当市场处于牛市时，大众拥有巨大的浮盈和更多的资金。当牛市接近尾声的时候，大众常常以加杠杆的方式来交易，这是一种较为普遍的现象。

牛市整体的成交量大于熊市，牛市中上涨放量，回调缩量；熊市中下跌会阶段性地放量，取决于恐慌程度，反弹会小幅放量。本段当中，汉密尔顿认为指数在牛市的回调中会显著放量，这点至少与现在的A股不符，也与行为金融学的“倾向效应”不符。不知道为什么他有这样的说法。

价涨量增用来描述牛市的主要运动是正确的，而价跌量缩用来描述熊市的主要运动也是正确的，但是用来描述次级折返的话就不太正确了。牛市中的次级折返，也就是回调，往往会导致成交量上升，就这一点我可以举出一个活生生的例子，这是一次幅度较大的回调走势。具体来讲是1901年5月，当月的成交量是历史天量，至今都未被超越，当时日均成交量为180万股。众所周知的北太平洋铁路逼空大战就出现在5月9日。或许在此后的讨论中，还会涉及这一回调，但现在却没有必要进一步展开了。

客观的观点

我想让这里的讨论更加有趣一点，但是为了避免被认为是马后炮，我觉得还是应该举出一些看似枯燥的例子来证明股市晴雨表的实际作用。

但是，这些成功预测的实例并没有什么自我夸耀的成分，任何聪明人只要按照正确的方法，客观地看待和研究平均指数，就能得出有价值的结论。

但是，一旦这个人与股市有任何利益关系的话，则容易丧失客观的立场，洞察力和判断力也会因此受损。如果这个人已经持有多头或者空头头寸，则自然会希望看到市场朝着有利的方向发展。不过，作为分析者，作为提供市场指南的人，你必须保持完全的客观和理性。如果没有如此，则很可能陷入各种陷阱之中，特别是做出一些未经交叉检验的假设时，则更加危险了。

交易者和分析师最大的敌人是固执己见而看不见事实和真相，因此而失败的交易者，其数量远远多于其他原因造成的失败者。

一次不走运的预测

在股市中，我们最容易犯的一个错误是只采纳一个平均指数发出的信号，而不考虑这一信号是否得到另外一个平均指数的验证。1921年5月10日，纽约知名杂志《美国人》（*American*）在其金融版面做了一个大胆的预测。为了证明这一预测是正确的，作者还附上了道琼斯指数走势图。该杂志并未涉及告知道琼斯通讯社，这篇文章的作者也并不了解这些图表的价值和正确用法。

指数未能相互验证的预测很难有效，这是汉密尔顿的观点。

这篇文章的作者预言工业板块将处于牛市，而且其涨幅将超乎大众的想象。与此同时，铁路板块却会停滞不前。其实，基于道氏理论，无法做出这样的预测。事实证明这是一次最不成功的股市预测，工业股指数继续下跌了 13 个点，在当年 6 月创下新低，同时期的铁路股指数也并未停滞不前，而是一同下跌。

平均指数必须相互验证

在上一小节的实例中，作者被工业股平均指数给出的信号所误导，因为这一信号并未得到铁路股平均指数的证实。当时的工业股平均指数在熊市出现了一次强势反弹，这次反弹向上突破了一个高点。如果此时铁路股平均指数也出现相同的走势，那么就要认为此时股市已经处于底部吸筹的阶段。但是，当时工业股指数并未得到铁路股指数的印证。希望当时《美国人》读者们并未听从作者的建议。

这篇文章发表的当日，工业股平均指数收低，直到 12 月第二个交易日才突破了这一收盘价，而这已经是 7 个月之后的事情了。

或许我们应该更加宽容一点，假设这个作者的见识和推理并没有听起来那么外行。或许他受到了 1919 年牛市的影响了，那轮牛市就是由工业股领涨的。如果你认真研究了历史走势图表，就会发现这种情况很难重演，除非让铁路行业重新被政府接管。1919 年的铁路股之所以表现不佳，这是因为政府牵涉其中，以至于铁路股与债券一起下跌。当时，通胀持续上升，债券等固定收益率资产的价格也就不可避免地步入下跌走势之中。

这个案例表明，两个股票平均价格指数的变化幅度可能存在差别，但是变化的方向是一致的，特别是在主要运动中。

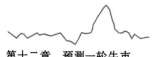

从两个股票平均价格指数的历史记录来看，上述规律是有效的。同时，这一规律不仅对主要运动有效，对于次级折返也是有效的。但是，就日内波动而言，这一规律却不起作用了，对于个股而言则完全无效，只能误导交易者。

单独一个平均指数的信号看起来似乎有效，但是很容易让人误判，我曾经因此获得了很多教训。当我根据单个指数撰写市场评论时，就不止一次地犯错。

指数作为股市晴雨表价值非凡，但是我们也会因为过度信任一个指数而犯错。

围绕股市晴雨表这个主题

部分读者曾经建议我可以讨论一些影响股市的因素，比如衰退、复苏、真实或者虚假的繁荣等。

我本人对 1907 年的经济和金融恐慌的原因有不同的理解。我并不同意那些名声在外的作者的观点。他们将 1907 年的恐慌和危机归咎于 E.H.哈里曼在铁路股上的操纵以及美国铁路建设在 1901~1906 年的迅猛开展，另外，**英格兰银行在 1906 年年底将利率升至 7%的惊人水平**也是他们认定的罪魁祸首之一。

我不认为哈里曼有这么大的影响和本事，能够于 1907 年 4 月在埃及的亚历山大制造恐慌，一个月后又在日本制造恐慌，然后又在 10 月时候在德国汉堡制造一场被《经济学人》（*Economist*）称为“1857 年以来这座城市遭受的最大金融危机”。最后还在智利制造出一场危机。铁路行业的过快扩展与政策的关系更大，这比哈里曼推行的商业计划更具影响力。即便哈里曼的商业计划实现，对大众而言也并非什么威胁，因为州商业委员会可以通过物价监管政策控制货运的费率，继而保护大众的利益。

其实，当时的英格兰银行相当于今天的美联储。从这个角度你可以设想，一个全球流动性紧缩出现后，全球资本市场会出现什么问题。

现在说这些似乎有点偏离我们的主题了。本书的主题是股市晴雨表，而不是其他不相关的东西。对于想要明白历史真相的人而言，有必要将这些与历史真相相关的人放在一起研究，这些人已经成为了历史密不可分的一部分。回顾历史，我们可以更好地预测未来，比如 14 年之后的事情。不过，虽然回顾历史，探寻真相十分重要，但是我们还是应该围绕晴雨表这个主题展开。

第十三章

次级折返的属性和运用

如果牌局持续的时间足够长，那么运气的因素就会被淡化，最后的赢家一定是顶尖的高手。

——**W. P. 汉密尔顿**

在最近的探讨中，我们一直在论证股市晴雨表的有效性。想要证明股市晴雨表的有效性，则必须利用历史数据对次级折返做深入而全面的讨论。此前的讨论告诉我们，上涨的主要运动在开始阶段就能被预判出来。但是，道氏理论定义的次级折返则是另外一回事。

我们经由富有逻辑的理性分析证实了道氏理论关于市场运动层次的观点，也就是说**股市中同时存在三个层次的运动——主要运动、次级折返和日内波动。**

利弗摩尔在《股票大作手操盘术》(*How to Trade Stocks*)一书的结尾部分给出了一个趋势判断的方法，与道氏理论非常相似，可以对照研究一下。

本章的论述主要面向那些投机者或者投资者，而不是想要将股市作为商业指南和经济风向标的人。

判断转折点的方法

如果说预判牛市或者熊市的转折点是一件非常困难的事情，那么要想判断出回调和反弹什么时候结束和开始则是一件更富有挑战的事情。不过，倘若你能够基于道氏理论来应对这项挑战，那么也并非什么不可完成的任务。

我们无法总结归纳出次级折返在幅度和持续时长上的规律。前面的章节回顾了1906年的次级折返，可以看到由于旧金山大地震使得这波次级折返出现了延长迹象，以至于误导了分析者和交易者，让他们认为新一波熊市展开了。

在某些情况下，次级折返的幅度非常大，以至于人们认为趋势已经发生了变化。又如1901年北太平洋铁路逼空大战导致股市恐慌暴跌，以至于很多资深的交易者都认为牛市结束了。

查尔斯·H. 道估计次级折返的持续时间为40~60天，不过之后的经验表明60天的极限数值很难被突破，通常持续期都在40天以下。如果我们只考虑日内波动的幅度，其实也非常重要，因为如果幅度足够大，则也能够发展成为次级折返。例如，1917年12月，传言说政府将买下所有的铁路股，当天铁路股指数上涨了6个点。一般的次级折返也不太可能达到这样的幅度。

存在一条经验法则可以帮助我们判断次级折返，那就是股市转势的时候非常迅速，但是股市在次级折返后恢复主要运动的速度却通常很慢。我们可以通过横向震荡区间的突破来判断主要运动的恢复。

金融交易的明星多寿星少

谁能够准确及时地预测到次级折返的开始与结束呢？这需要考虑非常多的因素，而这些因素与驱动股价围绕价值波动的因素截然不同。**驱动价格围绕价值波动是主要运动的目的和功能，而非次级折返的目的和功能。次级折返更多地体现了技术面的东西，**而不是所有基本面因素的综合。

主要运动看趋势指标，次级折返看震荡指标。

从专业人士的角度来讲，**次级折返往往发生在超买或者超卖期间**，大众在牛市中大量买入，则回调可能发生；大众在熊市中大量卖出或者做空，则反弹可能发生。

次级折返让金融交易充满陷阱。我曾经屡屡劝说他人不要从事金融投机，这种劝说非常容易，但是起不了什么作用。不过，如果我苦口婆心的一番话，能够让一个聪明而渴望成功的美国人放弃投机活动，那就是非常有价值的一桩事了。毕竟，华尔街的明星如流星一般划过，像恒星一般屹立不倒的寿星寥寥无几。

在股市进入次级折返阶段后，专业人士比业余人士享有更大的优势，他们拥有专业的经验和技能。解读盘口（Tape Reading），就某种程度而言，属于所谓的直觉范畴。只有一个场内交易者具备相应的职业素养，就能比所谓的盘口解读者更好地觉察到市场的变化。

在某些游戏中，业余玩家表现更加出色，在另外一些游戏中，专业玩家更加出现。还有一些游戏中，两者都表现不错。但是从长远来看，专业玩家的优势更加明显。当赌注更大的时候，专业玩家的赢面更大，在不可避免要输钱的时候，专业玩家可以输得很少。

专家优势

有些桥牌权威认为，成功的80%依靠拿到一手好牌。如果一个人手气不错，而且搭档也不错，即便是牌技一般也能在一段时间内持续获胜。不过，运气之外的20%才是专业玩家与普通玩家之间的分水岭。

如果牌局持续的时间足够长，那么运气的因素就会被淡化，最后的赢家一定是顶尖的高手。他之所以成为最终的赢家，并非因为他具有什么不公平的优势。如果取胜仅仅靠与同伴作弊的话，那么就是一个骗子，而非顶尖的高手。骗子的心态和思维总是存在异常的地方，否则也不会成为骗子了。

不过，人们也经常高估骗子的优势了。我在华尔街也碰到过几个类似的骗子。他们行骗的伎俩有不入流的，也有专业的。不过，你很快就能发现他们其实是骗子。当仅有一点优势都被消费殆尽之后，他们就会发现自己其实挺无能的。可恨之人，必有可怜之处，没有任何人会天生是恶人，也没有人突然间就变成了恶人，一切都不可能离开环境而变化。

熬出来的市场专家

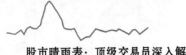

大多数股市投机赢家都是从零开始的，他们依靠自己的汗水浇灌了成功的绚烂之花。例如，哈尔·O. 温德（Hal O. Wynd）。这些人最初并非证交所的会员，也并非任何经纪公司的合伙人，因此他们不能通过场内交易赚取买卖价差，也不能通过收取佣金和手续费发财致富。尽管这些人进入股市的目的不同，但是他们都先后成了市场专家。

他们全身心地投入到股票投机中，这份专注和热忱就像任何领域的成功者一样。相反，那些大多数人只不过对股市有一点很快就会消退的热情而已。无论这些人多么聪明，无论他们学识如何渊博，主要在次级折返中就会迷失方向，这个时候专家成了赢家，他们则成了输家。

为什么会这样呢？因为这些人无法及时识别市况的变化，并且调整自己的观点和头寸。如果这些人曾经赚过钱，那就更加糟糕了，因为他们更难认错。

次级折返难以识别，征兆更好，但是市场专家们能够见微知著。

华尔街通常都是看涨的

当牛市出现回调或者是下跌时，部分明智的业余交易者和专家们的决策和行为基本一致。华尔街沉淀下来许多经验法则，其中一条就是“绝不要在行情低迷的时候卖出”。如果市场处于熊市中，这个经验法则就是一个害人的建议，因为在大幅反弹之后，市场将跌得更深，行情将更加低迷。这个时候，资深的交易者会加码做空。

华尔街的一贯风格是看涨，这是一份特有的乐观精神，因为华尔街并不是在熊市中赚钱的，只有牛市才能赚到足够多的佣金和手续费，因为交投活跃，参与者众多。

有一些无知的人认为股市下跌的时候，华尔街收获最大，因为华尔街总是从大众的损失中获利。其实，情况恰好相反，华尔街主要依靠佣金和手续费存活下去，而不是靠做空自己承销的股票发财。

成交量越大，则佣金收入才越高。牛市中的成交量显著大于熊市。所以，华尔街喜欢牛市，鼓吹牛市，总是持有乐观的论调。但行情不由人，真正接触的交易者必然会在应该做空的时候做空，或者离场，而不是一味做多。

此前研究股市的主要运动时，我们已经知道了牛市通常比熊市持续更长的时间。从较长的时间来看，随着国家财富增长，最终市场趋势一定是向上的。至少到目前为止，规律是这样的。我个人的观点是，战争也无法抑制这种规律发挥作用，至少富有经济活力的美国是这样的情况。不过，其中也有例外，受到政府管制的铁路股指数在某种程度上违背了这一规律。我将在后续的文章里面谈到这一点。

詹姆斯·R. 基恩

在大空头中，我敢肯定詹姆斯·R. 基恩在做空上赚的钱与赔的钱一样多。他的储蓄和马场的支出都来自证券交易所得。他买入了一些证券，从中获利不少。我与他的交往不多，我现在可以这样说，那就是任何有职业道德的新闻记者都会与大投机者们过从甚密。因为无论这段私人关系多么干净，大众还是会误读，以至于认为这位记者是庄家的喉舌，而这种情况是任何声誉卓著的报社无法容忍的。

当然，我并不是说那些与基恩有过交往的记者都是不干净的。事实上，基恩极少让人上门拜访，他办公的地方位于百老汇大街（Broadway Street），是其女婿塔尔伯特·J. 泰勒（Talbot J. Taylor）为他准备的。存在充足的理由让你敬佩基恩，他绝非一些媒体上描述的冷血金融家。他具有不少优良的品质，如诚实守信，厌恶那些毫无信用的人。他对子女疼爱有加，对自己饲养的马匹也照顾得很好。

基恩在股市中树敌众多，这些人给他造成的打击远远小于他的爱马塞萨比（Sysonby）离世给他带来的打击。这匹马是由基恩亲自养大的，是一匹惹人疼爱的骏马。埃德温·李费佛（Edwin Lefevre）是少数熟悉基恩的记者，他当时在纽约的《环球》杂志工作。但是，李费佛与其说是基恩的挚友，不如说是欣赏基恩的人。在他撰写的《华尔街故事》（*Wall Street Stories*）这本令人印象颇深的书当中，他利用了基恩作为原型，你可以从这本书中比如《华尔街的山姆岩》（*Samson Rock of Wall Street*）和《金色洪流》（*The Golden Flood*）等故事中看到基恩的影子。这本小说集讲述的东西有点过时了，不过对于想要了解 20 年前华尔街的人来说，这本书还是值得一看的。现在的华尔街变化太大了。

艾迪森·卡马克（Addison Cammack）

大众常常埋怨大空头们做空了太多的股份，其实他们并没有卖出或者做空多少股份，甚至于他们根本没有想过要卖出或者做空如此数量的股份。大众之所以将股市下跌的责任推到做空者身上，其实另有隐情。当证券所的场内经纪人和交易者忙着买卖股票的时候，这些大佬常常身居幕后，他们下单的指令确实牵涉较大的数额，以至于市场上经常有关于他们或真或假的传言，这使得大众总是将股价上涨或者下跌的原因归咎于他们。

卡马克就是其中一位经常被大众提及的大佬。他身处的时代离我们已经很久远了，一些熟悉他的人认为他做空速度极快，时而成功，时而失败。**他擅长判断资产的真实价值，热衷于追踪美国的金融和经济形势，但并不善于从微观入手去验证。**不过，有人说如果他不坚持这份个人特色的话，很可能就不会有如此耀眼的战绩，只会过上暗淡的人生。

在北太平洋铁路公司重组以后，他以每股 7 美元的价格大举买入。他或许比那些随时抨击华尔街、自诩爱国的批评家们更相信美国的伟大。基恩或许就人格而言不算成熟稳重，但是他的判断确实无与伦比，如果他能够更加成熟一些，那么他的南太平洋铁路股票运作计划就不会破产。

做空商品

空头很难交到朋友，也没有什么朋友，因为当大多数人亏钱的时候，他才能赚钱。所以，大众厌恶做空者，对空头持有不合逻辑的偏见。一些人甚至认为做空者在股市上做空股票是为了他们在小麦或者棉花上的空头头寸能够获利。其实，股市上的多头头寸与小麦等商品市场上的空头头寸之间并无太大关系。

如果小麦的价格下跌，则经济收入不高的工人们可以买到更加便宜的面粉或者面包，而我们的国家将变得更加伟大。再者，小麦或者棉花的价格走势与股市的走势不可能是一致的，当股票价格上涨时，这些商品的价格往往是下跌的。尽管这样的观点并不能得到广泛的认可。

我个人的观点是做空小麦或者棉花等商品的人，即便是为了渔利，他的行为也客观上压低了商品的价格，这确实是在给广大普通民众和消费者谋取福利。

当然，这样的观点或许不会受到农场主和农民的欢迎，更不会受到他们的政治盟友欢迎。这些代表农场主的政客们认为小麦要涨到每蒲式耳 5 美元才代表经济繁荣，才能满足他们对金钱的贪婪。却不知，这样的高价只能恶化贫困和饥荒。

1919 年农场主们实行了所谓的小麦联合供销机制，其实就是垄断了生活必需品的销售。他们想要将小麦的价格维持在每蒲式耳 3 美元的价格之上，这些举动得到了一些政客和参议院的相关利益集团的支持。不过，这一措施还是未能实行。

汉密尔顿是华尔街人士，屁股决定脑袋。

从此以后，农场主和政客们就变得更加激进和敏感了。垄断农产品销售的做法注定会失败，但我这样说并非针对农场主。毕竟，1920 年的股市就此发出过警告。实际上，农场主们有足够的时间认识到每蒲式耳 2 美元是比较合理的小麦价格。

为什么 3 美元时不合理的，2 美元就是合理的？汉密尔顿如何确定这是合理的价格？我感觉这只是情绪的宣泄而已。

指数走势如何修正自己

谈论这么多东西，其实并未远离主题。如果只考虑金融市场的关系，那么棉花或者谷物期货市场的熊市不太可能与股市中的回调有显著关系。事实上，与主要运动相比，次级折返更多受到短期因素的影响。

谈到这里，可以提出一个恰如其分的问题：“基于股票平均价格指数，能够可靠地预测次级折返吗？”我们基于平均指

N字顶部和N字底部。参考附录4《指数N/2B法则：趋势开始的确认信号》。

数预测主要运动。**在牛市中，如果两大指数都跌破了最近的低点，意味着股市的需求已经完全饱和了；在熊市中，如果两大指数上升突破了最近的高点，意味着股市的供给已经完全衰竭了。**无论是最近的低点还是最近的高点，都是在次级折返之后形成的，而非之前。

最近的低点对于此前已经做空，并且想要加码做空的人而言最有价值。因为如果股市继续跌破最近低点，则是加码做空的时机。如果最近的高点被突破，则熊市很可能终结或者是牛市很可能延续，特别得到另外一个指数的印证。但是我们这里的讨论主要针对的是那些研究股市晴雨表，将其作为交易指南的交易者，而寻求商业和宏观形势风向标的人。

为什么事物不能直线发展，为什么波浪前进和螺旋上升是宇宙的普遍规律？为什么经济存在周期，为什么熨平周期是反进化论的？

或许有人会问次级折返在股市波动中究竟发挥什么作用？可以用一个比喻来回答，次级折返就像用来矫正指南针的工具，离港前校正方向的轮船。或许这些比喻不够贴切，但次级折返的价值就在于对指数走势进行修正。换而言之，我们的晴雨表在某种程度上可以自我校正。

需要注意的一点是我们现在研究的股市晴雨表不像温度计当中的水银那么稳定和可靠。股市晴雨表，也就是指数包含了一切可以预期到的信息，以及最难琢磨的人心。既然如此，我们就不能希望晴雨表能够像物理仪器那样精确。

虽好但还算真实

我们或许会反过来怀疑股市晴雨表是否过于精确了，是否是过度优化的结果。这就好像是所有证人的证言都是一模一样的，法官当然会怀疑。

证据实在太过抢眼了，以至于大家都不敢相信观点和理论是真实的。我反复扪心自问，能否肯定地预判出市场每一轮主要运动的顶部和底部。例如，当处于一轮熊市中时，我能否断定它的底部在1921年的低点附近，或者是在接下来的8月份工业股指数会独创新低。

此前，我曾经反复强调两大指数应该相互印证，如果你非要拆开来看，那么就是个人偏好了，这是你的个人自由。或许在某些时候，同时看两大指数与只看其中一个指数的差别不大。例如，我曾经看过一些牛市和熊市的历史图表，仅仅从美国钢铁这样的工业个股走势上就能预判整个股市的走向。但是，我不认为这样图表会比相互验证的两大指数图表更经得住时间的考验。

有一些道氏理论的批评者，十分不友善，除了抨击和苛责对我们的进步毫无帮助。他们习惯于吹毛求疵，其实他们只是喜欢与人争输赢而已，他们内心深处不愿接受这套理论。他们会挑选出一大堆道氏理论未能预测到的走势，特别是一些次级折返走势。但是这丝毫不能说明任何问题。任何工具都有自身的精度极限，在人类目前的发展水平上，要想对股市做出十分精确的预测是徒劳的。或许这些苛求者可以承担起造物主的责任，让这个世界变得更加完美一些。

第十四章

1909年和历史的一些缺陷

将一些重大数据和事件标注在行情走势图上，你能够得到许多有用的发现和推论。

——魏强斌

既然我们想要彻底掌握股市晴雨表，那么就不能因为困难而中途放弃，无论这些困难源于现实，还是来自想象。回望过去，看着我们历经困难走过的路，就更加坚定了继续前行的信心。

交易成功之后，收益丰厚，但是成功之路艰辛异常，千人上路，登顶者不到一人。

或许我们能够获得的最大回报并非比赛后赢得的奖杯，而是过程中的不断进步和提高。进步和提高的过程并非仅靠阅读一本书就能获得，但是到目前为止，我们不仅了解了道氏理论的股市运动层次理论，也获得了运用这一理论的工具，那就是平均指数——股市的晴雨表。这一晴雨表能够进行有价值的长期预测。

在进一步展开理论之前，我们先复习一下道氏理论的核心。**在股市中存在三个层次的运动：第一个层次的运动是主要运动，上涨或者下跌，持续1~3年；第二个层次的运动是次级折返，持续数日到数周；第三个层次的运动是日内波动。**这三个层次的波动好比海上的波浪，彼此叠加，涌向海岸。**准确来讲，主要运动被次级折返中断，两者相辅相成，即便在次级折返主导期间，主要运动仍旧在发挥作用。**这就好比重力一样，无论你是否看到它，它都在发挥作用。

不对称

讲到这里，有必要提及我在前面讲到过的那些经济图表和记录。我不想与这些图表的作者和编辑发生言语冲突，但是我忍不住想要说这些图表不可能作为经济的晴雨表。从这些图表无法看清楚未来的趋势，这些图表背后的假设也是靠不住的，他们假设人类社会也与物理世界一样存在对称性，繁荣和衰退的幅度以及持续时间应该相当。如果他们想要真的说服我，必须让我彻底明白他们的对称理论中到底有些什么因素在起作用。显然，这些图表中并不包括 1918 年德军取胜的可能性，因为他们的假设和模型未能考虑到人的高度可变性和不可预测性。

但是，基于道氏理论的平均指数在 1917 年处于熊市之中，这一指数不仅囊括了那些图表的所有信息，还考虑到了德军取得阶段性胜利的可能性。

虽然同样的原因会产生相似的结果，不了解历史就很难对未来作出准确的预测。但是，如果将历史作为唯一正确的指南，则可能做出不正确或者不成熟的预测，任何商业人士都可能因此而被淘汰。

最近，一位商业图表的权威人士根据过去 10 年的某只股票收益和股息情况推荐大众买入这只股票。但是，商业的整体形势已经与昔日完全不同了，政策发生了重大的变化，以至于这位权威出现了判断失误。买入这只股票的人都遭受了巨大的亏损。同样的情况也发生在美国糖业上面，假设某位投资者根据股息派发的历史数据在 1920 年买入这家上市公司的普通股，那么这位投资者现在的情况也好不到哪里去。

靠不住的前提

上述这些推理都缺乏坚实的前提和基础，当然也无法准确地预测到未来。这就类似因为某人过去 10 年都非常健康，所以我们推断此君无论患了什么病，都能很快康复。这就是基于靠不住的前提进行推理的一个简单例子。

一家公司或许会在管理以及其他方面出现重大变化，这些变化或许会冲击到公司的业绩，以至于毁掉其良好的历史表现。但是这些潜在的变化在那些商业的历史图表中无法体现出来。**那些图表充其量只能算是一个历史记录，而不是未来的指南，算不上商业的晴雨表。**

趋势指标一般是滞后指标，相当于记录了历史；震荡指标一般是先行指标，相当于未来的指南。记录历史要比指示未来更加容易，因此趋势指标比震荡指标更加可靠。不过，行情未来的发展才是我们盈亏的关键，这就是技术分析的悖论之一。历史是确定的，未来是不确定的，盈利的源泉在于未来，来自不确定性。如何从不确定的未来获得确定性的利润？如何从绝对不确定中获得相对的确定性？

气象局的历史记录具有价值，但不能简单地用这些数据来直接预测一次干旱的夏季或者温和的冬季，因为极端异常值往往不在历史数据中，或者极少出现，以至于我们不可能通过历史数据的均值和离差预测到它们的出现。

但有些时候，如果未来的发展大概率落在历史数据之内，那么只需要依靠常识就能预测未来。例如，我们只需要根据经验就知道 1 月的纽约非常寒冷，7 月的纽约非常炎热。这种情况下，即便离开了气象局，我们也能够做出上述判断。

气象局的作用在于向大众提供非常短时间内的天气预测，它甚至无法告诉我们后天是否是晴天，是否适合野餐，更不能告诉农场主们这个夏天的温度与湿度如何变化，适合种植土豆还是玉米。气象局只能告诉我们历史数据是怎样的，未来的可能性如何，农场主们需要做出自己的判断和决策。而我们也只能看运气好坏了，看天公是否作美成全我们后天的野餐计划。

智者千虑，必有一失

从前面的章节，我们已经知道了股市作为晴雨表确实可以预测未来的宏观经济和整体商业形势。股市能够提前数月告诉我们整体商业的贸易情况，还能够进一步提醒我们地缘政治冲突的潜在冲击。

我们通常会基于历史数据推断未来的商业形势，并且以此为基础，对未来做出一些商业规划。但是，**历史并非直线发展的，**一些负面冲击可能会毁掉所有的这些推断和规划。

人类的天性倾向于直线预期，这是经济周期和金融危机存在的原因之一，当然并非经济周期和危机存在的唯一原因。

但是，股市比我们所有人都更聪明。因此，我需要再度强调一遍：股市作为经济的晴雨表能够吸纳一切可得到的信息，并做出反应。

最近，我询问了一位名气很大的金融家：“在所有可得的信息中，你知道多少?”这位金融家经常被一些惯于吹捧和赚眼球的媒体称赞，这些媒体认为这位金融家知晓现在和未来任何重大事件的影响。

中央型处理与分布式处理谁更具效率，这个问题其实还未到能完全作答的时候。一般认为，市场经济优于计划经济，否则苏联也不会败给美国。但是，随着信息收集和处理技术的发展，市场经济越来越像计划经济了，马云就曾经指出，当信息收集和处理效率突破一个点之后，市场经济其实就与计划经济相差不大了。

他中肯地说道：“我从未思考过这个问题，不过对于那些股市走势贴现的信息，倘若我能够知道其中的50%，那么我就可以无比自豪地说，我比华尔街当中的任何一个人所知的都更多。”

这是一位资深金融家，准确来讲是银行家的话，他日常处理着大型铁路公司和工业公司的融资活动，与跨国资本的关系也很密切。他这回答非常坦诚，尽管没有谦虚的成分，但是也不是在唬人。

那些别有用心、善于蛊惑的政客们总是宣称某种金融阴谋论，他们认为金融大佬无所不知，无所不能。深入分析这类观点之后，你就会发现其实是多么荒谬可笑啊。

无须如此精确

基于道氏理论解读股市晴雨表，在这个方面我们已经有了显著的进步。我们已经了解了指数横向整理的概念。具体来讲就是在一段较长的时间内，**指数在狭窄的区域内波动，形成一条近似水平线的走势。这类走势表明筹码的集中吸纳或者派发阶段。一旦指数向上或者向下跌破了这一横向整理区间，就表明市场的运动方向发生了改变。这种改变或许仅仅是一波次级折返走势，也可能是趋势的改变。**至于到底是何种，我们可以通过另外一个平均指数来印证。

这几年在商品期货市场上认识了几个大牛人，他们都非常重视交易长期横盘整理后的突破行情。

另外，我们还认识到两大平均指数之间要相互印证才能提高判断的准确性。尽管两大指数可能不在同一日或者一周之内突破横向整理区间，但是只要两者的运动方向大体一致就足够了，不需要精确的同步。

实践经验表明，两大指数不必在同一天之内同时见到高点或者低点。只需要两大指数大体同向运动，相互印证下的横向震荡区间突破就表明走势转折了。

可能存在一种情况是一个指数突破区间震荡，创下了高点或者低点，但是并未得到另外一个指数的印证，则无法确认趋势的变化。但是，如果两个指数都突破了区间震荡，创下了高点或者低点，则确认了趋势的变化。

如何确认突破有效？道氏理论提供了一个思路，那就是通过观察另外一个相关金融资产价格是否突破来确认。

对于那些期望精确化定量研究平均指数走势的人来讲，这种模糊的定义令他们感到不适。但是，我并不认为这种精确是必需的，因为我们并不需要如此高的精确度。

某位市场评论家认为我上次推断股市的低点位于 1921 年 6 月的观点是错误的，理由是当年 8 月的时候工业股平均指数创下了一个新的低点。但是，他忽略了一点，**那就是工业股指数在 8 月的新低并未得到铁路股指数的印证**，也就是说铁路股指数并未在这段时间内创下新低。所以，我们可以忽略掉工业股指数在 8 月创下的新低。当然，这位市场评论家可以将牛市的起点定在 8 月，而不是 6 月，这也不是什么太大的错误。

1909 年的双重顶部

讨论到现在，是时候进入本章的主题了，在此我们需要专门分析一下 1909 年股市步入熊市的情况。当时的情况可能会让那些追求极端精确度的市场评论家们感到迷惑不解。之所以会造成这种迷惑，主要是因为铁路股指数和工业股指数并未准确地同一天创下高点。在熊市真正来临之前，也就是股市真正见顶之前，铁路股平均指数于 1909 年 8 月见到高点 134.46 点，而工业股平均指数则于当年 9 月见到高点 100.12 点。但是，工业股并未就此打住，而是继续上行，于**10 月涨到 100.50 点，11 月初见到最高点 100.53 点**。100.50 点和 100.53 点构成了一个显著的双重顶部形态。

如果前一个高点高于后一个高点，则构成 N 字顶部；如果前一个高点低于后一个高点，则构成多头陷阱，后者说 2B 顶。在附录中我们将分析指数的两种顶部形态，N 字顶部和 2B 顶部。

这种顶部形态虽然并不是百分之百可靠，但是可靠性非常高。根据历史经验来看，**一旦指数形成双重顶部，则上涨趋势终结的可能性比较大；一旦指数形成双重底部，则下跌趋势终结的可能性比较大。**

如果我说这次牛市是在 1909 年 8 月见顶的，见顶当日步入熊市，那么一定会有人说熊市其实是在 11 月才开始形成的，而不是 8 月。不过这种区分并无太大的意义。

如果我们将当时的情形与之前讨论筹码集中吸纳或者派发区间结合起来分析，就会发现 1909 年 11 月第一周结束之前，股市中就已经出现了筹码派发现象，并对市场产生了影响，接着市场的重大转折就出现了。跌破高位横向整理区间可能意味着次级折返，但在本例中是一次趋势的转折。

得到充分提示的牛市

并非“二战”时候的富兰克林·罗斯福，而是西奥多·罗斯福，他是第 26 任美国总统，曾任美国海军部副部长，参与美西战争，并在古巴的圣地亚哥战役中战功卓著，获得圣胡安山英雄的称号，1900 年当选副总统。1901 年总统威廉·麦金利被无政府主义者刺杀身亡，他继任成为美国总统，时年 42 岁，是美国历史上最年轻的在任总统。他的独特个性和改革主义政策，使他成为美国历史上最伟大的总统之一。

我个人认为，上述走势是指数发出的见顶信号，我们应该敢于信任它，因为指数已经充分地考虑到了一切可得因素，甚至包括确定性不高的人心。

股市在 1909 年的表现非常反复，历史罕见，反复出现几波上涨行情，每次见到阶段性底部的时候都有逢低买入获利的机会。

在此前的讨论之中，我曾经提到过 1907 年 12 月开始的牛市并未被大众预计到。这轮牛市之前的熊市，其实是贴现了罗斯福总统对商业造成的负面影响，这位总统也并未料想到对“罪恶资本家”的监管产生的影响会持续那么长的时间，而那些比他更无知和虚伪的市场分析师们则认为这轮熊市会持续很长的时间，以至于丝毫没有预见1907年12月开始的牛市。不过，基于道氏理论的晴雨表做到了这点。

批判市场评论家

1908~1909年的牛市并未让那些市场评论家折服。我曾经数次推荐和赞扬过亚历山大·D. 诺伊斯的著作《美国金融40年》。在这本专著当中，他只回顾到了1909年年初，并且大肆抨击1909年年初的上涨，认为这算不上一波牛市。其实，他错估了这波上涨的持续时间。就算只考虑铁路股平均指数，这轮牛市也一直持续到了当年8月，如果再考虑工业股平均指数的话，则可以说这轮牛市持续到了11月。

1909年年末的时候，也就是12月31日，铁路股平均指数仍在130点之上，而8月的高点在134点附近，下跌幅度并不大。此时的工业股平均指数也仅仅比最高点低一点而已。

诺伊斯先生在谈到这轮牛市的时候，做出了如下这段失败的预测：

随着步入1909年，这轮喧嚣的市场表演也要寿终正寝了。事实如何，大众很快就会清楚。钢铁等商品的价格大幅下跌，股市也好不到哪里去。告别1908年之后，股市的上涨就是过去式了，一切都变成了历史。

根据历史数据的记录，我们可以发现，此后的发展并未像诺伊斯先生预料的那样发展。简要地讲，这次牛市直到1909年8月或者11月才结束，不过此后的熊市要到了1910年1月才正式显露。这一轮熊市预见到了经济衰退的到来。

从这个例子可以看出，一位学识渊博的市场评论家是如何将过去的历史当成晴雨表的，并因此而犯下了错误。

太短的记录

对于历史研究者而言，令他们感到遗憾的情况之一是能够利用的历史数据和资料实在是太少了。我也是一个历史研究者，不过是针对金融市场而已。我们记录的股票价格平均指数也只持续了过去25年的时间。

我曾经强调过20种铁路股平均指数必须与20种工业股平均指数相互印证。换而言之，如果没有40只活跃股票的数据，就无法洞悉大盘与大势。

在接下来的章节当中，我会尽量列出15只股票构成的平均指数在1860~1880年的月度高点和低点。不过，我的观点非常明确，那就是这一数据并无可靠的实际价值，对于教学和实践而言都是如此。但是，**如果这一数据能够与当时发生的历史事件一块记录保存下来，而不是在数年后编辑和补充上去，那么这些数据也能够给交易者提供有用的信息。**这就好像我们今天通过研究和分析两大平均指数，并结合重大事件去推断未来的大盘与大势一样。

将一些重大数据和事件标注在行情走势图上，你能够得到许多有用的发现和推论。

谁在书写历史

我对历史记录的批判并不仅仅是上述这些，历史记录并不等同于真实的历史。所有现存的历史记录，从古埃及到亚细亚文明，都存在各种错误。

历史记录了关于古埃及法老王朝的一切历史，却没有留下任何有关社会中层的记录。但是这些社会中层们的精英们却是法老王朝繁荣与昌盛的根基所在，幅员辽阔的法老王朝离不开这些中层精英的治理。我们知道当时的埃及，除了统治者之外，还有官僚和战士，以及奴隶，还有享有不同自由的工人。但是，这些重要的人物很少能够在历史中看到。

卡尔·马克思认为体力劳动创造了一切。我们知道事实与此并不相符，与脑力劳动相比，体力劳动只创造了人类财富的很小一部分。

汉密尔顿并不了解马克思的学说，这折射出当时美国主流社会对马克思学说的肤浅了解和深度偏见。马克思强调劳动价值论，但是并未将劳动局限在体力劳动上。

其实，我们可以从历史的主体，也就是大众身上学到更多的东西。牛津大学的索罗德·罗杰斯（Thorold Rogers）教授在数年前编辑了一本都铎王朝时期的工人历史，其中记录了这段时期英国的工资数据。这是少有的记录了中下层阶级信息的历史书。

通常而言，大量的历史数据都在记录上层阶段，而底层阶级得到的记录非常少见，中层阶级则更容易为历史所忽略。但是，只要一个国家还在进行商业和经济活动，那么中层阶级就是这个国家的最主要动力和精神所在。

谁来撰写商业历史

对于迦太基人（Carthaginians），我们到底了解多少？他们当时创建了最伟大的贸易国家。我们可以忽略汉尼拔（Hannibal）的传奇战绩，也可以忽略掉第二次布匿战争（The Second Punic War），甚至完全忽略掉这段大国争霸的风云史，但是却无法忽略掉一位从事外贸活动的迦太基商人的账本。

这个颇具史学价值的账本来自公元前 250 年的一位迦太基商人，从中我们可以学到许多有用的知识，用来解决今天的问题。这个账本带来的价值远远超过了《罗马帝国衰亡史》（*Decline and Fall of the Roman Empire*）一书。因为后者虽然偶尔会提到迦太基，但是没有谈到任何那个时代的贸易。

当时的商人是如何从事贸易的？康沃尔（Cornwall）的锡

迦太基位于今天北非突尼斯。汉尼拔·巴卡（Hannibal Barca），生于公元前 247 年，卒于公元前 183 年，他是北非古国迦太基的名将，军事家，是欧洲历史上最伟大的四大军事统帅之一，其他三人为亚历山大大帝、恺撒大帝和拿破仑。他带领迦太基与罗马帝国争雄，大放异彩。迦太基在第一次布匿战争失败之后，因失去地中海的西西里岛，开始向欧洲西部的伊比利亚半岛发展。罗马警告汉尼拔不可穿过埃布罗河。汉尼拔无视此警告，继续领军向东北进军。罗马令迦太基交出汉尼拔受审，被拒绝之后宣战，第二次布匿和提尔（Tyre）的染料（Dyestuffs）等是他们主要的贸易商品。从不列颠的西部到印度的东部，他们在当时的文明世界当中穿行，在世界各地都有自己的联络者。当他们购买锡或者染料的时候，用金币还是银币来支付呢？他们或许会用自己的商品来交换锡和染料。他们具体怎么支付呢？如何进行结算呢？他们使用商业票据吗？尽管历史并未留下任何类似莎草纸或者羊皮纸的记录，但是我的观点是他们肯定采取了某种支付方式。然而，遗憾的是历史记录并未提到这些。

迦太基是如何记录和管理国际贸易收支的呢？这件事情，他们当时一定做过。毕竟，雅法（Joppa）、西顿（Sidon）、亚历山大港（Alexandria）的商人都会记账，或者采取类似的记账方法。这些商人记录了从迦太基进口的商品以及出口到迦太基的商品。在国际贸易方面，罗马对迦太基处于逆差的状态，这就意味着罗马必须对第三方处于顺差状态，或者从罗马之外融到足够的资金为进口买单，这就构成了国际贸易和资本流动的三角关系。更加复杂的贸易关系需要更加复杂的记账方法，而且需要考虑汇率问题。但是，关于这些历史能够告诉我们些什么呢？一点都没有。这类知识是非常有效的，可以为我们的商业运作和金融交易带来大量有益的知识。商业和经济历史的价值远远超过了色诺芬（Xenophon）带领一万多人胜利大逃亡的历史传奇的价值。

战争爆发。这次战争是三次布匿战争中最长，也最有名的一场战争，最后以罗马的胜利宣告结束。迦太基名将汉尼拔在这场战争中的出色表现奠定了他在西方军事史上的地位。同时，汉尼拔在扎马之战中的失败也成就了大西庇阿（Scipio Africanus）的威名。

色诺芬生于公元前440年左右，卒于公元前355年，雅典人，历史学家，苏格拉底的弟子。他以记录当时的希腊历史、苏格拉底语录而著称。公元前401年，色诺芬参加希腊雇佣军助小居鲁士争夺波斯王位失败，次年率军从巴比伦返回雅典，这次经历他写成了《长征记》（*Anabasis*）。这是色诺芬最出色、流传最广泛的著作，是根据他率领那支希腊雇佣军远征波斯帝国的腹心，在失利之后又历尽艰辛从波斯回到希腊的悲壮经历而写成的。一万三千名希腊雇佣军参加了远征，当他们渡过黑海回到希腊时只剩下五千余人。虽然他在书中对自己的作用做了夸张描写，但是它为后人提供了有关希腊雇佣军与波斯帝国的许多真实细节，而且还记录了雇佣军所经过的地区的地理风貌和人情习俗，有很高的史料价值。这部《长征记》既为色诺芬赢得了军事家的英名，也为他赢得了文人的盛誉。

谁为薛西斯（Xerxes）的战争融资

历史不会让我们忘记温泉关（Thermopylae）战争中的惨痛教训。在那场大战当中，300名壮士在大难临头的时候，仍旧显示出了足够的勇气。但是，战争的另外一方，波斯帝国的薛西斯是如何为500万军队提供后勤的呢？谁为发动这场战争提供财务支持呢？后勤的承包商们是如何展开工作的呢？希腊与波斯对峙着，一场大战不可避免，历史总是着力于刻画这些情景，却没有任何关于这场战争的经济和金融方面的信息留下。

如果我们能够掌握当年波斯军队出征时的财政和后勤状况，还知道他们的食物来源，那么我宁愿舍弃那些辉煌的战史。不过，我并不认同亨利·福特（Henry Ford）对历史价值的怀疑，历史也并非什么多余的废话。历史可以告诉我们更多有价值的东西，例如，公元301年，罗马皇帝戴克里先（Diocletian）发布的物价管制令对经济产生的影响，我们为什么就不能给出一个可信的全面分析呢？

而希腊人又是如何对他们自己的海军进行补给的？他们如何完成这些补给的？他们是通过硬币还是写在羊皮纸上的票据完成结算的？他们是否能够通过票据的流通来转让债权？古代历史中缺乏这方面的记载，近代历史也是如此。

例如，19世纪中期的时候，格林（Green）写了一本《英国人民简史》（*A Short History of the English People*）。这本书并非关于英国王朝更迭，而是关于英国人民的历史。但是，这本书的篇幅太有限了，最重要的关于经济和金融的部分都被省略掉了。与《大宪章》（*Magna Charta*）相关的历史事件是重要的，我们不该忽略。对于约翰国王（King John）我也不感兴趣。我更想知道有关约克郡（York）的伊萨克（Isaac）的瓦尔特·斯科特（Walter Scott）所描述的商人和金融家们的事迹。就历史的价值而言，犹太人有关商业历史的只言片语要比金雀花王朝（Plantagenet）的权杖更有分量。

金雀花王朝（House of Plantagenet），王室家族是一个源于法国安茹的贵族，从12世纪起统治英格兰，一度拥有从比利牛斯山到苏格兰边境的广大统治版图，后世称此时期的英格兰王国为“安茹帝国”。金雀花王朝期间，英国文化艺术逐渐成形。政治、社会形态也在发展，如宪法史上极具影响力的《大宪章》便是约翰国王签署的，英格兰议会、模范议会源于该朝。而较专门的教育机构也建立起来了，包括牛津大学和剑桥大学。

中世纪的银行业

我们对早期历史学家的著作接触得越多，则越会吃惊地发现他们竟然忽略了许多显而易见的东西。真正的历史中存在许多阶级，但是他们却未能研究那些阶级，这些阶级并未出现在他们的历史著作之中，只有在政治事件中才能看到这些阶级的模糊身影。

佛路德（Froude）在其历史著作中用了大量的篇幅讲述阿拉贡（Aragon）的凯瑟琳皇后（Queen Catherine）离婚的事情。凯瑟琳嫁给亨利八世（Henry Ⅷ）的时候带了一些嫁妆过去。不过，这些嫁妆涉及的财务问题并未在这本书中有任何交代。我以前听过新闻界前辈们说过一句话："最有价值和意义的新闻从来都会刊载在报章杂志上。"这句话放到此处也非常恰当。这句话有些抱怨现实，却一针见血地指出了某些道理，通常那些最有价值的东西并不会被写进历史当中。

萨缪尔·裴碧思（Samuel Pepys）的日记虽然不是为了出版而写下来的，但是比同时代任何的作品更能展示查理二世复辟的真正历史。当我们读过这本书之后，才真正开始了解到两个半世纪之前伦敦那些银行是如何运作的。现在我们能够接触到的大多数史料都是从 17 世纪末英格兰银行（Bank of England）成立时开始的。之前的金融史料，难以获得。在荷兰、西班牙和葡萄牙处于殖民扩展鼎盛时，甚至更早的热那亚人（Genoese）和威尼斯人（Venetians）主导贸易的时代，一定存在某些史料，但是历史学家们却认为国王的风流韵事比商业和金融历史更为重要。

信用证（Credit）作为新事物是何时出现的

据我所知，银行制度，甚至银行分支机构的相关组织，在两千多年前的中国就已经存在了。当时已经出现了汇票（Drafts）和信用证等工具，当然其形式要比今天简单得多。

有一点必须承认，那就是今天的信用证本质上是现代化的金融工具，但是我们不能因此在缺乏历史了解的前提下就认为它完全是现代的产物。

迦太基人、热那亚人以及威尼斯人的贸易大部分都是通过物物交换完成的，当然我们也可以较为确定地认为除了物物交换之外还存在其他类型的贸易结算方式。或许《圣经》和基督教的法规将高利贷看作是罪恶，但实际上高利贷只是意味着利息高，而利息意味着信贷，这就像货币意味着交换一样，并非一定意味着罪恶。

高利贷不是典当，银行业也不等于典当业。历史证据表明一些放贷的人在收取利息，同时也在支付利息。商人，无论身处过去，还是现在，他们都比神职人员更务实，也能够更加清楚地区分合理利息与高利贷的区别。

但是历史学家们的头脑却僵化无比，他们深受教会的影响，对于并未了解的东西只有机械而僵化的看法。所以，我认为中世纪是黑暗的，而历史学家们也身处思维的黑暗之中。我非常赞同我的朋友詹姆斯·J. 沃尔什博士（Dr. James J. Walsh）的看法，他认为从文学艺术和文明程度的水平来看，今天的社会与 13 世纪的欧洲社会处于差不多同样的层次上。他甚至找不到有用的历史记录，可以证明现在的商业制度远远比历史上的更先进，因为实在是太缺乏这样的史料了。

一个错误的假设

如果我们能够获得的史料如此有局限，那么想要从记录近现代的商业和工业，以及金融数据的图表和史料中找到足以得出具有普遍意义的结论是非常困难的。

最近，H. G. 威尔斯（H. G. Wells）写作了一本名为《历史纲要》（*The Outline of History*）的专著，这本书使得历史门外汉能够粗通一些历史。但是，这本书却在证明一个错误的假设。

从所能获得的全部史料中，有什么可以证明这一假设吗？历史昭示的全部内容都在展示个人如何力图实现其全部潜力。威尔斯忽略了生产过程中管理的作用，而这些要素无论是在现在还是在未来都将处于主导位置。从人们学会对生产成果进行储蓄，到进行产品的交换，以便度过寒冬，要素的配置和管理就一直处于主导位置。

汉密尔顿确实是站在金融资本家的角度来看待和分析一切的。不过，他认为一切历史都是经济史和金融史，这个观点确实需要史学界，特别是中国史学界认真思考。我们的历史大都是政治史和战争史，其实经济才是一切历史的动力和核心。

一次谨慎却正确的预测

股市晴雨表准确地预测到了1909年的市场转折。1908年9月11日的《华尔街日报》发表了社论，此时正是铁路股平均指数创下新高之后一个月，该评论指出：

周四的平均指数走势通常是下跌趋势开始的标志。尽管现在的信号并不权威和明确，但是不管怎样，我们可以认为值得警惕。现在利空已经开始显现，平均指数也确实处于下跌走势之中。

尽管我们的报纸从来不是悲观主义者，但是当市场位于顶部时，我们还是给出了谨慎而坦诚的提醒。

此后，市场表现波澜不惊，只在年底时出现了一波小幅反弹。尽管如此，《华尔街日报》谨慎地对待了平均指数发出的警告。10月28日，《华尔街日报》发表了社论，指出如果市场要重返牛市需要多么大的上涨幅度才行：

从多年来的平均指数历史和分析经验来看，我们更值得从纯技术的角度去剖析，除此之外并非理想的角度。现在，股市晴雨表正在给出衰退的预警，这确实值得谨慎的交易者深入思考一番。

股市晴雨表的预测越来越清晰有效

《华尔街日报》在1908年12月18日发表了社论文章，对股市持有更加明确的看跌观点，当然市场大众是不欢迎这种观点的。因为当时两大指数仅仅是略微低于最高点，大众普遍持有牛市继续的观点。

当时有一种流传甚广的有趣观点，认为如果股市下跌，则是因为物价水平过高以至于生活成本过高。当然，这并非基于股市晴雨表提出的观点。

每逢新年大众总是热衷于元月看涨的话题，但是在1908年12月28日的时候，这一看法破灭了。大众的一致预期被打破了，这样的情况数不胜数。

在继续讨论第一次世界大战持续4年的混乱之前，我们已经见证了股市晴雨表在20年当中的非凡效力，它成功地完成了道氏理论设定的目标。

第十五章

横向整理与实例

从一个交易日的数据，我们无法获得任何有价值的信息和判断，无论当日的交易数据多么丰富，都无法展示股市的整体趋势。

——W. P. 汉密尔顿

在此前关于指数的讨论中，我们挑选了一组铁路股票和一组工业股票，记录它们收盘价的平均值，根据两组平均值的走势和相互关系来预判股市的大盘与大势。当时，我们曾经强调过“横向整理”（Lines）的概念。

从一个交易日的数据，我们无法获得任何有价值的信息和判断，无论当日的交易数据多么丰富，都无法展示股市的整体趋势。毕竟，日内波动是道氏理论中最不重要的一个波动层次。

我们可以将日内波动看作每日不规则的潮汐运动。即便是在芬迪湾（Fendy Bay）或者中国某条河流的入海口处出现了大的潮汐运动，整个海平面也不会发生显著的变化，因为海平面上升是长期的取回运动。

横向整理的定义

横向整理走势通常出现在熊市的反弹或者牛市的回调之前，偶尔也会出现在趋势转向之前。另外，横向整理要么是集中性的筹码吸纳，要么是集中性的筹码派发，这几乎成了一条不证自明的公理。这种走势的出现表明多空力量暂时处于平衡之中。在两大指数的历史之中，出现过若干次意义重大的横向整理走势，我在之前的章节中也提到过它们。

股指能够预测战争

股票平均价格指数是股市的晴雨表，除此之外还能预测出一些连华尔街都尚不知晓的事件，比如战争。1914 年 5 月到 7 月，铁路股指数和工业股指数在 3 个月内的走势清晰地预测到了世界大战的爆发。这个实例明确地体现了股市晴雨表的价值。

没有什么事件比这个事件更能检验股市晴雨表的效力了。世界大战的爆发对于全球来讲都是一场意外，股市预测到了这件大事吗？客观地讲，确实如此。股市在 7 月底之前就预示了这场战争的爆发，而德国在 8 月 3 日到 4 日才大举进攻比利时。

有一点需要大家注意，从 1912 年 10 月开始的熊市当时仍未结束。1914 年 5 月，两大指数处于持续时间较长的横向整理之中。当时，铁路股指数在 101~103 点之间窄幅波动，而工业股指数则在 79~81 点之间窄幅波动。

铁路股指数只在 6 月 25 日跌破了这个区间，见到低点 100 点，这是一个提醒信号。次日，指数回到区间之中。两大指数继续横向整理，铁路股指数继续震荡到了 7 月 18 日，而工业股指数则持续震荡到了 7 月 27 日。

7 月 27 日距离德国大举进攻比利时只有 8 天时间了，工业股指数此时印证了铁路股指数跌破横向整理区间的趋势性信息。

从具体走势中看横向整理的定义

下面这张图（图 15–1）描述了从 1914 年 5 月 1 日到 7 月 30 日的平均指数走势，这张图可以用来剖析很多东西，澄清横向整理的具体含义。

横向整理走势与其他走势一样，体现了市场中筹码交换的情况，它是一种筹码集中吸纳或者派发的形态。到 1914 年 4 月的时候，熊市已经持续了 19 个月。如果此后没有战争发生，那么接下来的 5 月到 7 月的横向整理走势就是一段主力大举吸纳筹码

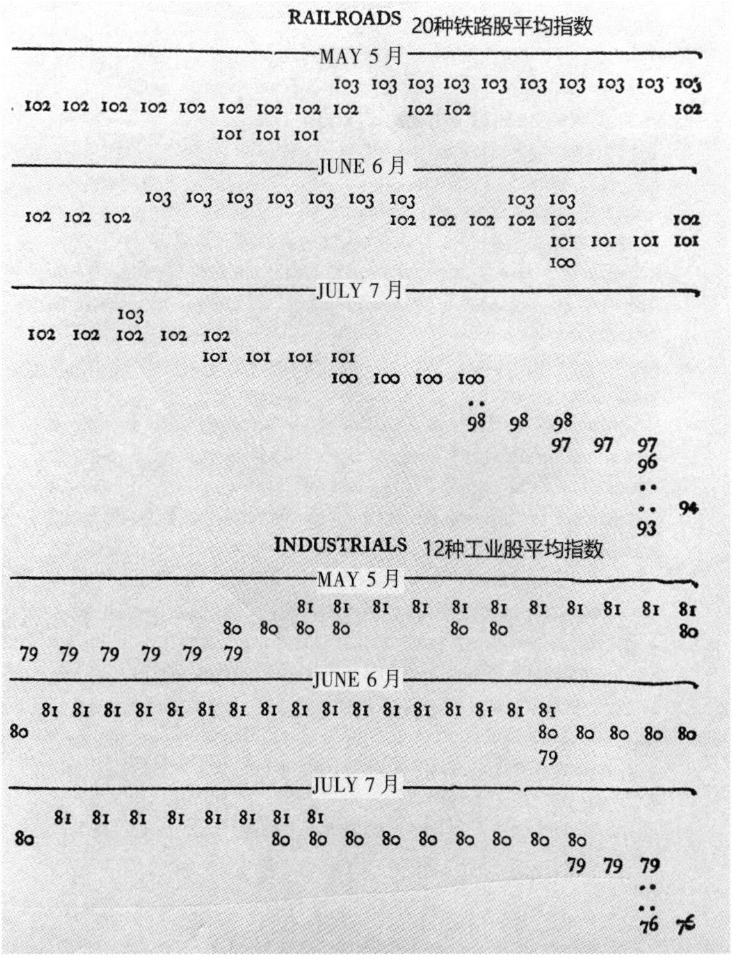

图 15-1　两大指数 1914 年 5 月到 7 月的表现

资料来源：*The Stock Market Barometer*（1922 年版）。

的走势。随后会出现牛市，但事实并非如此，真正的牛市要等到 12 月才开始，也就是证交所恢复营业后不久。

上述图 15-1 可以用来理解横向整理的各种特征。从理论上来讲，横向整理的时间长度可以是无限的。不过，本例中，工业股指数的横向整理持续了 66 天多一点，而铁路股指数的横向整理则持续了 71 天。从幅度来看，工业股指数区间波幅为 3 个点，而铁路股指数区间波幅为 4 个点。这段横向整理走势最终被确认为筹码吸纳阶段。随后，由于战争的发生，使得证券交易所不得不停止营业，这是从 1893 年金本位恐慌以来首次发生这样的情况。

市场真相是什么

谁在持有筹码，谁在持有现金？

股市究竟出了什么事？**持有美国股票的德国人以及消息灵通的欧洲金融家们在美国股市上大举抛售。如果不是因为战争引发的恐慌，美国投资者们就会趁机逢低吸纳。**1914 年 7 月，熊市已经持续了 22 个月，低价股随处可见。不过，美国投资者还是在次年才进场吸纳这些股票。

欧洲居民和政府的资产负债表系统性调整引发资产市场动荡。

战争使得外国投资者纷纷将手中的股票兑现，同时战争本身也急需资金，因此大量资产被变现为战争融资。这样，来自欧洲投资者和政府的证券抛售代替了正常情况下的新股上市，成了筹码供给的最大来源。

华尔街的职能之一是发行股票，当然他们会考虑整个社会的储蓄率以及大环境来决定发行的时机。政府对铁路行业的管制早在战争爆发之前就让铁路公司失去了吸纳社会新资本的能力，现在来看这纯粹是一种罪行。

在战争爆发之前 5 年，大众的注意力已经从铁路股上转移到了工业股上。当然，工业股存在大量机会，但是并不意味着其中没有风险。其中一些工业股就如同美国高通胀时期金融骗子到处推销的石油股一样。

不是因为民主使得美国强大，而是因为美国强大而变得民主。

由于美国证券在外国的吸引力持续存在，而**战争使得美国从一个债务国变成了债权国，**所以美国的资本市场获得了巨大的发展机会。这也是 12 月纽约证券交易所重新营业以后，股市稍微回调后就立即步入牛市的原因。

价量关系

有价值的知识不仅会告诉我们应该做什么，而且还会告诉我们应该避免做什么。所谓华尔街的内幕消息，事实上有百害而无一利。当你根据内幕消息交易时，情况就变得危险起来。当然，从另外一个角度来讲，内部消息至少比那些毫无根据的谣传要强一些。

指数才是真正有效的分析工具。通过跟踪和观察指数，你可以发现横向整理出现在什么地方，一旦横向整理是集中吸纳筹码的阶段，则我们就获得了十分有价值的信息。这一信息不仅对交易者来讲非常有价值，对于预测宏观经济和商业形势的人而言也非常有价值。

当然，如果我们能够将指数与成交量结合起来研究，则更具效果。现在我们适合加入一些关于成交量的探讨。事实上，成交量并没有大众认为的那么重要，它只是一个进行走势比较的工具。在某个市况中很大的成交量可能在另外一个市况中就不算很大的成交量。如果市场走势显示出主力吸筹的迹象，则无论抛盘是 30 万股还是 300 万股都已经被消化掉了。如果趋势是上涨就是上涨，无论其成交量是多少；如果趋势是下跌就是下跌，无论其成交量是多少。

牛市的判断方法

或许有人会问，当市场出现反弹的时候，我们如何判断它能够发展成为牛市呢？我们可以从一系列的 N 字运动中得到答案。**如果反弹后再度回落，但是并未跌到此前低点，随**

通过 N 字底部确认牛市。

后恢复上涨，而且突破了此前反弹的高点，那么牛市建立起来的可能性就比较大了。

但是，指数并不能预判出牛市持续的时间，就像晴雨表无法告诉我们 10 月 30 日选举当天的天气情况一样。

股市晴雨表的局限性

我们不能寄希望于晴雨表能够无所不知，因为天气预报也随着情况变化而更改自己的预报。如果它固守此前的预报，则水手们就不再相信它了。股市晴雨表也是同样的道理，我们必须随时准备根据它的信号调整自己的观点。

不过，正确地解读指数需要专业的知识素养。这就好比 X 光的正确解读一样。今天的医学有了 X 光透视技术，外科医生和物理学家们收效甚多。不过，X 光片的解读只能经由专业人士来完成。对于那些不具备相关知识的医生来讲，要么解读不出其中的正确含义，要么误读。例如，某人牙龈肿痛，拍了一张 X 光片，除非牙医能够正确地解读它，否则就毫无意义。同样的道理也可以用在股市晴雨表上，除非你能够正确地解读它，否则就毫无价值。不过，任何一个对股市交易感兴趣的人都可以学会如何正确地解读它。

投机的必要性和功能

对于不了解华尔街的人或者在华尔街没法立足的人而言，这个地方充满了神秘感和敬畏感。失败的投机客会认为自己在赌博游戏中被欺骗了。

本小节的目的并不在于进行道德上的争论。我并不想讨论投机的道德问题、投机与赌博的区别、宗教如何看待投机以及做空的过错等。我个人的观点是一个人在自己能力范围之内进行投机并不牵涉道德问题。换而言之，投机并不违反道德，这就是一个人合法经营的生意而已。如果一个人愿意将投机作为自己的职业，或者部分职业，那么道德的讨论就只是一个学术层面的话题了。

投机是一个国家发展和创新的必要活动之一。投机其实可以用更加积极的词汇来表述，那就是冒险和创业。如果没有人愿意通过承担更大的风险以便获得更大的成功或者利润，那么美国的铁路就会停止穿越阿勒格尼山脉（Alleghenies），而我们小时候在地图上称之为“巨大的美国大沙漠”的地方就会继续荒无人烟，但是现在这些地方却成了美国重要的小麦和玉米主产区。

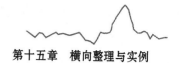

吉卜林曾经说过，如果英国的军队总是在等待增援的话，那么大英帝国的版图就会停止在马盖特沙滩（Margate Beach）。金融市场的投机者永远不会等待增援者，他们大胆前行。**如果一个国家放弃了自由竞争的市场，以及与之共生的自由投机，那么这个国家的发展就会停滞，衰落不可避免。**

哪里消灭了竞争，哪里就堕入了死亡。

投机充满挑战，但公平

倘若说一个场外投机者已坚持投机事业很长一段时间，那么他在华尔街中赚钱是早晚的事情。我本人虽然从未从事过保证金交易，但是我可以举出许多真实的例子证明这一点。

苦心人，天不负；自助者，天助之；有志者，事竟成。有时候比拼的是耐性和毅力。

交易这场战役需要你具有足够的资本、巨大的勇气、持续的学习和谨慎的态度。如果你想要在这场战役中取胜，就必须全身心投入其中，就如同全身心投入其他行业一样。但是，如果将投机比作乱赌一气，则是绝对荒谬的比喻，完全是在误导大众。不过，如果你缺乏专业素养，不愿意恪守制胜的规律，想要与那些市场专家和职业玩家一较高下，则肯定是必输的赌博。这样的赌博必然是有利于市场主力的。处在这样的格局下，就算主力不施展任何诡计，也能够战胜你。

在较量牌技之前，如果还没有学过相关的技巧和策略，只有傻子才会去与职业桥牌选手对抗。除非你想坑了自己的搭档，否则一定不会如此冒失。不过，那些在桥牌上谨慎的人，却很可能拿自己和搭档的钱不当回事，鲁莽地进入华尔街之中。因此，当你听说这些人亏钱的时候，并不会感到吃惊。

谁是造市者

讲到这里，我们很自然地会想到一个问题，谁缔造了这个市场？是主力吗？是承销新上市证券的大银行吗？是证券交易所的场内交易者和经纪商吗？是那些在媒体和听证委员会面前大肆炫耀自己的业绩，但从来不谈论亏损的交易者吗？当然不是！

这个市场从开始到现在都是全国的大众拿着自己的储蓄进行投机和投资创造出来的。**所有参与者的预期和认知综合起来构成了市场的智慧，当这个智慧发现贸易步入萧条、经济衰退和通胀下降、上市公司整体业绩下滑时，没有任何市场势力可以扭转局面，操纵出一个牛市来。**即便是职业坐庄的团队在这种形势下，最多也只能操纵一只或者某个小板块的股票上涨，而且还必须借助于这只股票或者板块本身的强劲业绩和大众的跟风。

从来只有时势造英雄，英雄只能因势利导，绝无可能逆势而行。

许多精彩坐庄的故事进到我们的耳朵里，如詹姆斯·J. 基恩在 1901 年和 1902 年对美国钢铁公司和联合铜业的操纵。当然，也有失败的故事，**如许多试图在新股上坐庄的机构都折戟于此，因为当时的大盘和大势并不支持。**

作为承销商的大型金融机构是天然的卖方，它们的任务就是通过包装和运作来促进初次公开发行的顺利进行，将筹码推到公众手中。而华尔街的投资者和投机者们则倾向于在合适的时候买入股票，但是结果却不乐观。许多名人也曾经是他们中的一员，从遗嘱来看，他们也常常犯下出人意料的错误。有两位已经去世的大佬也在此列，他们是眼观六路、耳听八方的 J. 皮尔庞特·摩根和 E. H. 哈里曼。

股票投机的坚实基础

在前面的章节我们曾经提到过，证券市场会以清晰无疑的方式反映全国的宏观经济和整体商业形势，有时还会反映贸易伙伴国或者邻国的经济情况。

当某位经营贸易或者工厂的资本家发现生意出现了大量的盈利之后，会倾向于将这些盈利投入到可以交易的证券上。如果这类行为比较普遍，那么市场就会通过走势来反映。一位交易者或许会在7月的时候根据自己的初始资金和风险承受能力，选择恰当的杠杆水平，买入合适数量的证券，等待年底的丰收。但情况并不像这位交易者设想的那样，他认为自己在7月份掌握的关于年底的信息，其实7月的时候已经体现在股价当中了。他买入的判断其实更多的是受到大众舆情的影响，情绪影响了他的判断。在华尔街，这种情绪化的决策并不受欢迎。

2005年，中国贸易大量盈余，在资本管制和固定汇率制度下，大众不得不将大量的资本配置到证券和地产上，这就是资产重估的过程。资产负债表再平衡使得股市和地产出现了牛市。

情绪的两面

在华尔街之外，情绪或许有很大的正面价值。华尔街明白情绪的本质，也知道情绪对判断的负面干扰。情绪可以看成是激昂的情怀和冒险精神，是对伟大目标的矢志不渝。正是进取的激情促使布恩（Boone）翻越了阿巴拉契亚山脉（Appalachians），使得1849年的淘金者翻越了落基山脉（Rocky Mountains）。我们从莎士比亚时代的先祖那里继承了这样的激情。我们的先祖就是在这样的激情鼓舞下走向大海，反抗西班牙的海上霸权，并取得了伟大的胜利，并且以伊丽

丹尼尔·布恩（Daniel Boone），生于1734年，卒于1820年。美国开拓者，民间传奇英雄和肯塔基州殖民运动的中心人物。

> 1607年英国就在沿海的詹姆斯敦建立起北美第一块定居点，取名“弗吉尼亚”（Virginia）是为纪念英国伊丽莎白女王一世对开拓英国殖民事业的贡献。

莎白女王的昵称“Virgin Queen”命名了北美大陆的第一块殖民地。

弗吉尼亚仍在美利坚的手中，正如著名诗人奥斯丁·多布森（Austin Dobson）唱诵的那样，也正如在马尼拉湾打败西班牙舰队的美国杜威（Admiral Dewey）上将反问的那样，西班牙的霸权今何在？正是激情为我们国家提供了发展壮大的不竭动力。

对于讲英语的民族而言，激情意味着经历了大变化之后的状态。正是这种澎湃之情让我们为那无名烈士在威斯敏特教堂（Westminster Abbey）树立了纪念碑，在停战一周年之际在伦敦集体默哀1分钟。这些都是催人奋进的宏大场面，即便如我这般的理智新闻工作者也忍不住流下眼泪。

但是，**在华尔街要想获胜，就必须保持理智，避免情绪的干扰。市场不会照顾我们的情绪，也不会照顾某位领袖的情绪**。它自有运动的客观规律，这种规律宏大而不可更改，只有对华尔街有深入了解的人才能明白这一切。**在伟大的市场面前，我们不管多么聪明和强大，都是微不足道的。**

第十六章

一个证明道氏理论的例外

只有兼具投资和投机属性的股票才能更好地体现各方的观点。

——魏强斌

谚语是一群人的生活智慧被一个人的口才提炼了出来。不过，有时候一些喜好争辩的人却认为谚语并不能解决什么具体的问题，而只是一些听起来不错的大道理而已。

有一位法国哲学家曾经说过，任何归纳性的概括都存在错误，其实这句话本身就是一句概括，当然也逃不出错误的藩篱。就我个人的观点而言，虽然有些讲述普遍性规律的谚语有些不合时宜，但是大部分仍旧正确有效。尽管任何一个普遍性的规律都会存在例外的情形，但如果例外太多的话，就需要寻找一个新的规律来取而代之了。

在经济学理论的发展上也要遵循这一过程。不过，有时候一些表面看起来的反例，深入之后却发现与规律相符合。有一句谚语最能表明这样的理论发展过程，那就是“看似例外的证据其实最能体现规律本身”。这条谚语用在股市晴雨表上也是十分正确的。

我们已经反复强调过两大股票价格平均指数必须相互印证，这一规律提供了从指数走势中推断出市场未来趋势的坚实基础。从多年的记录来看，两大指数的波动是同步的。不过这一规律也存在一些看似相反的例子，不过这类相反的例

为什么听了许多大道理，仍然过不好这一生？其实，实际作息表决定了你如何过的这一生，过得好与不好也是作息表决定的，而不是你听闻的道理决定的。你如何过一天，便如何过一生。看看你的作息表，我就知道你的一生会怎样。改变命运，只需要改变作息表。纵使你有再宏大的计划，真正决定你成就的不是计划表而是作息表！

子其实价值更大，因为它反过来证明了规律有效。

展开话题之前所需要了解的历史数据

研究这一例外使得我们的工作更加有趣。为了准确地理解价格运动的含义，我们需要首先了解当时的数据。因为通常要在价格运动好几个月后才能搞清楚其中的含义。

1918 年，美国已经加入世界大战 9 个月了，两大指数均显示出牛市的迹象。1918 年年底的时候出现了一次显著的回调。1918 年整年，铁路股指数都在上涨，不过到年末的时候遭遇了抛压，以至于 1919 年的时候该指数几乎步入熊市之中。但同时期的工业股指数仍旧处在强劲上涨的阶段。当我正在发表一系列市场评论的时候，不断有人给我写信，他们在信中列出大量的显著反例，想要反驳以指数为基础的道氏理论。但是，如果说反例也可以证明规律本身的话，那么这里就有一个。

请大家留意一个问题，那就是工业股指数和铁路股指数的成分股本质上是具有投机性的，当然投机成分不是很高。部分投资者将安全性视为最为重要的一项原则，因此想要持有一些分红率较高且稳定的股票以获得固定收益。尽管如此，这些成分股的换手率也不低，持股人在不断变化。倘若这些成分股真的没有任何投机性，那么对于股市来说也很难具备晴雨表的作用。

只有被广泛参与的股市才能最好地体现各方的观点。只有兼具投资和投机属性的股票才能更好地体现各方的观点。

1919 年，工业股平均指数处于上涨阶段，而铁路股平均指数却表现不佳，并未一同上涨。为什么会这样呢？因为当时铁路行业被政府接管，这导致铁路股失去了投机者参与。所以，在任何市况下，无论是牛市还是熊市，被政府接管的铁路股都不可能出现大幅的上涨。

效力削弱的股市晴雨表

政府的接管导致一年的时间里面，铁路股平均指数无法履行其作为股市晴雨表的职责。整个股市晴雨表的效力被削弱了，只有正常时候的不到一半，因为同时期的工业股平均指数无法得到铁路股平均指数的印证。通过图 16-1，你可以看到当时的铁路

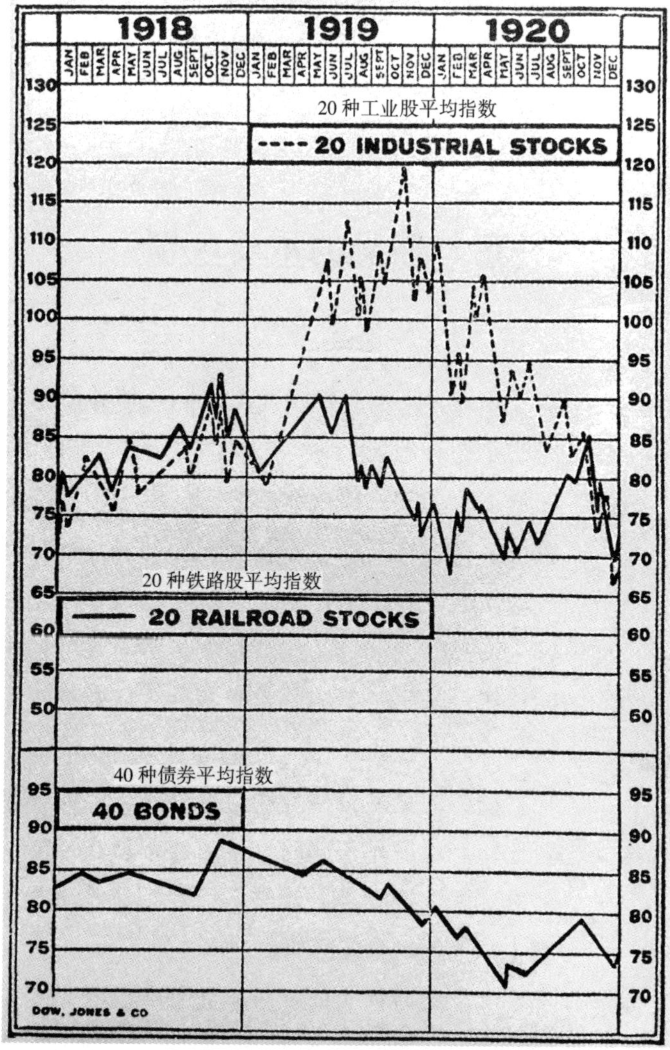

图 16-1 工业股指数、铁路股指数和债券指数

资料来源：*The Stock Market Barometer*。

股平均指数并没有跟随大盘一起波动，而是跟随债券市场一起波动。政府接管了铁路行业，使得大众对这些行业的未来发展看不到任何希望，一些洞察深远的投资者预见到政府的深度介入将导致铁路行业的盈利能力显著下降，破产将不可避免。

从历史数据我们可以看到，当时由于诸多因素的影响，铁路股平均指数偶尔也会与工业股平均指数一同波动，但是幅度不显著。铁路股的偶尔上涨只不过是体现了政府管制和担保带来的业绩预期的积极变化。铁路股指数的上涨只不过是昙花一现，铁路股变成了类似政府债券一样的资产，跟随债券市场的波动而波动。

股票与债券的重要区别

此处，我们有必要指出股票与债券的重要区别。股票代表的是一种股份的所有权，而债券代表的是债务上的权利。在资本市场和法律条款着中，债权先于股权受尝。股票持有者是公司的股东，而债券持有者则是公司的债权人。

债券持有者实际上是将自己的钱以固定利息借给公司进行生产经营，如购买经营和生产所需要的厂房。但是，债券的投机性是第二位的，投资者持有债券的主要目的是获取低风险的固定收益。

债券的交易价格与利息成反比，而实际利息与通胀率成正比。当通胀率下降时，生活成本就会下降，债券价格就会上升。投资级债券的价格不仅受到通胀率的影响，也受到发债主体信用的显著影响。

债券分析师是很好的宏观分析师。做股票和做商品的交易者都要重视优秀债券分析师的深度分析报告。

大众常常认为债券价格受到存款利率的影响，其实这一观点在大多数时候都是错误的。存款利率的变化非常缓慢，但是债券的价格每天都在波动。债券价格更多的是受到通胀的影响，而不是存款利率的影响。那些长期债券的收益率更容易受到通胀的影响，即便我们知道了这些，但是在具体预判债券价格波动的时候还是会出错，因为每种长期债券的具体条款存在差别。

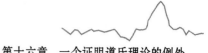

债券定价的简单解释

用最浅显的话来讲，债券的价格与代表生活成本的通胀率之间呈负相关。如果通胀率较高，那么债券和其他固定收益类证券的价格就会较低，而利息就会较高。如果通胀率较低，那么债券和其他固定收益类证券的价格就会较高，而利息就会较低。

政府担保对铁路股的影响

上述这段时期，政府对铁路行业进行了接管，同时担保了铁路股的最低回报。具体来讲，根据 1917 年 6 月 30 日之前 3 年的平均盈余来确定，这使得铁路股票变成类似于固定收益证券的资产。这类资产的实际收益率基本取决于通胀率。

倘若当时的铁路股并未受到政府的干预，而仍然具有市场投机性，则它们的波动就不会由通胀水平决定，而是由业绩，特别是业绩预期决定的。正如我们反复强调的那样，股市并不是体现现状，而是反映集体智慧对未来商业大势的预期。

让我们看看战争时期的铁路股波动历史。美国在 1917 年春天加入第一次世界大战中，政府与铁路公司的协议还处于试运行阶段。持有铁路股的人们仍旧乐意参与投机，当时的铁路股仍然有很强的投机属性。

不过，1917 年圣诞节的次日傍晚，政府正式宣布接管铁路公司。股市当日已经收盘，无法对此作出反应。不过，第二天，也就是 12 月 27 日，20 种铁路股平均指数收盘于 78.08 点，较前一交易日上涨了 6.41 点。股市最初的反应体现了乐观的预期，因为他们认为政府会追加一些投资来清偿铁路公司的历史债务，同时优化资本结构。不过，华尔街在两天前已经预期到了政府会接管铁路公司。

在政府做出正式接管声明的当天早上，有一位亲威尔逊政府的记者发表文章透露战时经济政策也是不得已而为之，为了最大化调动各种资源完成战争任务。其实，威尔逊按照历史净资产收益率来补偿股东，已经是不错的做法了。至少没有像绝大多数国家那样，实施战时无偿征用的政策。

政府将会根据过去 5 年的平均净资产收益率补偿投资者。威尔逊政府的真实打算到底是什么，我们并不清楚，但是显然此后的一段时间内，铁路公司已经变成了政府拥有的企业，华尔街的投资者们则成了铁路公司的债权人。

两大平均指数之间的背离

第一次世界大战期间的牛市于 1916 年 10 月见到了顶部，此后市场步入熊市中。通过图 16–1 可以看出，这轮持续下跌之后，1918 年全年处于上涨走势之中，其间铁路股指数与工业股指数都处于上涨状态。但是，**从政府接管铁路公司之后，这两大股价指数就出现了背离**。铁路股平均指数在 1918 年 10 月见到了顶部，而工业股平均指数在 1919 年 11 月才见到顶部。

在政府接管铁路公司之后，市场出现一次抢购铁路股的热潮，但随后就出现了暴跌。到了 1919 年年中的时候，铁路股才喘过气来。不过，在稍微恢复之后，铁路股指数再回漫漫跌势。与此同时，工业股却继续上涨。到了 1920 年工业股开始下跌。1920 年两大指数再度背离，这回轮到工业股指数下跌，而铁路股指数上涨了。两者的走势在 1920 年构成交叉。当铁路股指数上涨的同时，债券市场也一同上涨。

《1920 年运输法案》（*The Transportation Act*，1920），通常称为《艾希—康明斯法案》（*The Esch-Cummins Act*），这是一项联邦法案，在第一次世界大战之后，将铁路重新私有化。

1920 年运输法案

从历史走势我们可以看到铁路股平均指数在 1919 年处于下跌之中，而在 1920 年则处于上涨之中。**同时期的 40 种债**

券价格平均指数基本上与铁路股指数同步波动。需要注意的是，这两个指数的走势与通胀率的波动关系密切，当通胀率上升时，两者下跌；当通胀率下降时，两者上涨。

1919年上半年，当威尔逊总统在欧洲的时候，常常有媒体报道说他本人不满政府管制带来的低效率和高成本，他希望能够在恰当的时候尽早将铁路公司归还给私人股东们。诸多证据显示，威尔逊先生确实计划在1919年8月1日之前将铁路公司重新私有化，因为当时的国会已经在着手相应的法案了。

国会当时正在制定《艾希—康明斯法案》，也就是我们现在所谓的《运输法案》。制定这部法案花费了很长时间，直到11月16日众议院才通过这部法案。也正是在这个时候，具体来讲就是12月初的时候，总统明确宣布他将在1月1日向私人投资者交还铁路公司的所有权。不过，直到1920年2月，参议院才通过了这项法案，总统不得不将截止日期延长两个月。

政府管制的利空兑现

9个月之前，也就是1919年5月，铁路股平均指数形成了双重顶部的第一个高点，到了7月第二个高点构筑完毕。当期的《华尔街日报》发表社论指出："为什么在上市公司业绩这么差的时候，股票却表现坚挺呢？大概是因为利空兑现了吧。"

7月时股市反弹见到高点，然后重新下跌，于1920年见到低点。政府的管制严重影响了企业的经营，企业的营运成本非常高，大大超出了收益。管理层打着政治的旗号不顾经济效益，他们大幅提高薪水。在这样的经营管理之下，铁路公司的成本大幅上涨。

大战期间，政府成了铁路枕木的唯一买家，将缅因州（Maine）的枕木价格从每根0.37美元推高到了1.4美元。

重新私有化后，一切成本都增加了，只有提升运费才能生存下去。但是，当时的国会才开始讨论提价的事情。直到提价变得很紧迫，且得到充分论证后，洲际商业委员会才勉强通过这一举措。

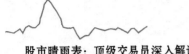

铁路股与工业股的背离源自大背景的差异

在通过《1920 年运输法案》两天之后，也就是 1920 年 2 月 28 日，联邦政府才正式结束了对铁路公司的接管。不过这一法案也宣布了联邦政府的赔偿将会延迟半年时间。

法案缔造了一个劳动委员会，制定了运费规则，同时铁路公司需要向洲际商业委员会缴纳 6%的净利润。铁路运费直到次年 8 月才提价。不过华尔街早已预期到了运费上涨，因此华尔街早在运费正式提升之前半年的时间里就将这一信息贴现在股价中了。

有充足的理由相信第一次世界大战对经济格局的影响，完全不同于第一次世界大战以后爆发的战争。第一次世界大战期间，工业股领导整个股市走出了牛市，这种景象此前从来没有见过。

政府在第一次世界大战期间对铁路公司进行了接管，这造成了铁路股与工业股出现了背离。只有我们很好地理解了这一点，才能更好地理解道氏理论。将来的老师和学生们才能在面对两大指数背离时做出正确的剖析和判断，而不是茫然和失落。此后，我还会举出一些其他实例来进一步检验和证明我们的理论。

分寸感和幽默感

我们不必沉迷于自己的理论之中，也不必像一些追随新潮流的人一样偏激而苛责地看待自己的理论。我们应该恰如其分地看待自己的理论。这就好比你伸直手臂拿着一枚银币，这时候你可以清晰地看到银币和周围的环境，但是如果你把这枚银币拿到离眼睛很近的地方，那么你既无法看清楚银币，也无法看清楚周围的事物。

上帝可不允许我创建一个新的经济和金融学派，这个学派的人像原教旨主义者一样捍卫着“世界围绕平均指数运动”的教条。我并不想在本书的读者当中招募狂热的信徒。

人们或许会宽恕一个学派的创始人，但是不会原谅一个学派带来的负面冲击。我们需要恰如其分地与股市晴雨表保持一定的距离。千万不要把晴雨表看得比股市本身还更重要。

我们可以认为自己已经拥有了一个坚实可靠的理论工具，此前章节的讨论并没有浪费。但是我们也要提醒自己不要像部分固执己见的统计学家一样，过于迷信自己的理论。

甚至连那些最伟大的科学家们都容易陷入迷信自己理论的境地，如此一来自然会让他们难逃尴尬的下场。

伟大的哲学家赫伯特·斯宾塞（Herbert Spencer）曾经对已故的赫胥黎（Huxley）教授说：“你可能不会相信我刚刚写出来一出悲剧的开头和大纲。”

“我当然相信，”赫胥黎回答道，“而且我能猜想出其中的情节。它是关于一个完美的理论如何被一个微不足道的事实给毁掉的悲剧。”

我们的理论素材基本都源自当代

查尔斯·H. 道很少直接阐述自己的股票价格运动理论，也极少从中做出推断，当然也就没有给出一个清晰完整而实用的理论体系。许多人对此非常失望。但是，他们可能没有想过，在查尔斯·H. 道所处的年代严重缺乏相应的理论素材，因此他应达到了当时能够企及的最高理论水平。

查尔斯·H. 道在 1902 年下半年离世。当时的工业股平均指数只包含了 12 只成分股。今天的工业股指数包含了 20 只股票，其中 6 只源自当时。

大家需要知道一个背景。在查尔斯·H. 道那个时代，也就是 10 年前，几乎找不到足够数量的成分股来构建工业股平均指数。一只股票要想成为成分股，一方面要有代表性，另一方面必须交投活跃。

我非常希望能够列出从 1860 年开始的指数走势，哪怕是仅仅 15 只成分股构成的指数也行。但是，即便是 15 年前的平均指数也不具备今日指数的代表性和活跃度。

经过反复的举例和强调，我们已经非常清楚两大指数相互印证和检验的重要意义了。不过，当麦金利再度当选总统时，由于无法找到足够数量的铁路活跃股作为成分股，只能将西联汇款（Western Union）勉强纳入铁路股平均指数当中。

我们不要贬低探索者，也无须过度神话他们。他们不得不靠自己去开辟新航线，制作所需要的工具。查尔斯·H. 道就是这样的探索者，我们现在受到了他的荫庇，受益于他的经验和理论。虽然我们现在从事的工作不再富有创造性，但是需要认真进行下去。

第十七章

最具说服力的证明

正如我们看到的那样，股市作为经济的晴雨表持续地昭告了经济的衰退和繁荣阶段，而指数作为股市的晴雨表则为我们预示了股市的大势和危险。

——W. P. 汉密尔顿

倘若 1917 年并未出现下跌走势，我们可能也就不会展开这里的讨论了。这波下跌走势恰恰是我们理论的一次极佳证明。如果缺少这次精彩的证明，那么其他的所有推断虽然也闪烁着智慧的光芒，但其实不过是一些基于经验预判而已。

在进行某些判断的时候，我可能认为我们的股市并未很好地贴现国外发生的某些事情。在这种情况下，股指的晴雨表作用遭到削弱，以至于其波动的指示意义并不比街边摊售卖的萝卜的价格波动更大。

但是，1916 年 10 月到 11 月间股市出现了一次熊市，持续到了 1917 年 12 月，这次走势是对股市晴雨表价值的最具说服力的证明。

战争前景的不确定性

一些市场评论家未能理解我们谈论股市时反复强调的基本原则，也就是说，股市存在三种层次的波动，同时股市的波动体现了对未来的预期。

这些市场评论家曾经询问过我一系列问题：1917 年的经济和商业图表显示 1917~1918 年经济会继续其扩张状态；同样，巴布森先生在经济增长图表中也显示 1915~

1920年整体商业形势处于扩张状态。为什么股市却在1917年发出了衰退的预警呢？在大战开始阶段，造成美国生产过剩的原因是什么？是这些东西没有提供给军队吗？还是说军队以打欠条的方式获得了这些东西？事实上，当时许多商人手上都拿着军队打的欠条，绝大部分都无法兑现。

厘清并且记住这些事实非常重要。不过，要搞清楚1917年股市步入熊市的具体原因是非常重要的。股票市场是非常敏锐和客观的，并没有简单地认为战争会刺激经济扩张，并抵消其消极影响。

另外，1917年的战事非常胶着，所能获得的全部信息也无法排除德军获胜的可能性。直到1917年底，股市晴雨表才预测到协约国将会取得最终的胜利。

1917年12月，股市步入上涨趋势，提前6个月预测到德国最后一次大规模进攻会失败，提前11个月预测到协约国胜利，战争结束。无论我们再多么希望正义取得最终的胜利，都无法支配市场实际的走势。市场走势有其自己的规律，等到正义真的快要实现时，市场就会体现这种预期。熊市下跌结束，牛市开启，这是市场预期中经济繁荣导致的，但并不意味着经济已经处于繁荣。股市在1917年的下跌和年末的企稳上行表明市场远比我们之前看到的预判更有洞察力。

假设当年是德国胜利

许多读者可能会询问，如果当年是德军及其盟国获得了胜利，那么情况又会怎样呢？许多人认为这种假设过于可怕，根本不敢去设想。客观来讲，就算协约国取得了胜利，现在的结果也很糟糕。如果当时法国被击溃，比利时被占领，而意大利陷入无政府的混乱之中，英国也被摧毁了，全球贸易大停滞，那么世界又是什么情况？如果德国的军事理论在全世界保持存在，并且榨取当地的资源和资本，那么情况又会如何发展？美国会接受德国进入加勒比海吗？这个世界上许多国家会崩溃，一些新的国家被扶植起来。大英帝国四分五裂地倒下了，世界将会步入什么样的境地？

以上这些情况能够让最冷静的人瞬间沮丧，不过1917年的股票市场可以客观地吸收这一切可能性。这些问题其实早已输入股市波动之中。

海军上将西姆斯（Admiral Sims）曾经透露过当时的协约国已经感到力不从心了，形势相当危急。尽管美国在1917年春季才加入到世界大战之中，但显然并未完全做好准备。直到 1917 年年底的时候，美国的加入才开始显现出效果。

当时的股票市场并不知道美国加入协约国是不是太晚了。或许我们可以避免卷入战争，好像可以减少美国的损失，但是也可能因此让盟友们处于必败的境地。股票市场其实完全考虑了这些可能性，股票市场提前反映了这些预期。

我们之前曾经提到过，除了情报部门要考虑的系列因素之外，股市还会考虑更多的因素。股市波动所折射的东西绝不仅仅局限于美国之内。

英国国债

股市从 1908 年到 1909 年处于上涨趋势之中，直到战时繁荣时期之前，经济出现了小幅调整。我们会再另外讨论这一时期的情况，而这将会具有十分重要的价值。

大战前的熊市与这场超乎预期的战争之间存在显著的关系。这场大战的规模惊人，只有那场持续了 25 年、最终以 1815 年滑铁卢战役（Waterloo Battle）结束的大战能够匹敌。

如果我们能够考虑更长的历史，同时将战争规模、人口数量和国家经济等全部考虑进去，则我们可以对这场战争得到比其他分析者更好的结论。

有一个可以用来比较和参照的例子还并未被人提及，这个例子可以用来研究最近这次大战中的金融市场。这个例子是拿破仑战争时期之后的英国国债。

1815~1816 年，英国国债已经占了国民总财富的 31.5%。此后，经过半个多世纪的休养生息，在维多利亚女王当政期间，英国逐渐将大部分国债偿还。到布尔战争（Boer War）之前，英国国债占国民总财富的比例已经下降到了 4%。

布尔战争是 1899 年 10 月 11 日到 1902 年 5 月 31 日英国同荷兰移民后裔布尔人建立的德兰士瓦共和国和奥兰治自由邦为争夺南非领土和资源而进行的一场战争，又称南非战争。这次战争是英国国力开始衰落的一个标志性事件。

根据相关的数据估计，布尔战争花费了英国 10 亿美元，使得英国国债重新上升到了国民总财富的6%。从1902年到1914年期间，虽然生活成本在上升，税收也在不断增加，但是英国国债却又重新开始减少了，不过并未降到1899年的4%。

根据相关数据估计，现在英国国债占国民总财富的比例达到了33%，比拿破仑战争结束时还要高出1.5%。拿破仑战争从1793年持续到1815年，中间只有3年休战。因此可以说，现在英国国债的水平是非常高的。不过，还不至于让人绝望，因此在战争期间几乎所有的货币都在贬值，而英镑却仍旧坚挺，与美元一样受人信赖。

美国的情况

1917年的股市曾经考虑过德国获胜的可能性。如果德国获胜，那么英镑将会变得怎样呢？如果德国在1918年春季发动的进攻取得了胜利，并且德国马克也涌向占领区，那么现在协约国之间流通的货币会是什么呢？

我们已经知道了股市晴雨表的最大作用在于预测未来。当我们以账面利润、上涨的薪水以及上升的通胀自欺欺人地认为经济形势一片大好时，股市却出现了下跌走势。还有什么比这更能说明股市的预见性吗？

《亚当姆森法案》（*Adamson Act*）在1916年获得通过，工会获得了增加工资的权利，但是未承担起相应的责任。当时，大选即将拉开序幕，政治家们希望获得更多的选票，他们对消费者和纳税人保证这一法案将缩短工作时间，同时为铁路乘客排除疲劳工作带来的安全隐患。可怜的美国人民并不知道自己要承担这一法案的负面影响。

这一法案并未缩短工作时间，而是将工作时间提前了，甚至还带来了更长时间的加班。为了挣更多的钱，工人们不得不将工作时间延长到16个小时，达到了法定工作时间的上限。这个法案对各行业的人都产生了消极影响。

1917年春，美国卷入世界大战，而这一法案其实妨碍了美国的战争动员。美国的制造业和消费者都饱受这一法案的折磨。

实体经济的泡沫究竟是什么

在前面的章节当中，我们谈到了实体经济的泡沫，也曾经提到实体经济的泡沫比虚拟经济的泡沫更具破坏性。如果实体经济没有这么多泡沫，那么美国或许可以减少数十亿美元的国债，甚至就不会有任何负债。

匹兹先生（Mr Piez）在大战期间担任紧急船坞公司（Emergency Fleet Corporation）的总裁，他指出当时的劳动效率已经降到了十分可怕的程度，劳动力的产出越来越少，而工资却越来越高。要求提高工资的理由是物价上涨，但实际上物价上涨正是因为工资提高了。他一针见血地指出：

在战争时期，劳动力已经处于一种低产出状态，工人普遍缺乏工作积极性。在大西洋的船厂里面，一年前，也就是1916年，我只需要支付给工人1美元的报酬，而现在需要支付2美元，而产出却只有此前的2/3了。

盖伊·莫里斯·沃克（Guy Morrison Walker）在《恺撒所属》（*The Things That Are Caesar's*）一书当中引用了匹兹先生的这番话。他进一步指出，战争期间的单位成本产出只有战争初期的三分之一。在美国总共240亿美元的国债当中，有110亿美元是支持协约国产生的。而剩下的130亿美元债务则是工资泡沫导致的。我们需要记住的是，我们不但给协约国提供了许多资金，还给予了许多必需品。而生产这些必需品，需要大量的劳动力，而这些劳动力都支付了虚高的薪水。这些劳动力不但享受了过高的工资，还经常消极怠工，举行罢工，以及提供低质量的劳动。

或许资本市场存在泡沫，但是这些泡沫加起来也比不过工资中的泡沫。而我们的后代子孙还要在未来的半个世纪内继续为这些泡沫买单。

劣质劳动供给的后果

从种种数据之中，我们可以看到资本中的泡沫其实是非常少的。同劳动中的泡沫比起来，资本中的泡沫并未给任何人带来实际的损失。当我们把劳动泡沫导致的三倍物价从战争期间的经济图表中剔除时，我们会发现5年间的经济和商业表现多么令人沮丧。

战时制造的虚假繁荣是需要我们在接下来的日子里面为之买单的。因为每一美元泡沫，就需要实际的1美元产出来弥补。每一小时的无用功，需要此后1小时的苦功夫来弥补。

二次通胀以及之后的情况

如果想要更准确地预测下一轮牛市的情况，以及可能出现的二次通货膨胀，我们应该参考滑铁卢战役之后6年的形势。

惯于自欺欺人的英国下议院在1819年承认《金银报告》（*Bullion Report*）是正确的，而实行不可兑换黄金的纸币制度是错误的。1821年英格兰银行恢复了金本位制度，黄金升水（Premium on Gold）消失了。此后几年的时间当中，战争导致的通胀得到了有效控制，就业率也上升了。

关于金本位优劣各有说法，不过现在绝大部分的民间观点都认为金本位制度优于信用本位制。信用本位制最大的既得利益者是政府，现在鲜有政府的经济学家支持恢复金本位制度的。

美国的情况会比这好多少？我们是否需要为战时的泡沫买单？而我们的账单并没有英国的那么长。现在距离战争结束不到4年，当我写下这段文字的时候，股市正处于牛市期间。不知道这轮牛市能否与1821年欧洲的牛市媲美。我们现在的处境要比1821年的英国更好，不过仍旧面临各种经济问题，这些问题绝不是庸医和郎中能够治好的。现在经济已经病入膏肓，只有科学的方案才能妙手回春。

晴雨表具有可靠的品质

美国经济和社会发展到今天，经历了太多波折和不幸。

正如我们看到的那样，股市作为经济的晴雨表持续地昭告了经济的衰退和繁荣阶段，而指数作为股市的晴雨表则为我们预示了股市的大势和危险。

从这些来看，晴雨表足以满足我们在预测经济和金融市场方面的所有需要。从现在平均指数的表现来看，1922 年夏季美国的宏观经济和整体商业形势将更加繁荣。

不过，虽然我们能够通过晴雨表提前知道衰退和复苏的到来，但是不能准确预知这些经济阶段的持续时间。1907 年的熊市准确预测到了 1908~1909 年的经济衰退，这次衰退程度很深，但是持续时间不长。1909 年下半年到 1910 年的经济繁荣，程度不深，但是持续时间较长。这轮繁荣之前的牛市与 1907 年的熊市比起来，也是幅度很小，但是持续时间很长。这两个时期中，无论是经济周期还是股市周期，后期的波动幅度就比较小。

通常而言，股市的波动幅度要超过对应的经济波动的幅度，只有在战争期间，股市中的主要运动的幅度才会和经济波动的幅度差不多，因为战争期间经济波动幅度显著增加不少。

从历史走势图表可以看到，在大战前，股市处于小幅波动时期。相应的成交量持续低迷。整体而言，那段时期的月均成交量要低于 1900 年麦金利再度当选总统之前的成交量水平。1911~1914 年的年度成交量持续低于 1897~1900 年的年度成交量。其中 1899 年的成交量超过了 1911~1914 年任何一年的成交量。

战争晴雨表

从上面的探讨可以发现，股市可以用来预测战争。尽管股市还不能预测出战争的规模和程度等具体特征，但是截止到目前的证据表明股市能够预测战争的爆发。

可以结合《“二战”股市风云录》来理解股市与战争的互动关系。

基尔运河、苏伊士运河和巴拿马运河并称世界三大运河。基尔运河始建于1887年，至1895年建成，原来是供军用。因为在运河未开通之前，狭窄曲折的丹麦海峡就像咽喉一样，是波罗的海与北海之间唯一的水上通道，当时的德意志帝国为了能使自己的军舰不需要绕道丹麦海峡就可以从自己的国土内由北海直接进入波罗的海，于是开通了这条运河。船舶通过基尔运河，由北海直接进入波罗的海，避免了绕道丹麦海峡，既节省了大量的航程，又节省了丹麦海峡的引水费用。基尔运河成为北海和波罗的海之间最安全、最便利、最短和最经济的水上通道。

部分人想知道大战前的熊市是不是意外波动，或者仅仅是一次市场自发的波动。大家请注意，从1912年下半年开始的那波熊市与此前的熊市相比，特别是与我们曾经详细讨论过的熊市相比，其幅度要小得多。1914年出现了一次并不严重的经济衰退，而在此之前出现了一轮熊市。引发这轮熊市的另外一个原因是部分市场参与人士从德国的外交动向和态度中觉察到了战争发生的可能性，因而持续卖出手中的股票。市场的担心直接来自德国开通基尔运河（Kiel Canal），因为这条运河贯通了整个德国，将波罗的海与北海沟通了起来，便于战略性行动和后勤。

综上所述，这轮熊市不但预测出了经济衰退，而且预测到了战争很可能爆发。此前的讨论中，我们提到了在1914年，也就是世界大战爆发之前，股市曾经由于国外投资者的抛售而形成了一个筹码集中派发区域。这一派发区域体现为持续3个月的窄幅震荡走势。

部分人对股票市场的走势非常不满，他们觉得股票的走势与商业和经济图表的走势并不一致，以至于不能很好地拟合两者。但是，我想告诉他们的是股市晴雨表本身并无错误，**它不仅能够折射出国内的宏观形势，也能反映国外的情况，它代表着具有普遍性的规律，而且可以广泛地用来预测金融市场与经济，甚至战争。**由于股市晴雨表体现了许多商业和经济图表所未体现的因素，因此两者之间不可能完全拟合。如果商业图表碰巧与我们的晴雨表完全一致，那一定是出了什么问题。

从本章的深入讨论中，我们可以发现对股市晴雨表的考察越是详尽，则越发认识到股市晴雨表的可靠性高、用处大。另外，我们可以看到作为股市晴雨表的指数，在世界大战前夕以及期间的预测价值是非常高的。

第十八章

管制对美国铁路行业的影响

立法无法让人人富有，但是可以让人人贫穷。

——W. P. 汉密尔顿

一个命题要无条件地成立，存在两种情况。第一种情况是不证自明的公理，它自身的表述就包含了对自己的证明，例如，“任何一个三角形的内角之和等于 180 度”；第二种情况是普遍认可的真理。对于道氏理论而言，它不可能无条件地成立，需要我们持续地检验和证明它。

此前的章节表明，商业和经济数据无论通过什么方式进行展示，顶多算一个历史记录，并无预测的功效。不过，这种说法是有历史阶段性的，因为最近出现的具有科学性的商业图表确实具有一些预测功能。哈佛大学的经济研究委员会（Harvard University's Committee on Economic Research）就建立了这类商业和经济图表。当然，他们也汲取了股市晴雨表的思想。最近的 20 年，《华尔街日报》和相关的出版物都在持续成功地运用平均指数的方法论。

能够预测的金融和经济图表

对哈佛大学经济研究委员会熟悉的人应该知道这个委员会发布的图表有三条线，分别是投机走势线（Line of Speculation）、银行金融走势线（Line of Banking）和商业走势线（Line of Business）。这一图表的理论基础并无对称的这项原则，它不会认为周期银行金融走势线主要体现银行信贷规模和增速。哈佛的这幅经济走势图，其实包括了股市指数、银行信贷和商业活动三个方面。其中，股市指数和银行信贷是领先指标，而股市指数比银行信贷更加领先。

如果你具有更多的跨市场分析经验，就会发现债市常常领先于股市，而股市常常领先于商品市场。因此，债市其实也是股市的晴雨表。

的上升阶段与下降阶段应该对称。

这个委员会在大战之后成立，但是它也包含了一张从1903年到1914年的经济走势图，这张图表能够很好地印证我们之前关于晴雨表的一些讨论。**这张图表覆盖了12年的时间长度，期间投资走势线一直领先于银行金融走势线和商业走势线。**换而言之，金融市场的投机活动能够预测银行信贷和商业形势的变化，而这一点恰好是我在本书前面章节力图证明的。

哈佛大学经济委员会是基于股票市场的平均价格指数来绘制投机走势线的。不过，他们认为世界大战会破掉底层逻辑，因此他们并未计算期间的走势，当然也就没有出版任何战争期间的图表。

我也回顾了自己曾经写下的股市记录和评论，发现战争确实会对一些既有的理论推断产生干扰，股市与经济之间的常态关系会因为战争而扭曲。例如，战争期间政府接管了铁路公司，而这影响了铁路股平均指数的表现，此后只有工业股仍旧保持着正常的走势，但却缺乏铁路股的相关印证。

哈佛大学的经济研究委员会认识到战时金融市场的扭曲，因为理性地忽略掉了大战期间的股市。不过，从另外一个角度来看，我们发现股市能够以最有价值的途径向大众昭告战争极有可能爆发。因为股市在战争爆发前的3个月，也就是在1917年形成了一个筹码派发形态，这个形态准确地预测到了战争即将来临。

比主要运动还要重要的大势

指数除了预测战争之外，还透露了另外一项信息。这项信息过去一直被大众忽略，但是今天看来却非常重要。我们发现当铁路公司处于私有化阶段时，铁路股处于自由交易的状态，与其他股票板块的主要运动方向相同。

随着政府的介入，铁路股失去了昔日的活力。1909 年股市整体见到牛市高点之后，次年就出现了一轮熊市。接着，出现了一波幅度较小的缓慢上涨行情，铁路股一直持续上涨到了 1912 年下半年。此后，股市整体出现了一轮熊市，此后证券市场恢复营业，1914 年 12 月熊市结束，这个时候大战已经持续了 18 周时间。

从 1906 年到 1921 年 6 月，铁路板块处于整体下跌状态，这段走势非常有启发意义，我们能够从中吸取非常重要的经验和教训。这段下跌无论是在波幅还是在持续时间上都超过了主要运动的正常范围。这段走势持续了差不多 16 年。因此，我认为在接下来的 1922 年，铁路股平均指数会上涨，对于这点我非常肯定。

不过，铁路股在近期的上涨肯定是无法恢复曾经辉煌的。那个辉煌的时代是由詹姆斯·J. 希尔（James J. Hill）和 E. H. 哈里曼开创的。为什么呢？因为现在的背景和政府的态度不仅抑制了铁路股的投机性，也毁掉了其中的投资价值，铁路股失去了往日的光芒和活力，一蹶不振。

罗斯福与铁路

倘若西奥多·罗斯福（Theodore Roosevelt）能够预见到他对铁路行业的抨击会带来什么样的灾难性后果；如果他能意识到权宜之计不应该作为长远之策；如果他能够明白成功的企业必然获得某些权利，仅仅为了惩罚少数几个滥用这种权利的企业却会殃及大多数的铁路公司，进而危及整个铁路行业的健康发展。如果他能意识到所有的这一切，那么我想罗斯福先生也会采取截然不同的措施来对待铁路公司。

在过去的 14 年时间当中，民众的创造力和冒险精神被当作一种破坏性力量。美国过去的铁路建设一直与人口增长和迁徙齐头并进，甚至领先于人口的增长，但是现在却几乎陷于停滞的状态。为什么会这样呢？因为国家抑制和扼杀了民众参与经济事务的热情。现在几乎没有新的民间资本进入到铁路建设之中，那些需要架设铁路的偏远农村地区迟迟不能实现其愿望。交通运输是文明扩张和发展的强大驱动力，然而奉行罗斯福教条主义和官僚主义的政客们已经使得美国的交通运输业处于停滞状态，交通的血脉已经无法向美国全身输送足够的血液了。

美国铁路行业发展大停滞

每隔 10 年，美国会进行一次全国铁路里程大普查，我们可以从中发现美国铁路行业发展日益停滞的趋势。1910 年，美国的铁路总里程是 240830 英里，相比 1900 年增加了 25%，相比 1880 年增加了 1 倍。如果按照这样的速度增长下去，那么到了 1920 年，铁路总里程数据会比 1910 年多出 9 万英里。但事实上，实际的里程数增长还不到这一数据的六分之一。铁路里程数在这 10 年内只增长了 1.5 万英里，这是最低限度的增长幅度了，只能让铁路公司勉强维持下去。

资本需要更广阔的市场和更加开放的市场，自由流动的极大可能性以及最低的资本利得和监管，这就是金融资本家的梦想之地。全球化首先是金融资本家的全球化，其次才是贸易的全球化和产业的全球化。一个伟大的交易者必然建立全球视野，拥有全球格局和气魄。

政治家们总是瞻前顾后，因噎废食，他们因为惧怕少数铁路寡头，而抑制了整个铁路行业的发展。他们宁可让美国最为重要的行业陷入困顿，也不愿意民众发挥卓越才智让国家富裕起来。

哈里曼和希尔离世的时候留下了大量的财富，我对他们两人很熟悉，因为他们的财富并非依靠巧取豪夺而来，而是运气使然。他们的财力丰厚，可以做一些推动产业发展的创新事业。尽管如此，哈里曼事实上并未操纵过他管理的铁路公司的股票。股东们完全信赖他，无论是在南太平洋铁路公司，还是联合太平洋铁路公司，或芝加哥—奥顿铁路公司（Chicago & Alton），他都并未拥有完全控制权。他和希尔在为自己赚得财富的同时，也为数以百万的美国人带去了就业机会和财富。

历史数据和我们的晴雨表明白无误地表明从铁路大繁荣开始的 1897 年到政府管制黑暗时代开启的 1907 年，这是美国历史上最具创造性和开创性的黄金时代。

人类愚行的周期性

我们已经给出了许多关于道氏理论正确性的证明。我们也熟知了股市中同时存在三个层次的运动：第一个层次的运动是主要运动，可以上涨，也可以下跌；第二个层次的运动是次级折返，包括回调和反弹；第三个层次的运动是日内波动。

这三个层次的运动构成了股市周期的血肉，除了查尔斯·H. 道提出的这一周期之外，我们能否提出自己的周期呢？这一周期不同于此前讨论过的经济危机和恐慌周期。

哈佛大学经济研究委员会创造了一种新的具有预测性的经济图表，现在看来是成功的创新，它提出经济周期由衰退（Depression）、复苏（Revival）、繁荣（Prosperity）、紧缩（Strain）和危机（Crisis）五个阶段组成。不过，这个委员会并未指出这五个阶段的具体时长。当然，这五个阶段并不是严格依次递进的，有可能跳过或者倒退。

目前比较普遍的观点认为经济周期由四个阶段组成：衰退、复苏、繁荣和滞涨。这四个阶段中各大类资产的表现都有一定的规律可循，可以参考“美林时钟”。我们在《股票短线交易的 24 堂精品课》和《期货短线交易的 24 堂精品课》当中都专门讲解了经济周期与股票以及商品的详细关系和具体实践方法。

我们这里想要谈到的周期类型是新的类型，与上述经济周期无关，而与人类的心理有关，我称之为“人类愚行的周期”（Cycle of Human Folly）。这种周期只会在类似美国的民主社会中存在，因为在这种社会当中大众有权自己管理自己，同时也有权犯错。

科克西大军（Coxey's Army）

我要表达的东西简单明了。1890 年，共和党控制了白宫和国会。此时，美国的地方主义和派系主义气息浓烈，各种利益集团竭力要从国家这口锅里捞到最大的好处。通常而言，美国的国会之中各种利益集团会相互妥协，但是当时已经到了无原则妥协和勾结的程度。真正的政治家是不会为了换取利益而放弃核心原则的，但是当时已经是政客主导政治的时期。《谢尔曼白银收购法案》的出台是个比较典型的事件，意味着政客已经完全不顾核心原则和底线了。这一法案造成了严重的负面冲击，实际上是在为美国金融系统注入了更多的泡沫。这一法案导致恶性通胀，以及巨大的资产泡沫。本来1892 年会因此发生大危机和恐慌的，但是由于当年美国小麦丰收，而俄罗斯的小麦却全面歉收，使得美国在国际市场上大赚了一笔，这就使得恐慌和危机推迟到了 1893 年才发生。

4 年间有一种思潮在美国泛滥，这种思潮类似于现在的民粹主义（Populism）。1894 年，科克西集合民众从俄亥俄州的马西隆（Massillon）出发，前往华盛顿游行示威。科克西的主张由此传遍整个美国，特别是中西部地区。他认为通过发行无限量的不可兑换纸币可以再度让美国繁荣和伟大起来。这波思潮的转折点是威廉·艾伦·怀特（William Allen White）发表了著名的社论《堪萨斯怎么了》（*What's the Matter with Kansas*），民粹主义此后跌入低谷。

那段时期堪称美国社会和经济最为暗淡的日子，铁路公司的管理层很悲观，绝望弥漫整个行业。除了几家财力雄厚的大型铁路公司之外，大部分同行都倒闭了。到了 1896 年的时候，美国全境 87%的铁路里程处于破产接管之中。直到麦金利首度当选美国总统，经济和社会才恢复到理性和秩序之中。

繁荣年代

轻视打压资本的做法是涸泽而渔；偏袒纵容资本的做法是自掘坟墓。

美国大众逐渐意识到民粹主义是毒瘤，这是一条让美国走向衰落的道路。政客们也对未经认真讨论的政策感到恐惧，于是反思开始了。

从 1897 年到 1907 年，政治对经济和商业的掠夺和破坏停止了。于是，一段史上少见的繁荣出现了，黄金十年降临了。其间，铁路行业得到了空前绝后的大发展，大规模并购潮出现，美国钢铁就是一个典型的例子。整个经济处于低通胀和高增长的良好状态之中。直到 10 年之后，通胀水平才有所上升。当时的薪资水平也恰当，购买力充足，令工薪阶层的生活过得不错。

繁荣的破坏者

繁荣的时候，人们有意无意地想要破坏这种繁荣。民主党难道不能容忍繁荣吗？或者说我们不能将这种过错局限于民主党身上。工人们的罢工和示威并不是在经济衰退到极致的时候出现的，因为那时候的工会往往缺乏组织动员的能力。相反，工人们的骚乱往往出现在繁荣达到极致的时候，因为那个时候劳动力相对资本更加紧缺，工会的势力也最大。许多人都认为工人们的骚乱是经济不振和贸易低迷的结果，事实并非如此。相反，正是因为经济繁荣了，工会势力强大了，才发生这么多的工人骚乱。

19 世纪的时候，民粹主义盛行，但是这种思想的种子和基础实际上在很早之前就埋下了。现在，民粹主义卷土重来，世界大战似乎打破了任何周期理论的窠臼，但是人们心中却埋下了厌恶资本的种子，未来这些种子就会发芽，从而威胁到私有产权和个人财产。

反思大众共识

如果我尝试根据上述“人类愚行的周期”进行预测，看起来应超出了股市晴雨表的范畴，也超出了本书涵盖的主题。但是，繁荣时代似乎已经远去了。我们仍旧记得起辉煌的光景，以及它在 1907 年的突然崩塌。

战争引发的繁荣和狂热并不是经济和商业的真正繁荣，因为它不可能成为经济发展的可靠动力，同样，这样的非常时期也无法对股市晴雨表进行公证的验证。

大众的共识预期是每一个社会活动和金融交易者都必须注意的。

在我们的经济重回类似 1897~1907 年的繁荣之前，一定会经历动荡时期。在这段动荡时期的尾声阶段，也就是黎明前的黑暗时刻，我们不是发出“堪萨斯怎么了”的疑问，而是会发出“美国怎么了”的疑问。我坚信当这一天来临的时候，美国民众会依靠他们的伟大智慧找出正确的答案。

在社会和经济领域，高度一致的共识预期，基本上都是错误的。在金融市场当中，一致看多时，涨势会中断或者结束；一致看空时，跌势会中断或者结束。

有人认为大众的共识总是正确无误的，不过我认为这是对民主的最大误解。在喧嚣和热闹中表达出来的大众共识往往都是错误的，即便这一观点是正确的，其背后的理由也是错误的。当然，经过美国人民反思后得出的结论往往是正确的。

回忆林肯

每年我们都会聚在一起朗诵葛底斯堡演讲（Gettysburg Address）的伟大章句。需要大家注意的是，当时林肯发表这场著名演讲的时候，并非其中最为著名的演讲家，因此当时他的演讲留给人们的印象还不深刻。当然，林肯也很谦虚，这是他的伟大品格。

在 1863 年的时候，尽管大家对美国内战的形势还不了解，也不清楚哪一方会获胜，但是多年后还是有几百万人记得林肯当时的演讲内容。不过，当时的美国社会并不是很支持林肯，如果存在一项允许罢免总统的法案的话，那么以林肯当时的支持率，可能早就被罢免了，至少不会被选为美国总统。其实，林肯再度当选总统也是次年才确定的事情。如果你的年龄足够大，那么可能会记得 1863 年的大众共识其实是对林肯不利的，大众并不看好林肯。

为政府干预买单

诸多实例可以表明，美国大众经过反思后得出的观点往往是正确的。但是，直觉或者是第一感觉极可能是错误的。

政客们有时为了一己之私会助长这种错误的共识。你可以看一下最近在美国中西部地区有一些无党派联盟掀起了一些政治狂热，其中的主张绝大部分都是谎言。由此看来，我们的政治体制之内仍旧存在着不少的毒瘤。基本上每周都有要么别有用心，要么脑袋有问题的人以各种理由向国会提交议案发行数十亿美元不可兑换纸币。

过去 10 年当中，我们的经济发展中能够获得的最大一个教训就是政府过度干预私营企业。就算政府干预私营企业是出于良好的动机，但是客观上也会造成非常负面的影响，而积极的影响则几乎没有。

事实上，只有依靠私人的力量才能更好地发展铁路系统，以及利用丰厚的资源。从某种角度来讲，铁路股份制比国有制更能代表大众的福祉。因为铁路股份制意味着银行、保险公司和个人投资者持有大量股份，同时国家也能从公司获得持续的税收，而这些税收涉及国债持有者的利益。

立法干预私营企业只会让人人贫穷

在本章当中我们更多的是根据平均指数的记录来探讨一些时事和经济治理问题，而不是谈论平均指数的预测作用。如果我们的探讨忽略了最为重要的一次历史教训，那么就不算完整的探讨了。

首先，让我们简单回顾一下最近 25 年当中，铁路股平均指数的波动历史。1906 年 1 月 22 日，20 种铁路股票平均指数创下历史最高点 138.36 点。此后，该指数再也没有触及这一高点。最多在 1909 年 8 月，涨到了 134.46 点，离历史最高点还差大约 4 个点。

铁路股平均指数的历史次高点是在 1912 年 10 月创下的 124.35 点，低于历史最高点大约 14 个点。接下来，高点越来越低，下一次反弹当中，该指数在 1914 年 1 月 31

日涨到了历史最高点 109.43 点。

再往后看，在世界大战之后的第一次牛市期间，该指数在 1916 年 10 月 4 日涨到了 112.28 点。此后的 1919 年牛市期间，该指数并未跟随股市一起上涨，个中原因我们已经在此前的章节中作为重点详细地剖析和解释了。

目前，铁路股平均指数比历史最高点低了 50 个点，比 1898 年 7 月 25 日的历史最低点高了不到 14 个点。1898 年 7 月的低点已经是 23 年前创下的历史低点了。铁路股平均指数从 1906 年以来持续下跌了 16 年，恰好跨越了两轮哈佛大学经济委员会定义的周期，比杰文斯的 10 年周期多出 60%的时间，比起 1857 年和 1873 年两大危机的时间间隔还要长。持续下跌的铁路股指数走势与商业和经济图表中的国民经济增长曲线背离而行，这是极大的讽刺。一个全世界最富有的国家许可政客将这个国家最重要的主导行业搞得破败不堪。

打击铁路股的持有者们或许可以让一小撮人更加富有和愉快，但这样做无疑会毁掉我们祖辈通过血汗建立起来的伟大事业。我们忍心让政客们肆意挥霍民众的财富吗？**我们都应该明白一个道理，那就是立法无法让人人富有，但是可以让人人贫穷，**发生在俄国的事情不正说明了这一观点吗？

第十九章

市场操纵的研究

多看小说，善于识人；常观历史，精于辨势！交易的精髓在于利用大势战胜对手！大势者，从辨势中得知；对手者，从识人中熟稔。

——魏强斌

在此前的章节当中，我们已经提到过了几次市场操纵事件，但是相对而言并不算重要。华尔街历史上确实出现过几次影响重大的操纵事件，但是它们大多数发生在 20 年前的华尔街，放在今天这些事情可能就不会发生了。例如，21 年前基恩成功运作了美国钢铁和联合铜业的股票发行，但是今天可能就不会发生类似的事情了。

美国钢铁和联合铜业的运作绝非同样的事情，两者之间存在显著的差别。坊间曾经有一些不实传言，我对此进行了澄清，言语比较尖锐，不过尚在法律和查尔斯·H. 道的许可之内。

罪恶之花

联合铜业上市之旅充满了罪恶，其成功仿佛是一朵罪恶之花。1899 年年初，这家上市公司发放了融资总额为 7.5 亿美元的认购单，宣布认购结束的期限是 5 月 4 日。当时许多媒体报道说超额认购达到了 5 倍，不过现在已经很难找到当时这样报道的报纸了。

听起来，这样高的超额认购率是不太可能的，但当时的认购确实非常火爆。但是，等到其上市挂牌交易不到一个月，股票就开始折价了。当时整个股市也处于下跌阶段，直到次年夏季才开始企稳。

社会舆论都在指责这次臭名昭著的承销活动，其中波士顿新闻局的抨击最为尖锐，它声称这次发行是巨大的欺诈行为。下面就是该新闻局在 1899 年 6 月 1 日发表的相关评论文章，当时该股上市还不到 1 个月：

昨日，联合铜业的股价出现了下跌，这是新股上市后的显著特征之一。这个时候下跌也是比较正常的情况，因为铁路股也在下跌。华尔街许多睿智的观察者和分析师们认为联合铜业公司上市或许是一个危险的警示信号，**它表明稳健的投资者和冷静的投机者已经远离证券市场了。**

大众一旦情绪极端高涨，那么经济和政治上的危机就要来临了。

另外，**一个公司 7.5 亿美元的融资计划居然得到了 5 倍的超额认购，这表明大众已经失去了理性，股市走熊的概率越来越大了。**

最为危险的信号是美国最大的金融机构之一国民城市银行（National City Bank）居然会为这项融资计划提供大力支持……

联合铜业

联合铜业发行上市时，到处流传着 5 倍超额认购的报道，但是最终该股发行遭遇了重大挫折，未能达到预期目标。波士顿新闻局仍旧对这一事件进行了毫不客观的抨击，发表了不少情绪化的评论，例如，“联合铜业的发行彻底失败了”“业绩不符事实”“铜业大佬的哀伤”等。

6 月的时候，有传言说联合铜业的大股东购买了巨蟒铜业（Anaconda Copper）的大量股份，大概为 51%的股份，获得了控制权。传言还称联合铜业的认购价是每股 70 美元，但实际上是以 45 美元的价格认购的，而完成并购之后的联合铜业将会涨到 100 美元。

波士顿新闻局在同一篇评论中指出联合铜业完全可以用募集到的 7.5 亿股股票资金买下子公司巨蟒铜业的全部股份。当时，实际买入了巨蟒铜业 51%的股份，也属于完全控制，这引起了华尔街的惊叹。

基恩在股票发行期间所扮演的角色

1904 年下半年，此时距离基恩运作联合铜业已经过去了 3 年时间。这位金融大佬发表了一封公开信。信中，他坦诚自己曾经为亨利·H.罗杰斯及其合伙人承销了价值 2200 万美元的联合铜业股份，大概为 22 万股，承销价格为 90~96 美元。另外，他还在信中叙述了整个承销的时间表。

次年 1 月，我在《华尔街日报》上发表了一篇名为《市场操纵的研究》(*A Study in Manipulation*) 的专题文章。在这篇文章当中，我根据交易记录复盘了基恩当时的运作。这篇文章并不涉及任何道德层面的问题，你不能对一个合法的金融从业者做出太多的道德评判。

我只是根据股票报价机提供关于联合铜业股票的数据以及证交所提供的执行这些交易的经纪商名单，复盘了基恩的整个操作，并且与同时期的整体股市走势进行比较，最后对基恩本人的操作进行了尽量客观的点评。

我对詹姆斯·R. 基恩的客观评价，让许多人认为我在为其辩护，以至于让许多华尔街人士对我耿耿于怀。此前，我曾经提到过与他并不熟识。我的这篇文章公开发表之后，他一直试图找机会见见我，他并非要感谢我为他鸣不平，而是他想搞清楚我是否通过非法手段获得了他的商业机密和账本。

他总是认为有人向我泄露了他的操作。当然，当时的华尔街充满了各种商业竞争和伎俩，这使得基恩变得狐疑而警

多看小说，善于识人；常观历史，精于辨势！

惕。倘若一个人说了一些话，但是却无法提供相应的证据，那么基恩绝不会相信这样的人。从这一点来讲，基恩并不善于判断人，真正善于判断人的智者会明白什么时候应该相信人，什么时候则不应该，因此他并非一个真正识人的智者。

美国钢铁与联合铜业的区别

倘若不牵涉道德的针砭，可以说在当时的股市中没有什么比运作联合铜业更为精彩了。基恩承销美国钢铁普通股和优先股的例子也体现了其运作才华的超凡出众。不过，运作美国钢铁时的大环境很有利。当时大众都想要购买这家公司的股票，这家公司的业绩前景良好，市盈率不算高，溢价部分只是体现了未来的成长预期。

美国钢铁在 1901 年发行，发行价格为每股 50 美元，此后普通股上涨了 5.5%，到了 1905 年，股价飙升，翻了 1 倍。在较早的文章中我给出了这只股票目前的真实内在价值估算。

不过，联合铜业的承销和发行是一个截然不同的项目。与美国钢铁的承销和发行相比，前者算得上是一次伟大的艺术品。基恩此后的公开信表明他当时并不想接手这一项目。

为了美国钢铁的普通股和优先股发行，他努力营造一个新的市场来承接自己手中的股份，而在发行联合铜业时，他不得不接受别人的烂摊子。

操纵的早期阶段

通过复盘和分析股票的承销情况，我发现操纵的第一阶段从 1900 年 12 月 3 日持续到了 1901 年 1 月中旬。在麦金利再度当选之前，股市已经开始步入牛市了。部分认购了联合铜业的投资者，利用牛市氛围将手中的股票出售给了运作和维护股票的承销商。

当时一些媒体一直在谈论所谓的内部人士买入，因为他们认为如果内部人士都在买入，就意味着股价看涨。在联合铜业上，确实有内部人士买入，不过是被迫的。当时股价在下跌，这些内部人士的买入只是为了维护股价。标准石油财团是联合铜业上市的参与者之一，他们掌握着一切信息，无论是公开的，还是隐藏的。不过，他们就是无法隐藏作为内部人买入的明显操作。

下面列出了股价在那段时期内的波动情况和成交量情况：

1900 年 12 月 3 日的开盘价为 96 美元；

12 月 3 日到 12 月 13 日的成交量为 16 万股，这段时期的价格波幅范围为 90.25 美元到 96 美元；

1900 年 12 月 14 日到 1901 年 1 月 11 日的成交量为 29.5 万股，这段时期的价格波动范围为 89.75 美元到 96 美元；

1901 年 1 月 11 日的收盘价为 91.125 美元。

基恩首次入场运作

基恩从 1901 年 1 月 12 日开始入场进行运作，他是一个十分聪明的人，明白要想吸引大众入市买入，必须打破目前的僵局，制造人气。此后的股价和成交量情况如下：

1901 年 1 月 12 日的开盘价为 91 美元；

1 月 12 日到 1 月 19 日的成交量为 7 万股，其间的股价波动范围为 90.25 美元到 92.25 美元；

1 月 19 日的收盘价为 90.50 美元；

1 月 20 日到 1 月 26 日的成交量为 8.8 万股，其间的股价波动范围为 83.75 美元到 92 美元；

1 月 26 日的收盘价为 89 美元。

基恩在 1 月 26 日将收盘价控制在 89 美元体现了高超的运作水平，同那些标准石油财团的笨拙操作来看，89 美元比 96 美元更有吸引力。基恩刚开始的操作非常有个性。1901 年 1 月的第三周，联合铜业的日均成交量为 2 万~3 万股，到了 1 月 20 日，股价跌到了 86 美元，1 月 21 日股价则在 83.75 美元到 89 美元之间波动。到了 1 月 22 日，股价就稳定在 88.25 美元附近。当时市场有一则利多的传言，虽然从新闻职业道德的角度来看，这种散布传言的方式是不道德的，但是很好地吸引了大众的注意力，勾起了他们的贪婪之心。基恩故意透露风声称自己介入了联合铜业，让大众认为他这次也会大力推升股价，于是大众跟风买入。

借力于牛市

“麦金利繁荣”在整个金融市场中蔓延开来，股市因此也处于大幅上涨之中。虽然北太平洋铁路股票的逼空导致了恐慌，干扰了牛市的展开，但是并未导致牛市终结。

基恩利用了当时的牛市氛围，同时让大众误以为他手中并没有大量待售的来自标准石油财团的筹码。在股价上涨到128美元的途中，他进行了抛售。股价在次年4月中旬开始大涨，不过在3月的时候股价已经超过了100美元。基恩将手中的筹码在牛市中以很高的价格卖出，当然也有少数在较低的价位上卖出。

基恩的第二波操作

当市场按照基恩的预期运动时，他就不再费力推动了。接下来的一段时间内，他听任股价朝着理想的方向滑行，偶尔维持一下买方人气。当时的市场交易量不大，波动幅度不超过5美元，走势平稳。当基恩再度大举出手时，股价已经处在高位了：

1月26日到2月23日的成交量为11万股，其间的股价波动范围为87.75美元到92.375美元。

这段平静的时间持续了1个月，其间基恩随着市场的波动，按照其承接能力卖出了一些筹码，但并非勉强为之。由于基恩需要卖出大量的筹码，因此他不得不制造更大的成交量为完成出货。因此，我们很难判断他到底做了多少交易。

初期的时候，为了对倒制造成交量吸引足够的人气，他雇了不同的经纪商来完成买入和卖出操作，这些经纪商根本不知道他在一边买入的同时，又在另外一边卖出。这种操作无论是在当时，还是现在，都属于违法操作。不过事情已经过去很久，我们无法肯定和证实他确实进行过对倒操作。随着股市监管机制完善，这样的对倒行为会越来越少。等到市场大众完全觉醒时，这种操纵手法就能绝迹。

基恩的最后一轮运作

该股的第三轮波动呈现了基恩在联合铜业上的最后一轮运作：

2月28日的开盘价为92.375美元；

2月28日到4月3日的成交量为78万股，其间的股价波动范围为92美元到103.75美元；

4月3日的收盘价为100.375美元。

在这一轮运作当中，基恩抛售了他手中的所有股票。对于这一点，他坦承确实如此，但是他并不满意我对如何知道这一点的回答。

为了配合基恩完成最后一轮抛售，联合铜业公司使用了不道德的伎俩，他们宣布按照8%的比例分红，这是一个非常高的比例。要知道最初的分红比例比这个低很多。为什么公众愚蠢地相信这家公司能够提供这么高的分红呢？董事们给出的理由是世界市场中的铜价格会不断上涨。公众信以为真，一方面继续持有筹码，另一方面加码买入。

在基恩运作联合铜业的初期，传言说伦敦铜合约的下跌已经企稳，但绝非事实。这类伎俩经常被股市上的主力运用。多年以后，联合铜业与竞争对手签了一份合作协议，然后利好满天飞，成了股价上涨的依据。

大众制造的泡沫

基恩运作联合铜业的最终结果就是该股在1901年4月的中上旬出现了飙升。当时的成交量已经达到了2月或者3月的两倍，其中有一天的成交量甚至达到了24万股，还有几天的成交量也非常接近。我们可以将这些数据与历史数据进行比较。

在基恩积极介入期间，如3月6日，其成交量也不过是7.7万股，波幅不超过3美元。此后的记录显示股价一路上涨，阻力纷纷失效：

从4月4日到4月16日的成交量为127.5万股，其间股价的波动区间为101.125

美元到 128.375 美元。

以罗杰斯为首的标准石油财团终于为自己手中的筹码找到了足够大的市场，这些筹码被牛市中大众的热情给消化了。

人人都在争抢胜利者的光环

那些曾经邀请基恩来运作股票的人在筹码成功派发之后开始给自己脸上贴金了，这真是人性弱点的大曝光啊。根据历史材料的记载，邀请基恩运作联合铜业的罗杰斯夸口自己早就从公司内部获得利好的重磅消息，同时许多机构纷纷表示计划买入这只股票，因此股价不可能不涨。

基恩对于这些聒噪之言毫不在意，毕竟股价从他开始运作到完成派发，涨了 20 美元左右。另外还有一批人也利用基恩这次成功的运作给自己脸上贴金，他们自称"基恩的经纪商"。这些惯于趋炎附势的人也只敢在基恩成功完成任务后才出来自吹自擂。

标准石油财团和膨胀的野心

或许在其他人尚未嘲讽小约翰·D.洛克菲勒之前，汉密尔顿先生已在极尽挖苦之能事了。其实，洛克菲勒家族的家教是非常严格和有效的，他们也用了才不多一半财产来做慈善，北京的协和医院就是小约翰·D. 洛克菲勒"不惜代价"建起来的。老约翰·D. 洛克菲勒在石油上的投资善于把握时机，堪称投资巨擘，他也是美国历史上第一个 10 亿美元富翁。他的身价折合成今天的美

现在标准石油财团已经不复存在了，当时这个财团是由许多富豪们组成，他们还是新兴的土豪，还不习惯于拥有大量的财富，也不知道如何恰当地打理大量的财富。在联合铜业发行之前，他们一向目中无人。不过，不管是当时还是此后，他们都在资本市场上犯下了大量的错误。此后，他们逐渐认识到了问题所在，于是离开了股票市场。他们更善于经营石油公司，这使得他们有充足的本金去其他领域冒险和尝试，即便遭受巨大的亏损也能靠石油行业的利润挨过去。

或许某一天有人会以挖苦的口味描述小约翰·D. 洛克菲勒（John D. Rockefeller）年轻时候的冒险。除非你有一个非常富有的父亲，否则你没有这么多资本去折腾的。不过，我们应该有充足的理由相信小约翰·D. 洛克菲勒先生在金融市场和社会中受的教育会给他带来持续的影响。

元约有 2000 亿，根据 2003 年的《福布斯》亿万富翁排行榜，当时世界首富比尔·盖茨的身价为 407 亿美元。其实，完全可以从投资的角度看洛克菲勒的操作，这是我阅读其自传的感受，我将自己的感受写在了《最伟大的石油投资家——洛克菲勒自传：顶级交易员深入解读》之中。

在此前的章节当中，我们提到了亨利·H. 罗杰斯曾经犯下了严重的错误，他经常发表一些盲目自大的观点，以致让无辜的股票市场也一同背上了骂名。事实上，股票市场永远是正确的。当他于 1908 年去世的时候，他留下了 5000 万美元的财产，其实如果他再多活几年，则财富很可能增加一倍。他的部分做法还是值得一提的，至少能够让大众忍受。他主导的弗吉尼亚铁路在当时全美铁路系统是最好的。为了修建这条铁路，他绞尽脑汁，投入了自己全部的身家，同时还以 7%的高额利息向银行贷款。不管怎样，他能借到钱，这就很不错了，因为当时处于信贷紧缩时期，银行作为贷方可以开出任何条件。

从中可以吸取的教训

我们通过对恶名昭彰的市场操纵行为进行全面而认真的分析之后，可以得到一些有用的教训。请大家注意，联合铜业公司当时属于证券交易所的非正式上市管理部门，而这个部门现在已经取消了。就像波士顿新闻局所言，联合铜业公司无论从哪个角度来看都属于一家账目不明的公司，这样的公司现在是无法上市的。即便是在今天的场外市场，这样公司的股票也难以上市交易。现在的证券监管措施要比以前严格得多，上市公司要满足更加透明的信息披露要求。如果联合铜业在今天上市的话，那么一周之内就会遭到以投行为首的财团反对，交易所也不会同意。

在今天的市场监管条件下，当年的标准石油财团是无法获得那些不道德的灰色权利的。当然，最好的市场维护机制是开化了的市场大众。今天对上市公司公开信息的监管机制比以前透明多了，这是预防腐败的最佳措施，阳光之下才能避免毒瘤的产生。20年前的股市充满了各种小道消息和谣传，今天的市场不太可能被这样的传言扰乱。

更为重要的是，股市晴雨表建立在道氏理论的三层运动模型的基础上。随着这个系统的逐渐完善，其客观性和有效性也在不断增强。当然，股市不能完全避免市场操纵的影响，对于这一点我们进行详细的说明。

通过媒体操纵市场的不道德手段

一般而言，媒体报道的20宗股市操纵当中，很可能只有一宗是真实的。部分缺乏责任感的媒体记者并不愿意耗费大量的工夫去了解市场，在报道市场的时候也采取了这样的态度。

尽管要想在华尔街上搜集材料需要花费很大的精力，遭遇极大的困难，但也并非完全做不到。相对其他地方，从华尔街收集新闻需要动更多的脑筋。如果想要正大光明地搜集材料的话，则需要下更大的功夫。

媒体行业中努力工作的人其实并不比其他行业多许多，财经记者们可以通过各种手段来糊弄或者敷衍他们不那么懂行的雇主。所以，许多记者总是乐此不疲。但是，像道琼斯这样的专业机构例外，它的经营哲学建立在负责人和诚实可靠上。尽管现在的财经报道存在许多问题，但是报道的质量却在不断提升，不过泛泛而谈的报道稿件仍旧普遍。

市场波动和事件背后总有原因等待我们去发掘

我热衷于找出事件背后的原因，因为我在华尔街的早期生涯就是负责为道琼斯通讯社撰写股票市场的报道。当时我的首要目标就是尽全力找出导致个股或者大盘波动的原因，即便是一个尝试性的假设也好。当然，**我们不能满足于那些宽泛而空洞的大道理，必须找到具体的原因。**

用贪婪和恐惧来解释交易的成败和金融危机的爆发也属于此类“宽泛和空洞的大道理”。如果有人告诉我金融危机的原因在于贪婪和恐惧，其实我只想反问一句，人类社会何处不是为贪婪和恐惧所驱使，为什么金融危机并未遍布一切地方？

新闻事件的影响力和价值确实存在差别。对于那些只有半个小时影响力的新闻事件而言，我确实有很多经验可以拿出来分享。这类新闻对于活跃的交易者和以佣金作为主要收入的经纪商而言非常有价值，因为他们从这些新闻制造的微小波动中获利。

为了做好财经记者这个工作，20 多年前我费尽心思找出市场波动的真正驱动因素，不过所获不多，找出的驱动因素也很勉强，建立起来用来剖析股市波动的模型也并不实用。为此，我感到十分惭愧。但是，我是基于客观事实和自己的理论来推断市场波动的原因的，并非像大多数记者那样牵强附会乱说一通，敷衍雇主，搪塞读者。

此后，我放弃了这份耗费脑筋却无法胜任的工作，接任了《华尔街日报》编辑这个职位，华尔街一些活跃的交易者和经纪商纷纷向我表示了挽留之情。回顾我此前的人生，没有什么比这项工作更能给我带来快乐了。记者其实与干苦役的驴子差不多，“受到的虐待总是多过善待”。尽管如此，记者的工作应该是这个世界上最有意思的。

A 股圈里许多做题材投机和价值投资做得好的人都是记者出身。

每一次市场波动背后都有一个真正的驱动因素，恐慌性暴跌也不例外，但是大众往往无法正确认识这类走势，因为他们并没有下功夫去找到背后真正的驱动因素。要找到市场波动背后的真相，你必须下一番功夫去调查分析，观察各种盘面数据，揣摩和思考那些主要玩家的言行，包括场内交易者。我们需要追踪和分析大单成交的来源，琢磨背后的动机，找出买卖的理由，分析其持有筹码的成本和数量。

真实报道可以捍卫大众的利益

华尔街上存在许多谚语，多少属于心灵鸡汤或者以偏概全的类型。有一条股市谚语是这样说的——“牛市中没有新闻”。事实上，这种观点并不正确，除非你加上许多附加条件。

任何市况下都有新闻存在，有时候有许多新闻，只要记者愿意就能挖掘出来。如果一名记者并不想严肃认真地对待自己的工作，只是满足于为早报或者晚报写一些浮于表面的市场评论，或者“炒一些冷饭”，那么他就往往倾向于以“坐庄操纵”“主力抛售”或者“标准石油财团正在买入”等惯用词汇来吸引和敷衍读者。部分媒体也喜欢用这类字眼来吸引眼球，这是新闻行业的常见弊病。

华尔街是全球财经新闻的源头。当我在这里工作时，新闻的质量在不断提高，而且进步巨大，不过前进的道路是没有尽头的。

第二十章

部分结论

与主导行业和新兴主导行业的距离，决定了你的财富规模和增长速度，也决定了你的社会地位和阶层。

——魏强斌

现在我们到了本书末尾的部分了，关于股市晴雨表的讨论也接近尾声了。在《巴伦周刊》发表系列文章期间，我从读者的反馈中得到了一系列积极和有趣的反馈。这些反馈对于我而言具有很好的启发作用，从而促使我进一步提高道氏理论的效力。

道氏理论让我们清晰地认识了那些盲目自大的周期理论以及一些权威的经典著作。这些权威的经典著作告诉我们如果能够对历史记录进行全面的整理，就能够从中获得更多有价值的认知。同时这些经典著作还告诉我们如果不能透彻了解经济和商业对国家和世界的重要性，也就无法了解真正的历史。

同时，我们恰当地理解了股市晴雨表的功能，也明白这种功能的局限性。但是，股市晴雨表本身并非一个投机制胜的法宝，更不可能让你稳赚不赔。

股市晴雨表和道氏理论更多是侧重于分析趋势，基本不涉及仓位管理的问题。交易要成功，分析是前提，买卖才是主体。

道氏理论在股市投机中的预测功能

当我们开始分析股市的三层次运动时，会发现市场中的投机活动并未影响股市晴雨表的有效性，反而出人意料地增强了其有效性。另外，股市作为经济的晴雨表也为那些商人提供了有价值的预测方法。

在哈佛大学经济研究委员会绘制并出版的那张经济和商业走势图表中，列出了从1903年到1914年的经济和商业走势，其中投机走势线一直领先于银行金融走势线和商业走势线。这张图是对历史的记录，在绘制这张走势图时，参与者过于谨慎而且进行了大量的优化调整。

如果我们能够以道氏理论为基础对股票平均价格指数进行观察的话，就会发现哈佛大学经济研究委员会制作的这张图远远比不上股价平均指数的作用，后者价值更大。

知道适可而止的预言家

当股市表现活跃的时候，那些股评师也会变得活跃；当股市表现低迷的时候，那些股评师也会变得非常消沉，这个时候没有人愿意听他们的话，除非还剩下点幽默感能够吸引人。

1910年的熊市之后，在世界大战爆发的前夕有一段波动平缓时期。有一些股评师向我抱怨道：在这个缺乏显著上涨走势的市场中，根本无法预测市场的走势。不过，我们的基于道氏理论的晴雨表却从不失手，也不会怨天尤人。股市晴雨表是唯一一位不会因为无聊而发表观点的预言家。通过复盘和研究《华尔街日报》断断续续报道的那些股市波动，你就会发现这些报道早在1909年下半年就已经预见到了1910年的熊市。等到了1910年6月的时候，股市已经处于上涨之中。

虽然股市的人气恢复很慢，但是趋势整体向上。到了1911年夏天的时候，市场出现了一波幅度较大的回调。虽然出现了显著回调，但这轮牛市还是持续到了1912年，并且在1912年下半年创下了高点。非常有意思的是，在世界大战爆发之前的4年时间当中，股市的波动都处于不温不火的状态。

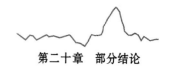

从1910年下半年到1910年年中的下跌趋势非常显著。但是，如果同时考虑两大指数的跌幅，则其恐慌程度只相当于1907年的一半。接下来，市场进入一轮牛市，但是上涨幅度并不显著。这轮牛市与1907年秋到1909年年底的牛市比起来，前者的涨幅只有后者的三分之一。

回过头来，上述这段时期的股市走势对于学习道氏理论的人而言是非常有研习和教学价值的。在这段时期，商业出现了衰退走势，从相关的商业记录当中也能够看到这一点，当然衰退程度并不严重。整体而言，美国的经济仍处于增长轨道之中，只是幅度不够明显而已，股市的交投也不活跃，投机氛围清淡。

同时预测大小波动

从这里，我们再度看到了股市作为经济晴雨表的另外一个功能。具体来讲，就是股市的主要运动不仅可以预测出即将到来的商业和经济复苏的幅度与时间长度，也能够预测出即将到来的商业和经济衰退的程度和时间长度。

对于最近25年历史的回顾和谈论，足以证明上述观点。任何人都可以通过叠加股指与经济和商业数据来检验这一观点。经济和商业从1910年开始步入停滞状态，直到步入大战之中才出现复苏和繁荣的迹象。

绘制经济和商业图表的人及其解读者总是倾向于将阶段性和局部性的走势当作常态，他们也倾向于将一些理想化的模型套在经济走势上，比如对称性。对于这些主观的看法都存在大量的反例。或许，我们用钟摆来比喻经济周期更加恰当，战争前后和期间的经济波动确实像钟摆的运动，先是收缩，相当于钟摆从高位回摆；接着繁荣，相当于钟摆从低位摆动到高位；最后，又是收缩……用钟摆来描述经济周期，并不精确，但是非常直观，只要不机械地照搬，那么这种比喻还是有意义的。

从1909年股市见到高点开始，我们就遭遇了持续5年的熊市，这次持续的时间很长，以至于能够符合查尔斯·H. 道最初提出自己理论时所定义的主要运动的长度。这轮大熊市主要是美国经济过度扩展导致的，特别是铁路行业。

1907年的恐慌导致那一轮的经济扩展结束了，我们可以推断1907年恐慌的后续影响并未为1909年的显著反弹所驱散，商业和经济的调整需要花费更长的时间来完成。

周期理论的局限性

经济周期太过于宏观和模糊，以至于难以用来处理股市的微小波动。不过这里有一个实例表明，经济和商业的恐慌周期在这个实例中得到了充分的体现，也表明这一周期理论十分有用。

站在历史的角度来看，这个实例非常有趣；站在现实的角度来看，这个实例给出了非常多的有益经验，你可以从中学到很多东西。1873 年恐慌之后，股市出现了若干反弹走势，不过整体上商业和经济还是处于衰退下行阶段。那时的大背景与今天截然不同，反而类似于我们此后将讨论的时期。等到 1879 年的时候，货币制度得到了修复，美国的宏观经济和商业形势才逐渐好转，新的行业开始涌现。此后，经济在增长过程中于 1884 年经历了一场不太严重的经济和商业恐慌。

1893 年恐慌出现之后，股市出现一定下跌，但是经济衰退期明显比股市低迷期更长。股市当时的下跌情况与 1909 年反弹结束后的下跌情况非常相似。相似性的背后必然隐藏着某种普遍性的规律，这些客观规律主导着所有的股市运动。这就是大势，这个大势甚至比道氏理论中主要运动的影响力还深远。

不是说“三根 K 线改变世界观”吗?

另外，恐慌和下跌会击碎大众的信心，而重建这种信心则需要花费许多年的时间。

低迷的成交量及其含义

我们此前曾经反复指出熊市的股票成交量要比牛市整体

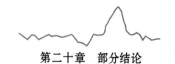

的成交量小。最近 25 年的股票价格平均指数走势图下方的成交量幅图记录了每月的日均成交量。从这一数据我们可以看到，从 1911 年到 1914 年，股市整体成交量非常小，仅仅比麦金利再度当选总统之前 4 年中的成交量水平略高一些。

从 1911 年到 1914 年，经济处于战时繁荣。战争的到来打破了人们此前的预期，以至于使得经济出现一些不符合周期模型的波动。所以，哈佛大学经济研究委员会在他们的经济和商业图表中直接忽略了这段时期的宏观波动，将战争当作地震一类突发冲击来处理。

大战之后直到 1921 年 6 月到 8 月，经济处于通缩，而股市处于熊市，**在这轮熊市快要结束的时候，股市成交量显著萎缩**。此后，股市步入缓慢上涨的牛市之中，成交量仍旧不显著，市场缺乏相应的牛市投机氛围。这轮上涨一直持续到了 1922 年 4 月，工业股平均指数的上涨幅度为 29 个点，相当于同时期铁路股平均指数上涨幅度的三分之二多一些。在这一轮的上涨过程中，出现了若干次比较有代表性的回调走势。

一般而言，次级折返的幅度与主要运动的幅度成正比。如果上涨幅度比较大，那么接下来的回调幅度也就比较大。需要注意的一点是，1922 年的主要运动与回调的幅度都不大。

从现在的情形来看，只有大幅上涨的股市才能预示着不同于以往的商业和经济繁荣即将到来。从当前股市晴雨表给出的信号来看，股市会出现一定程度的上涨，但是上涨速度缓慢，需要花费更多的时间来完成显著幅度的上行。这就意味着本轮牛市不会创下历史新高，而是一轮慢牛，也意味着本轮经济繁荣的程度不会太高，美国制造业不太可能会迎来史无前例的繁荣。

扼制铁路行业的发展

在此前的第十八章，我们曾经详细讨论了铁路行业的情况，铁路股指数持续 16 年下跌。仔细阅读过那一章的读者应该明白为什么现在股市处于上涨阶段，但是涨势不够强劲。原因在于铁路行业的未来悲观。

在我们的股市晴雨表当中，20 只活跃的铁路股占有一半的权重。在美国，铁路行业是除了农业之外，资本规模最大的行业。从目前的形势来看，那些令人头疼的政府管制措施和抑制政策限制了铁路行业的增长和繁荣，限制了铁路公司创造利润的能力。

与主导行业和新兴主导行业的距离，决定了你的财富规模和增长速度，也决定了你的社会地位和阶层。

考虑风险之后的收益率差决定了资本的流动。

由于受到那些别有用心的国会议员的蛊惑，大众曾经一度愚蠢地认为铁路公司股东的利润率上限应该是6%。而实际上，这些股东除了承担经营破产的风险之外，什么好处都没有捞到。在这种大背景下，私人和社会资本是不会流入交通运输领域的。更为严峻的形势是交通运输业的停滞和萎缩必然影响到工业的发展。如果我们现在仍旧受到19世纪90年代兴起的民粹主义的影响，那么谁也不能寄希望于政治能够带来什么好处。谁也不能断定这种负面冲击不会蔓延到大型制造业公司。

政治对美国工业的影响

我现在的观点并不是凭空乱想产生的，事实让我们不得不警醒起来。政治干预确实已经蔓延到了美国的工业领域，这样的干预对于美国经济和大众的福祉而言有百害而无一利。司法部门对美国钢铁公司的起诉标志着那些别有用心的政客们已经将危险的思想强加到商业运营之中，不仅是铁路行业受到影响，制造业现在也开始受到影响了。

这些政客们总是打着避免垄断的旗号来行事，但是集中化大规模生产是现代经济的趋势。可以这样说，相比于让20家规模不大的钢铁企业来满足社会的需求，还不如让一家类似美国钢铁的大型企业来生产，产品会因为生产规模更大而更便宜。

但是，以前一些政客认为企业规模大本身就是问题。倘若我们赞同这些政客的主张，那么未来5年的经济和商业发展就堪忧了。

萧规曹随的塔夫脱

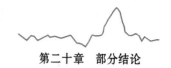

我曾经在1909年或者是1910年年初的时候在白宫见过塔夫脱总统。当时，我指出由于政府当局的支持，现在全社会对铁路公司和股东的敌意以及监管机构的措施已经严重妨碍了铁路行业的发展。塔夫脱总统对我的观点仅仅表达了有保留的认可。他强调我们现在不能像此前一样快速发展了，因为那是粗放式的增长，投入了大量的资源。对铁路企业进行管制虽然有弊端，但是能够更好地保护大众的利益，因此那些成本是可以承受的代价。这些监管措施是他从罗斯福那里继承下来的，短期内无法做出令所有人都满意的改变。

这次谈话的时间并不长，草草收场。这样的结果也只能让我摇头叹息，像塔夫脱这样诚实而睿智的人都持有这样的观点，那么又怎么能寄希望于国会那些心胸狭窄的政客们呢？他们对铁路公司一直存有偏见，丝毫不会考虑大众真正的利益所在。

戴着镣铐起舞

我们的经济和商业戴上这些镣铐有什么价值吗？这些政治干预和监管提高了铁路行业的服务质量和效率了吗？恰恰相反，现在餐车提供的饮食比20年前哈维公司（Harvey）供应给艾奇逊铁路公司（Atchison）的餐食要差很多。现在的餐车提供所谓的“标准铁路餐食”（Standard Railroad Meal），这是由麦卡多（McAdoo）先生创制的，吃过这一标准餐的人都经历了一场噩梦。

现在列车的服务水平远逊于此前。宾夕法尼亚铁路公司和纽约中央铁路公司都能够将纽约到芝加哥的列车运行时间缩短到16个小时，而现在却分别延长到了20个小时和22个小时。

现在的列车车厢更加舒适了吗？铁路服务员更加文明礼貌了吗？只有当铁路公司能够因为一个员工没有履行职责保持车厢干净而开除他，且不会受到劳动保障局的长时间质询时，车厢才能保持干净。

但是，现在我们已经通过立法和政府监管将服务精神从铁路行业剔除出去了。现在铁路公司之间再也不用像以前那样全力竞争了，没有公司的管理层会绞尽脑汁想出更具吸引力的路线。现在，没有什么因素能够驱使铁路公司去扩大规模，提升对乘客的吸引力了。美国国会曾经规定铁路公司超过6%净利润率的部分要上缴国库，这一规定有效地抑制了铁路公司创造利润的能力。

商界的真实心态

上述讨论并未偏离本书的主题，因为我们正在寻找那些导致铁路股指数出现异常走势的根本原因。政府当局对铁路股的监管和抑制当然会冲击到其他行业。因为从铁路商业联合会（Railway Business Association）给出的一份供应商名单来看，这些铁路行业上游供应商占了美国工业的很大比例，一旦它们的经营业绩受到影响，则整个经济都会受到冲击。

现在有一个成语能够很好地形容现在商界的心态，那就是“惊弓之鸟”。我国严重违背了供求法则的规律，以至于经济处于缺乏活力的停滞状态，要恢复活力非常困难。

如果一个国家的商业不自由，那么你将无法在这个国家获得真正的自由。官僚作风和民粹政治是缺乏效率而愚蠢的政治形态。有一个具体的例子可以说明这一点。宾夕法尼亚铁路公司的总裁前不久在一次面谈中询问我：“你猜一下，每年我们需要向华盛顿各个部门和州商业委员会提交多少份报告？”

虽然我知道铁路公司每年的报告很多，差不多500份应该足够了。不过，为了让回答更加稳妥贴切，我还是将这一数字乘以了20，估计他们每年需要提供1万份报告。

这位总裁苦笑了一下，说道：“去年我们仅仅因为匹兹堡东线就提交了11.4万份报告。”

形式改革还是彻底革新

11.4万份报告，这仅仅是一家铁路公司的部分报告而已！如果将这一数字乘以美国境内铁路公司的数目，那简直是天文数字。从中我们可以看出官僚政治对大型企业的戕害，这些企业的经营效率被严重削弱了。因为道威斯将军（General Dawes），现在我们终于能够向华盛顿的官僚们传授一些经济常识。即便这样，道威斯先生也仅仅触及了浅层次的问题而已，只是推行了一些形式化的改革而已，并未触及深层次的问题。

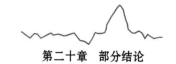

查尔斯·盖茨·道威斯（Charles Gates Dawes），生于1865年8月27日，卒于1951年4月23日。1921年哈定总统选择他为白宫的第一任预算局长。他之所以名噪一时，主要是因为他主持制订了“道威斯计划”，这个计划解决了第一次世界大战后无能为力的战败德国的战争赔款问题，并有助于德国经济的恢复和发展。在推行“道威斯计划”的基础上，产生了“洛迦诺公约”，这个公约使德国军国主义在政治上重新站立了起来，在表面上给欧洲带来了暂短的和平，为此1924年当选为副总统。1925年获得了诺贝尔和平奖。他为后人写下了不少有关金融业的书，算得上是著名的经济学家。

我们现在需要的是彻底的变革，消除那些导致低效率的管制。因为现在商务部和劳工部正在向美国所有企业提出要求，要求它们提交更多的报告和信息，而这只会浪费商业界更多的精力和资源去做一些毫无意义的事情。

政府干预及其影响

政府不管加强和扩大的管制使得商业形势恶化，但是这也只能怪我们自己的纵容。只要允许政客继续像今天这样为商业套上各种枷锁，又如何期待商业和经济回到繁荣，让铁路公司恢复昔日的获利？

政府干预和管制无处不在：他们干预了内布拉斯加州的农场经营，现在这些农场主正在焚烧玉米，因为玉米现在的价格比煤炭价格还低；他们正在干预美国的进出口，而这将威胁美国的外贸。美国的煤炭资源丰厚，但是现在英国却向美国出口煤炭，美国第一次世界大战后确立起来的外贸优势地位逐渐被英国取代。

国会山那些政客不仅对铁路公司存在偏见，他们仇视一切行业的大型公司。认真分析你就会发现，国会山的政客喜欢控制一切经济和商业活动，剥夺个人财富。

立法机构之所以会抨击和限制企业的经营，并不是因为企业存在投机行为，而是因为国家发展过程中的部分人变得更加富有。但是，如果让这些人继续贫穷的话，那么整个国家也无法富裕起来。难道我们还要尝试一次美国总统克利夫兰第二届任期所进行的试验吗？当时民粹主义盛行，也是一个经济衰退、信任和信心缺失的时代。

现在的牛市已经见到了顶部，熊市的征兆出现，我们的股市和经济将何去何从？

第二十一章

一如既往有效的股市晴雨表

道氏理论对于分析和研判个股运动而言，可能没有什么大的价值吗？不过对于那些紧随大盘波动的个股而言，还是存在价值的。

——W. P. 汉密尔顿

当《股市晴雨表》首次在《巴伦周刊》上连载的时候，并没有依循此后作为书籍出版时才采用的顺序。当时的连载集中在 1912 年下半年。

实际上我在研究和运用道氏理论的时候并没有想过要出版一本书。因为我非常热爱自己所从事的新闻工作，能够将平时工作的成果集结成书只不过是副产品而已。

这些评论文章具有某种程度的现实批判主义特点，本书当中的第十五章很好地体现了这一点。当我将这章的内容交给《巴伦周刊》的主编时，其中描述的横向震荡走势是非常特别的，值得我们进一步探讨。

走势图中的横向震荡

所有研究过股票平均指数的人都会记得一条规律：指数日线走势图能够体现出筹码集中吸纳或者派发的情况。**当筹码出现饱和或者稀缺的特征时，指数向上突破或者下跌跌破横向震荡区域的边界则预示着未来的股市大势。**

横向震荡一般在 3 个点的幅度之内进行，**如果指数向上突破了横向震荡区间的上**

在道氏理论当中，横向震荡走势和N字结构是最为重要的形态。

边界，则意味着筹码供给衰竭，筹码变得稀缺，股价上涨才能增加筹码供给。

相反情况下，**如果指数向下跌破了横向震荡区间的下边界，则意味着筹码供给饱和，股价继续下跌才能增加对筹码的需求。同时也预示着大盘将继续下跌。**

当我将本书第十五章所含评论交给《巴伦周刊》的时候，市场正处于熊市的底部。当时市场正在形成一波横向震荡走势，于是我据此作出了大胆的预测。当时的我非常想要将道氏理论付诸实践和检验，但是周刊的编辑认为我这样的做法过于冒险了。

如果我当时能够坚守自己的想法，那么道氏理论就会在社会上引发更广泛的认可，取得一次全面的胜利。不过，编辑的劝告让我不得不谨慎从事。当时的那段横向震荡走势体现了1914年5月到7月的股市交投情况，波动率很低。无论站在历史检验的角度来看，还是站在行文权威性的角度来看，当时选择这段走势来评论和预测是完全正确的。让我感到欣慰的是，包含这段评论的专著一经出版就广受好评，销售量也超出了出版商的预期，达到了预期销量的好几倍。

本书以系列文章连载的方式在《巴伦周刊》上公开发表，使得我能够将道氏理论应用在当时的股票市场上。在这一系列的文章当中，我以极端乐观的口吻预测了当时正处于酝酿状态的牛市即将来临。不过，当时牛市征兆已经得到了广泛的认知，所以我做出的预测并没有让人印象深刻。

当本书再版的时候，出版商要求我更新内容。因为从《股市晴雨表》第一次出版到现在已经3年了，在这3年中市场又有怎样的发展，理论有什么新的进展和完善也需要在新版当中做足够的交代。

出版商的建议是有道理的，希望自己的幽默感能够避免读者认为我在夸耀自己的预测。不管怎样，我还是像第一版的成书过程一样，从《华尔街日报》的专栏中挑选出一些评论，用来证明从1922年以来道氏理论一如既往地有效。

一些成功的预判

从《股市晴雨表》公开出版发行以来，股票市场经历了一次牛市。在这轮牛市当中，工业股平均指数从 1921 年 8 月 24 日涨到了 1923 年 3 月 20 日，上涨幅度超过了 61 点。铁路股平均指数从 1921 年 6 月 20 日涨到了 1922 年 9 月 11 日，从 65.52 点涨到了 93.99 点，上涨幅度为 28.47 点。这轮牛市中，工业股指数仅仅比次年 3 月的最高点低了 3 个点。

《华尔街日报》和《巴伦周刊》对这轮牛市有非常清晰的认识和预见。1922 年 2 月 11 日，《华尔街日报》发表评论说："现阶段股市的趋势还是上涨的。"这篇文章的最后一段非常有意思：

很多人对目前的股市走势感到困惑，但是我们认为趋势向上，这轮牛市会持续较长时间，非常可能持续到 1923 年，而且会持续到经济和商业复苏和繁荣为止。

这段评论的观点非常清晰，这段评论基于道氏理论对股市趋势进行了预判。不仅如此，它还对经济和商业形势进行了预判。次年 6 月，20 种工业股平均指数上涨了 26 个点，《华尔街日报》及时发表了市场评论："目前而言，没有任何证据表明现在的牛市会在未来数月内结束。"需要大家注意的是，这轮牛市真的如评论预测的那样持续到了 1923 年。

牛市期间，1922 年 5 月 8 日，我们看到指数形成了横向震荡走势，但是并未就此推断熊市来临。5 月 22 日的时候，涨势恢复，我们继续坚持此前的判断，认为牛市会持续到 1923 年。

1922 年 6 月 16 日，我在波士顿接受采访的时候重申牛市会持续一段时间的观点，同时我强调如果能够出现一些回调，那么对牛市的延续更加有利。

1922 年 7 月 8 日，《华尔街日报》发表了《股价运动研究》（*Study in the Price Movement*）的文章，这篇文章注意到了当时的铁路股指数上涨受阻。不过随后的社论文章还是强调："虽然股市存在一些上涨阻力，但是指数仍旧呈现牛市特征。"

一波次级折返走势

虽然我曾经在本书其他章节宣称预测次级折返是一件不靠谱的任务，所以我也不鼓励道氏理论研习者勉强为之。但是，基于道氏理论预判次级折返仍旧存在可能性。从 1922 年 9 月起的《华尔街日报》和《巴伦周刊》一直试图寻找市场中出现次级折返，具体来讲是回调的迹象，并且在 9 月 19 日确认了回调走势的到来。

部分嘲讽者，特别是那些在预判市场上常常出错的人，认为这不过是瞎猫碰到死耗子而已。无论他们怎么讽刺，到了 9 月 30 日时，工业股指数已经从高点回落了 6 个点，同期的铁路股指数则回调了 4 个点。10 月 18 日的《股市运动研究》专栏文章中，我指出：

在经历了一波具有代表性的次级折返走势之后，启动于 1921 年 8 月的牛市就要重新恢复其上涨态势了。

要是我在这里不厌其烦地列出更多的成功预测，那么读者肯定会觉得厌倦，因此我不再继续赘述相关实例。

就我本人的偏好而言，我更倾向于将这些预测称为预判。11 月 3 日，《华尔街日报》又作出了牛市的预判。1923 年 1 月 16 日，大众开始讨论长时间的回调，不过当时的趋势还是向上的。

一次短暂的熊市

为了方便探讨，我们大致将那次短暂的熊市定位为 1923 年 3 月开始。当时工业股指数刚刚见到顶部。4 月 4 日，《股市运动研究》专栏文章指出大众注意筹码集中的派发特征，这是熊市开始的信号。

总体而言，这次熊市并未持续太长的时间。不过需要注意的是当时一些市场人士都看多市场，他们后来都逐渐认识到这是一轮熊市，而非一波回调。为什么他们的判断会出错呢？因为此前的牛市显然影响到了他们的判断，他们简单地认为这轮下跌不过是牛市中的回调而已。

从铁路股指数来看，这轮熊市结束于1923年10月27日，而工业股指数的跌幅为20个点，铁路股指数的跌幅为17个点。但是，铁路股指数的真正低点出现在1922年8月。

总之，这次持续时间不长的下跌是趋势向下的主要运动，但是也可以认为这是1921年开始牛市的一部分。当1921年牛市开始的时候，《华尔街日报》以系列文章宣告了牛市的到来，当时还有不少人嘲讽我们对股市太过乐观了。

税收的冲击

现在的股市无疑又增添了一个新的驱动因素，这一新驱动因素的影响已经折射到了两大指数的波动上。国会整个夏天都在开会讨论税收问题。

《华尔街日报》在当时曾经全面而深入地剖析过政治干预对商业的影响，这种干预还会进一步影响到股市晴雨表的效力。1923年，所得税处于高位，8月29日的《华尔街日报》发表了评论指出：

过去数月当中，股市晴雨表受到某种驱动因素的影响，而出现了误差，而这种因素在此前的牛市中并未出现。现在指数出现问题，肯定是有原因的，这就是累进所得税带来的影响。

经纪商都清楚最近许多公司的大股东都在出售派发股息红利的普通股，而两大指数中的成分股有四分之三都属于这种类型。虽然从1921年秋出现牛市以来，这一因素就开始发酵，但是直到现在真正可以被称为影响股市的新驱动因素。

股市晴雨表的理论基础是建立在未来收入流贴现基础上的。股票市场出现下跌走势，往往都是因为收入流的贴现值下降了。但是，贴现因子出现了新因素，导致股市出现了抛售压力。而这对指数存在结构性影响。

这就好比一块烧红的焦炭或者一块冰放在温度计旁边，让温度计的读数出现重大偏差。现在的所得税政策非常极端，但是期望国会让所得税恢复到恰当状态几乎是不可能的。

这样极端的税收政策是不可能持续下去的，但是需要很长时间纠正。只有到了那个时候，20种工业股指数和铁路股指数才会恢复其正常效力。

富有的投资者不会持有回报率只有6%的普通股。现在的税收政策使得普通股很难受到投资者的青睐，因为他们要上缴更多的个人所得税。所以，在过去几个月当中他们持续不断地抛出手中的股票，多少有点抗议的味道。

从经济的角度来看，这种抛售是理性的。但是，这种抛售引发的指数波动并不能预测商业和经济形势。

国会并不明智的高税收政策，阻碍了投资，也扭曲了指数作为股市晴雨表的效力。

现在，国会正尝试消除所得税政策变化带来的短期影响，不过各州的具体税收政策仍旧有重要的影响。

一轮新牛市

倘若我说但愿自己没有写作《股市晴雨表》一书，那肯定是虚伪之辞。但是，我确实要说一些所谓的内幕人士和金融骗子打着道氏理论的幌子，其实一知半解，到处兜售一些错误的判断。

1924年2月4日，《华尔街日报》发表了一篇评论文章，批评上述“伪道氏理论专家”的荒唐言论：

按照道氏理论研究指数的方法，我认为在经历一次仅仅持续8个月的短暂熊市之后，我们正处于一轮牛市运动的开端。现在股市仍旧处于较低的位置，可以认为这轮牛市开始于1923年11月1日。不过，**牛市正式确认是在1923年12月，当时工业股平均指数和铁路股平均指数均向上突破了横向震荡的密集区。**

这篇评论指出了这轮牛市诞生的背景：第一，股票整体上处于低估的状态，价格显著低于价值；第二，目前的股价并未贴现未来可能的商业扩展和经济繁荣。

小规模的次级折返往往是技术超买或者超卖导致的；大规模的次级折返除了技术因素，还有一些驱动面或者心理面的因素主导。

股市晴雨表再一次做出了正确的预判。商业扩展和经济繁荣如约而至，虽然在下半年有所放缓，但是整体趋势向上。**当商业和经济的增长放缓时，两大指数均以回调走势做出了预示和确认。**工业股平均指数从 8 月 20 日的 105.57 高点跌到了 10 月 14 日的 99.18 低点。同时，铁路股平均指数也在 10 月 14 日见到了低点，跌幅超过了 6 个点。

回调结束之后，牛市的势头恢复，涨势也更加强劲了。股市在大选结束之后变得更加活跃。与之形成鲜明对照的是许多所谓的行家建议大众落袋为安，甚至建议做空股市，因为他们认为基本面利好已经结束了。虽然利好已经兑现部分，但是真正的利好远超预期，这就好比大选之前大众预测柯立芝（Coolidge）将以 12：1 的优势击败戴维斯（Davis），而事实上却是以 40：1 的优势取胜一样，优势远超预期。远超人们预期的利好其实就是股市晴雨表此前提示的宏观经济和整体商业形势将步入持续景气状态。

市场条件的非结构性改变

在现在的牛市当中，市场条件出现了一个非结构性的改变。下面是我发表在其他媒体上的评论，专门谈及了这一非结构性的变化：

我们能够通过工业股平均指数和铁路股平均指数，以及两者的相互印证，洞悉股市的三层次运动。基于道氏理论的三层次运动模型，我们可以非常准确地预判股市的主要运动和持续情况。但是，现在的牛市受到了一种新的技术因素的影响，使得我们必须开始认真思考这一技术因素带来的约束。

虽然从证券交易所撤销非上市部开始，证监会（Stock Exchange Governing Committee）过去很多年持续加强对商业活动的监管，但是实质上的监管加强是最近才开始的。最近一段时间，他们出台了一系列更为严格的监管法规和措施。也是在最近两年的时间当中，证监会才明确告诉大型经纪商，它们应该根据自身的资本情况，决定自营交易的规模。在此之前，一家经纪商大肆招徕客户，因为它认为这样可以扩大在股市上的交易规模，赚取更多的佣金。

不过，由于新的监管措施执行，经纪商必须提高自己资本的充裕度来进行自营交易，而不是通过挪用客户的资金或者股票来进行买卖。经纪商可以在法律允许的范围之内为客户交易，从中赚取更多的佣金，这是行业内公开的秘密。这样的做法对于经纪商而言非常安全，因为它们不会亏掉自己的资本。新规出来以后，它们的经营策略必须相应地发生变化。在牛市期间，自营盘想要赚取更多的利润，就必须尽可能多地买入股票，并且利用盈利加码，持有不放，当市场极端超买的时候兑现利润，这样就可以用这些利润抵补此前在回调时遭受的亏损了。

自营盘应该这样操作，因为经纪商无法通过挪用客户的资金为自营盘赚取额外的利润。同时，经纪商也无法直接替客户操盘了，一些客户变成了更加长线的交易者，而且不采用杠杆，这就意味着他们持股的时间更长了，交易频率也下降了，而这导致经纪商可能在数周才能收取一次买卖的佣金。经纪商当然希望客户每天频繁交易，能够赚取更多的佣金，不过频繁交易的做法除了有利于经纪商和证交所之外，客户这样做是有百害而无一利。毕竟，想要通过猜测日内波动而盈利，不是一种投机，而是纯粹的胡乱赌博。

新的监管措施带来一些影响。一些小的经纪商由于缺乏充足的资本而无法给客户提供融资杠杆，由此导致小客户不得不用全资买卖股票，而大客户则可能通过场外的方式融资，如通过全国各地的银行机构。这就使得我们在统计市场中的多头资金规模存在误差，但同时也给股市带来一定程度的稳定性，当然现在还无法确认这种稳定性。由于部分小客户没有采用融资，而部分大客户采用的是分散的场外融资，这就使得经纪商不再是融资的集中来源，而这降低了经纪商因为自身资金问题而集中平仓卖出的可能性。

另外，这样发展下去，那么经纪业务会向少数几家实力雄厚的经纪商集中，因为它们有充足的资金经营自营盘，不会挪用客户的资金，并且它们能够给客户提供充足的融资。不过，在新的市场条件下，并未出现足以改变股市晴雨表的规则。

股市晴雨表的最新信号

在结束本书之前，我应该提出自己对 1925 年 8 月股市晴雨表的看法。当时，我对自己的观点比较谨慎。现在来看，上涨强劲，从指数来看牛市并没有见顶迹象。

从 1923 年下半年那轮短暂的熊市结束算起，本轮牛市并未持续太长时间。许多股票现在仍旧处于价值被低估的水平。虽然铁路股平均指数和工业股平均指数已经上涨了一定幅度，但是其中大部分成分股的价格仍旧低于其内在价值。上述这些特征表明上涨走势将会持续到明年，但其间可能出现一些幅度较大的回调走势。

从《股市晴雨表》首次出版以来，任何情况和事件都没有撼动我对运用道氏理论来洞悉和预判股市走势的信心。**道氏理论对于分析和研判个股运动而言，可能没有什么大的价值，不过对于那些紧随大盘波动的个股而言，还是存在价值的。**

投机者选择的个股的表现可能逊色于大盘，甚至一直落后于大盘。因此，在此情况下还不如交易那些紧随大盘的个股。

我并不鼓励普通人从事投机交易，相反我认为可以将股市作为商业的晴雨表，用来辅助商业运营。令我感到欣慰的是，美国商界已经开始注意到了股市对于商业大势和宏观经济的预测作用。道氏理论尽管持续遭到一些权威的抨击，但是在预测和指导美国商业和经济发展的岗位上，它默默耕耘，低调地发挥自己的作用。

这轮超级大牛市要到1929年才结束。

道氏理论更适合于贝塔交易还是阿尔法交易？

第二十二章

关于投机的一些思考

在缺乏思考的人看来，所有个股都是一样的，事实上每只股票都有自己的个性。

——W. P. 汉密尔顿

许多年前，美国南部的一个州曾经颁布法规禁止参与或者举办任何赌博游戏。当然，这项法规是非常可笑而愚蠢的，因为想要毫不合理地禁绝一切赌博游戏反而会激起人们跃跃欲试的兴趣。不过，某个小镇的一位警长却下定决心要执行这一法规，因此逮捕了一群在谷仓里玩牌的年轻人。当时，被告的辩护律师声称可怜的委托人确实在玩牌，但是并未涉及赌博，只是游戏而已。当时的庭审并不像现在这么严谨，由此辩护律师的说辞也并不会被认为不严肃。由于法官和陪审团的人平时也玩过纸牌，心里清楚无法避免赌博的嫌疑，因此他们怀疑辩护律师的主张并无太多说服力。但是，这位倔强的律师并不因此打退堂鼓，他继续说："倘若尊敬的法官允许我向陪审团成员演示一遍这个纸牌游戏的话，那么我就能够使他们确信这不是赌博，而仅仅是游戏而已。"

一场并非赌博的游戏

律师这一请求听起来似乎非常合理，因此法官和陪审团商量了一会儿，没等多久就同意了这一请求。在经历了大约 1 小时的演示之后，陪审团重回法庭，一致认为年轻人玩的纸牌游戏并非赌博。

讲完了故事，我们回到正题，也就是投机。如果我不对投机本身发表一些看法，顺便向投机者提供一些务实的建议，那么这篇文章就是虎头蛇尾的。投机必然涉及运气和概率，但是投机者往往会堕入完全碰运气的赌博之中。

我并不知道那位辩护律师是如何说服陪审团的。不过，如果门外汉来到华尔街，用着纯粹赌博的幼稚心态来参与投机，那么专业人士必然让他们领教到真正成功的投机并非毫无章法的赌博。当然，真正成功的合法投机是不需要去做任何违法的欺诈行为的。

股市晴雨表为投机保驾护航

我需要再次澄清一点：道氏理论并非一个用来战胜市场的法宝。这个理论并不能将华尔街变成你的提款机，让你轻轻松松地不断从华尔街获得丰厚的收益，世上没有这么轻松而毫无风险的好事。但是，道氏理论能够让那些睿智而勤奋的投机者通过股市晴雨表为自己的交易保驾护航。如果道氏理论不能做到这一点，那么这本书也就毫无价值了，此前的讨论也就没有意义了。

如果投机者掌握了主要运动，那么肯定会从交易中获利。如果一个投机者仅仅因为一些小道消息而盲目入市，根本搞不清楚市场处于上涨趋势还是下跌趋势，那么就可能倾家荡产。

反之，倘若这个投机者认真研究过市场，很好地利用了上涨趋势中的回调逢低买入，那么就很可能从华尔街捞到钱。要想挣钱，必须学会思考。但是部分人从来都不想或者不愿，或者不会思考，那么他们在华尔街就注定只能赔钱了，剩下来的人生都会咒骂证券交易所纯粹是一个赌场，一个人间地狱。

投机与赌博

在缺乏思考的人看来，所有个股都是一样的，事实上每只股票都有自己的个性。例如，从上市机制和监管保护措施来看，美国钢铁的普通股与最近场外发行交易的汽车股和石油股是完全不同的个股。

美国钢铁的普通股在一个良好的受到严格监管的市场交易，股权较为分散，筹码分布合理。相比之下，场外发行交易的汽车股和石油股则是在一个监管松散的市场交易，相关上市公司的业务并不成熟，缺乏足够的信息披露。一个外行想要介入场外市场的股票时，需要做好前期的调研工作，否则就是胡乱的赌博，而非严谨的投机。

另外，保证金交易就其实质而言，就有一些赌博的因素。在这里，我并不想讨论赌博涉及的道德问题。除非赌博涉及贪婪的原罪，否则我不知道任何宗教戒律会反对赌博。我认识一个美国圣公会的主教（Episcopalian Bishop），当我和他一同打桥牌时，也会利用一些现金做筹码，但我这不是在制造罪业。

倘若一个门外汉进入一个坐庄的市场中，而这个门外汉毫不知情，但却采用了保证金交易，那么这就算得上是一场纯粹的赌博了。在这样的格局下投机，相当于完全凭运气的赛马赌博一样，此时一旦亏损可能他就会输掉全部筹码。

投机与赌博是完全不同的。我不希望某天美国大众中的投机进取意识消失了。倘若真的有这一天或者说美国政府禁止一切带有运气成分或者具有不确定性的活动，为的是培养“谨慎的良好公民”，那么必然会带来糟糕的结果。倘若你走进华尔街，那么就在百老汇大街稍事停留，你会透过栅栏看到三一教堂的公墓，那些过世的人不再有机会去冒险和投机，这就是所谓的“谨慎的良好公民”。

一个人要成功需要策略上的弹性思维，以及承担合理风险的勇气。

投机的选股之道

假设一个投机门外汉已经分析过了股市的大盘和大势，接下来的步骤就是挑选个股了。倘若他心里只想着挣快钱，那么就不会花精力和时间去研究个股，他只是将自己的资金押注在某只股票上而已。

如果一只并没有正式上市，或者一只股票是新上市的股票，又或者是一只股票的大部分筹码被公司内部人士掌握，那么小资本的投机者还是不要去介入这样的股票。这条规则非常有价值。当然，这也是一个近乎苛刻的投机守则，不过至少小资本的投机者应该尽量避免在上述这些类型的股票上承受过大的风险，毕竟我们要根据自己的资本实力和风险程度来投机。

当一只股票在证券交易所上市之后，通常情况下这只股票就拥有了一个长久的可靠交易场所。不过，仍旧存在少数几个人掌控大部分筹码的危险情况，例如，斯图兹汽车公司（Stutz Motors）就是这类情况。我们最好不要去碰这类股票，除非投机者对这类股票和上市公司非常了解，具有一些信息上的优势。当然，介入这类股票还需要考虑充足的资本问题。

保证金涉及的问题

接着，我们需要谈论一下保证金涉及的问题。华尔街当中一些不必要的损失，往往与搞不清楚多少保证金才算充足有关。证券经纪商们总是在竭力招徕生意，因此他们总是极力鼓动那些才入市的股民只需要 10%的保证金就够了。这就意味着只需要 100 美元，就能购买价值 1000 美元的股票。

10%的保证金是绝对不够的，或者说只能避免交易。查尔斯·H. 道在 1920 年就为此撰写过专题文章，他指出："如果一个人以 10%的本金买入 100 股股票，同时将初始停损设置在 2%的幅度上，那么意味着他肯定会损失四分之一的本金，当然这还不包括佣金和手续费。"显然，这样的人过不了多久就会被股市清理出局。

查尔斯·H. 道是一个非常认真严谨的人，他讲的上述这番话，肯定是有道理的。他还曾经强调过，如果一个交易者正确地判断某只股票的价值被低估了后，采用分批建仓的方式每次买入 10 股，只有盈利后才加码，那么比起一次买入 100 股而言，尽管不能完全避免亏损的可能性，但是更容易盈利。

当然，一个只有 1000 美元本金的交易者可能无法买入 100 股，除非股价特别低。例如，美国钢铁的股价曾经有一段时间特别低，每股低于 10 美元。

本金或多或少的交易者

本金较小的交易者经常在实际操作的时候容易犯下摊平亏损的错误。他们一开始就认为市场会持续下跌，于是越跌越买。既然认为市场会下跌，为什么不在底部一次买入呢？他们的判断和操作上存在各种矛盾。倘若第一次买入后市场继续下跌，说明市场并未像他们设想的那样处于上涨趋势。

虽然一些资金雄厚的投机大佬确实用这种逢低加码的方式买入股票，如杰伊·古尔德（Jay Gould），但是这种方法并不适合资金较少的投机者。为什么古尔德采用这种方式呢？**第一，古尔德并不是采用保证金形式买入，他通过自己场外募集到的钱全资买入；第二，古尔德在买入股票之前经过了认真而全面的分析和思考，而对于那些小资本的投机者而言，缺乏必要的信息和分析团队；第三，古尔德具有市场号召力，一旦他不停买入，就会提升股票上涨的预期；第四，古尔德的买入量很大，往往是为了获得公司的控股权，在牛市当中很难买到这么多筹码，而在下跌走势中则要容易得多，特别是熊市时。**

小投机者很难具有这么宏大的格局和资金实力，除非他们全身心投入其中，在专业素养和资金规模上不断提升。有许多人确实走上了这条道路，在前面的章节当中我列出一些成功的实例。他们算得上是职业投机者，不过现在我主要讨论那些业余投机者。

只要这些业余投机者具备必要的基础知识，也能在市场上不处于劣势。不过，如果他们听一些道听途说的小道消息，将仅有的1000美元投入到赌博之中，那么一旦遭遇亏损，也就只能自食其果了，不能怨天尤人。在这场交易中，这个投机者更像是赌徒，而非真正的投机者。或许他应该把钱押在赛马上，这样或许更好一点。至少，他能够在户外度过美好而健康的一天，而且观看赛马的环境要比坐在报价机前面好得多。

引用一段查尔斯·H. 道的评论

查尔斯·H. 道在1901年7月11日《华尔街日报》的一篇市场评论文章中指出：

倘若一个股票交易者，无论资本多寡，能够将股票交易看作是一项年收益率为12%的投资，而不是希望通过股票交易每周赚取50%的收益率，那么从长期来看，他会获得更好的业绩。慢就是快，在经营自己的生意时，许多人都明白这个道理。那些经营商业或者是制造业、地产业的成功商人们，在经营实业的时候谨小慎微，同时富有远见，但等到处理股票相关的事务时却认为应该采用截然不同的行事风格，这真是荒谬透顶的想法和做法！

同样在这篇评论中，道继续说道，投机者其实在刚开始踏入股市之时就能够避免自己陷入财务困境之中。前提是他能够控制自己的仓位，限制风险暴露程度。当他持有恰当的头寸时，他就能做出清晰的研判，同时也能够及时止损，或者转向其他股票的交易。简而言之，当他不持有过重的头寸时，才能更加镇静自若，不会因为重仓而患得患失，同时也给自己的操作留有余地。

道的这篇评论的价值是永恒的，无论过去还是现在，甚至将来都是如此。踏入华尔街的交易者必须学会及时接受损失。此前，我曾经说过股市上亏损的最大原因在于固执己见。倘若你买入一只股票后，发现其价格迅速下跌，那就表明你此前的观点被市场证伪了，你没有考虑某些重要的因素。

持有的头寸会极大地影响你的判断！离场就是旁观，旁观带来客观！

当投机者心存恐惧时，就很难客观地看待股票走势。只有做到不为眼前的盈亏变化所迷惑，你才能客观看到价格波动。**如果你不能及时离场止损，那么亏损的变化就会紧紧抓住你的心，让你无法客观思考，迷失在行情走势之中。**

投机需要回避冷门股

读者应该还记得我在前面的章节提到过一个错失机遇的年轻人，他决不与杰伊·古尔德合伙，因为他在场内执行古尔德的委托时，发现古尔德亏得多，赚得少。

事实上，他的眼界和思维都过于狭窄了，没能看到真相。一方面古尔德将委托分散给许多经纪人执行，另一方面古尔德的部分单子是用来试探市场的。当他测试出市场的真正态势，就会通过其他经纪商来执行真正的交易。当然，从这一实例也可以看出，如果股票的交易不活跃，属于冷门股，那么也存在很大的风险，一是缺乏波动机会，二是很难吸引跟风盘，三是大单进出几乎不可能。

尽管在申请银行质押贷款的时候，这类股票不太受欢迎，不过今天的经纪商或许能够想出更好的办法就提高这些股票的交易量。

但是，经纪商们想出来的这些权宜之计是否能够在明天继续维持这些股票的活跃度？那些特殊办法可能在今天能够激发成交量，但是活跃之后可能再度归于沉寂之中，接下来可能连一次成交都没有。这种阶段情况下，卖家必须做出重大的让步才行，而买家往往来自于造市的专业人士。这样的交易不能通过保证金完成。

与钢铁或者纺织行业有密切业务关系的投资者或许会接受美国钢铁、伯利恒钢铁（Bethlehem Steel）以及美国毛纺的股票，因为他们认为尽管这些股票的交投不活跃，但是存在一个永久的正式市场。

联合交易所

我在纽约证券交易所有不少的朋友，在华尔街其他地方也有一些朋友，因此我知道一些有关联合交易所（Consolidated Exchange）的情况。通常而言，只有少数证券经纪商会为每手不足 100 股的交易提供服务，大概只有不到 10 家经纪商提供这样的服务。不过，联合交易所却持续为这些小额交易提供撮合和结算服务。

不管从哪个方面来看，联合交易所都算得上是一家信誉极高的证券交易所，其会员受到统一的监管，同时投机者也有监督其经纪商的权利。如果一个刚踏入华尔街的小交易者选择参与活跃股，那么他们往往也能够在联合交易所参与这只活跃股。

投机者想要参与的股票必须是认真研究过的，而且筹码分散，这些特点是场外交易的股票所不具备的。当然，我这里毕竟不是在讲它们的坏话。但是这类股票在场外市场交易的上市公司要想申请银行贷款的话，非常困难。有一家参与场外交易的经纪商一致声称对所有客户的条件都是一样的，都是按照 10%的保证金要求，但我对此保持怀疑。

不管怎样，你一定要把杠杆降低一些，10%的保证金要求其实存在很大的风险，你应该考虑到自己的风险承受能力，以及自己的资本数量。如果除了股票投资之外，还经营着其他生意，而前者是你维持其他生意的重要资金来源，又或者是你需要依靠股票交易养家糊口，那么你就必须严格控制住自己的交易风险，以免铸成大错，后悔不迭。

或许上述说法有违你的直觉，但是我们需要明白一个常识，如果押注超过了自己的风险承受能力去追求那些渴望的东西，其实就是在进行一场必输无疑的赌博。

审视做空

做空专业化是大势所趋，比如香橼和浑水等股票专业做空机构兴起，正是这种趋势的体现。

指数作为股市晴雨表对投机者有什么帮助呢？其实，有很多途径。首先，除非一只股票走势独立或者反常，否则它不太可能与指数走势背离，因此我们通过判断指数走势来判断个股涨跌的概率和机会。

交易者要想做空上涨趋势中的回调，则必须具有敏锐的盘感和及时的消息来源。在本书中，我较少涉及做空的问题。那些在牛市中做空的交易者其实是在打赌回调会出现。除非这类做空者是场内交易者或者专职交易者，否则一定会遭受巨大的损失。

我在这里并不想探讨做空的道德问题。毕竟，在全球的每一个金融市场当中，都存在大量的做空操作。做空交易者相当于先从别人那里借到股票，然后在市场上卖出，获得资金，此后再利用资金将股票从市场上买入，归还给借出股票的人。

从指数体现的走势规律来看，买入做多通常比做空的收益更高，这可能是因为牛市持续时间比熊市更长。整体来讲，做空难度更大，除非你是专业人士，否则最好不要自己操作，而应该委托业绩良好的职业做空者操作。

趁市场回调时买入

股市晴雨表只能告诉我们股市是否已经从熊市转为牛市，但是不能预先告诉我们什么时候股市会从熊市转为牛市。从之前对股市运动的研究中可以发现，在主要趋势形成之前，股市可能会经历数周的横向震荡走势。在趋势并不明确的时候，一些投机者急于买卖，交易频繁，不断支付佣金和手续费给经纪商，逐步地消耗掉本金。这些投机者常常等不到趋势的来临。

道氏理论是趋势确认理论，指数是趋势确认工具，但是股票平均指数往往领先于整体商业和经济形势。

我们应该耐心等待，一旦趋势确认，就应该买入股票。买入股票之后，如果股价下跌，且触及初始止损，就不能死守头寸，而应该毫不犹豫地卖出，接受亏损。**如果趋势继续确认向上，则可以等到股价回调的时候，逢低买入。回调末期，如果成交量极端低迷，是逢低买入的最佳时机。**

这个时候交易者会再度买入股票，并且不断加码。但是，加码买入并不是采用我们此前提到的随着下跌不断买入，而是随着行情上涨不断买入。这是股价的每次每一波上涨都会提供其本金的安全系数。交易者顺势加码的时候，只要没有累积过高的仓位，以至于成为被攻击的目标，那么就很可能赚到超出预期的利润。

我听说过许多人在华尔街亏钱，但是很少听到有人在华尔街赚钱。在我看来，大赚一笔钱的人通常都非常低调，不善言辞，也很少有人承认自己的财富来自于成功的投机。相比于“投机”这个词，他们更喜欢称之为“成功的投资”。

在人生的某一阶段，甚至整个人生，我们都曾经采用过最无效的做法，那就是抱怨和当别人生活的评论员！怨天尤人，毫无用处；顺天应人，才是王道！

其实，只要融资方能够遵守合约协议，那么按揭买房与融资买股实质是一样。在这个繁荣和民主的时代，人人都喜欢评判和发表意见。不过，我还是要说只要投机者投入的是自有资本，当然也包括他借贷而来的资本，那么他如何操作是他自己的事情，他人没有权利去干涉。

亏钱之道（1）

股市上还存在一类投机者，他们常常忘了自己进场之前的判断，也因此在股市中亏了不少钱。有一个我认识的股票交易者，他询问我对艾奇逊铁路的看法。我将自己对这家铁路上市公司的看法和盘托出，分析了这家公司的前景和业绩，以及整个美国铁路行业的明天。

在聆听完我的分析之后，他认为艾奇逊普通股的价值被低估了，于是便买入一些。如果他当时能够坚持自己的判断，坚定持有筹码就能大赚一笔。

不过，市场传言误导了他。当时，一些利空传言纷至沓来，诸如“大户抛售”“国会加强立法监管”“工人罢工”和“农作物歉收”等消息弥漫整个市场。这个交易者开始被这些利空传言影响，一旦股价出现波动，他就变得十分紧张，慌乱中他卖出了股票，出现了损失。他完全忘记了最初的判断，也没有征询我的意见。

其实，我真的希望他能够更加淡定一些，很不幸的是他没有经受住市场传言和情绪的干扰。后来还有一回，他在听了别人的分析之后来找我，看我是否能够提出有信服力的反对意见，这种做法确实是明智的做法。

亏钱之道（2）

在华尔街存在另外一种亏钱的情况。一个投机者预期市场将会出现一次快速的上涨，而这将极有可能带动某只个股上涨大约 4 个点。他注意的这只股票一直交投活跃，但是他没有意识到预期中的 4 个点涨幅已经有 1.5 个点贴现在股价上了。

他迟疑了一会儿，是不是应该买入这只目标股。在犹豫中，股价的上涨已经接近尾声了。他还是没有下定决心买入，但此时股市再度变得低迷，而这只股票的波动也结束了。市场上那些专业交易者们已经将注意力转向了其他热门股，但是这个投机者仍旧死守在这只过气的股票上，并未意识到其实他已经错过了此前的机会。倘若他能够客观而理性地看待这件事情，那么他将获得一次非常有意义的教训。

在上述这个案例当中，这位投机者完全忘记了此前的预判。如果他预测的股市波动已经接近完成了，那么就不应该因为不甘心而勉强买入。如果他没能忍住买入了，接下来的走势触及了初始止损或者跟进止损，那么就应该承受亏损或者兑现微薄的利润，等待下一次机会。

我所认识的许多投机者都缺乏耐心，而且不能吸取教训。他们频繁交易，而且孤注一掷，这就好比大海中的一叶小舟。

华尔街财富的流动

大众通常存在一种普遍的偏见，认为那些商誉良好的证券经纪商是从客户的亏损中赚钱的。其实，那些商誉良好的证券经纪商不仅希望他们的客户能够从股市中赚钱，也会努力帮助客户做到这一点。或者说，这些经纪商至少会努力帮助客户减少损失。

只有那些干着违法勾当的经纪商或者是不合法的对赌经纪行才会每天换一批新的客户压榨。我个人所熟悉的那些诚信的经纪商总是带着一种自豪感告诉我他们有一批老顾客，不论股市涨跌，都与他们在一起。我现在能想起来的券商老顾客，已经是某家优质券商接近 50 年的客户了。

当我提笔至此的时候，我觉得很有必要提到一位颇具耐心和才智的投机者。此君同时也非常淡定从容。我的书正是为这样的投机者而写的。

我在这里并非有意为证券交易所招徕生意。每当我听到有人说普通大众总是在华尔街遭遇损失时，就会想起一个故事。一个年轻的犹太人询问自己的父母，那些非犹太人的财富是从哪里来的？因为他们手中那些财富曾经是我们从他们手中获得的。这个故事其实讲述的就是华尔街的财富在不停流转，不会在某个人手上停留太久。

倘若说华尔街的股票交易真的让人亏损了，那么这些亏掉的钱又到了哪里？经纪商的佣金相当于中间人的利润吗？从某种角度来讲，确实如此，但绝非对华尔街有偏见的人想的那样。

华尔街相当于一座贮存了大量资本洪流的水坝。倘若经济和商业缺乏一个可以自由交易的证券市场，那么大型公司也无法诞生。自由**市场本身就具有非凡的经济和社**

会价值。两只质地一样的股票，能够自由交换的那只可以获得 5~10 个点的流动性溢价。华尔街正是为我们提供了这样的自由交换市场。

结 语

轮到对股市晴雨表进行总结了。在这本专著中，我绝没有鼓励任何缺乏意志力和雄心的人去股市中赌博，也没有鼓动那些缺乏鉴别力的人在一天之内输光本钱。

不过，人人都有自己的自由，是否踏入华尔街、进入股市也是每个人的自由。虽然有许多法律来约束人的行为，但是每个人在法律允许的范围内还是拥有许多自由的。

我们可以设想法律禁止投机交易，结果必然导致美国的整体商业和宏观经济陷入停滞状态。相反，我们却难以设想法律规定每个人必须进入华尔街的股票市场，当有人不愿意的时候可以强制他进入。

我撰写这本专著的目的就是让大众学会如何在踏入华尔街的时候学会自我保护，至少让投资者明白，他不仅有公平的机会去参与，也能够真正赚到利润。

附录 1

THE BREAK IN TURPENTINE

In the beginning of the beginning the distillers of turpentine carried competition to the quarreling point.

It was Alfred Neustadt, a banker in a famous turpentine district, who first called his brother-in-law's attention to the pitiable sight. Jacob Greenbaum's soul thrilled during Neustadt's recital. He decided to form a turpentine trust.

First he bought for a song all the bankrupt stills—seven of them. Then be secured options on nine others, the tired-unto-death plants. Then the banking house of Greenbaum, Lazarus & Co. stepped in. Interested accomplices, duped or coerced into selling enough other distillers to assure success, cajoled the more stubborn, wheedled the more credulous, gave way gracefully to the shrewder and gathered them all into the fold. The American Turpentine Company was formed with a capital stock of $30000000, of 200000 shares, at $100 each. The cash needed to pay Greenbaum, Neustadt and others who sold their plants for "part cash and part stock" was provided by an issue of $25000000 of 6 per cent bonds, underwritten by a syndicate composed of Greenbaum, Lazarus & Co. L. & S. Wechsler, Morris Stelnfelder's Sons, Rels & Stern, Kohn, Fischel & Co., Siberman & Lindheim, Rosenthal, Shaffran & Co. and Zeman Brothers.

In due course of time the public subscribed for the greater part of the $25000000 of bonds, and both bonds and stock were "listed" on the New York Stock Exchange—that is, they were placed on the list of securities which members may buy or sell on the "floor" of the exchange.

Tabularly expressed, the syndicate's operations were as follows:

Authorized stock	$30000000
Authorized bonds	25000000
Total	$55000000
Actual worth of property	$12800000
Aqua pura	$42200000

Paid to owners for forty-one distilleries, representing 90 per cent of the turpentine production (and 121 per cent of the consumption!) of the United States:

Cash from bond sales	$8975983
Bonds	12000000
Stock	18249800
Total	$39225783
Syndicate's commission, stock	$12958600
Retained in company's treasury, unissued	2000000
Expenses and discounts on bonds, etc.	785717
Total	$55000000

These figures were not for publication. They told the exact truth. It remained for the syndicate to make a "market."

All the manufacturers who had received stock in part payment were told most impressively by Mr. Greenbaum not to sell their holdings under any circumstances at any price below $75 a share.

Mr. Greenbaum took charge of the market conduct of "Turp," as the tape called the stuck of the American Turpentine Company. At first the price was marked up by means of "matched" orders-preconcerted and therefore not bona fide transactions.

In the course of the next few months, after a aeries of injudicious fluctuations, which gave to "Turp" a bad name, even as Wall Street names went, despite flowing accounts of the company's wonderful business, and after distributing less than 35000 shares, the members of the "Turpentine Skindicate," as it was popularly called, sorrowfully acknowledged that, while they had skillfully organized the trust and had done fairly well with the bonds, they certainly were not howling successes as manipulators. During the following months they sold more stock. They spared not the widow nor the orphan. They even "stuck" their intimate friends. They had sold for something that which had cost them nothing; it was natural to wish to sell more.

It was decided to put "Turp" stock in the hands of Samuel Wimbleton Sharpe, the best manipulator Wall Street had ever known. Greenbaum said he would conduct the negotiations with the great plunger.

Sharpe was a financial freelance, freebooter and freethinker. Greenbaum was promptly admitted to Sharpe's private office. It was a half darkened room, the windows having wire screens summer and winter. In order that prying eyes across the street might not see his confidential brokers, whose identity it was advisable should remain unknown to the street. He was walking up and down the room, pausing from time to time to look at the tape.

"Hallo, Greenbaum."

"How do you do, Mr. Sharpe?" quoth the millionaire senior partner of the firm of Greenbaum, Lazarus & Co. "I hope you are well?" He bent his head to one side, his eyes full of caressing scrutiny, as though to ascertain the exact condition of Sharpe's health. "Yes, you must be. I haven't seen you look so fine in a long time." "You didn't come up here just to tell me this, Greenbaum. Did you? How's your Turpentine? Oh" —with a long whistle—"I see. You want me to go into it, hey?" And he laughed—a sort of half chuckle, half snarl.

Greenbaum looked at him admiringly; then, with a tentative smile, he said: "I am discovered!" "Well?" said Sharp, unhumorously.

"What's the matter with a pool?"

"How big?" coldly.

"Up to the limit." Again the trustmaker smiled, uncertainly.

"You haven't all the capital stock, I hope."

"Well, call it 100000 shares." said Greenbaum, more uncertainly and less jovially.

"Who is to be in it besides you?"

"Oh, you know; the same old crowd."

"Oh, I know," mimicked Mr. Sharpe, scornfully, "the same old crowd. You ought to have come to me before. It will take something to overcome your own reputation. How much will each take?"

"We'll fix that OK if you take hold," answered Greenbaum, laughingly. "We've got over 100000 shares and we'd rather some one else held some of them. We ain't hogs. Ha! ha!"

"But the distillers?"

"They are in the pool. I've got most of their stock in my office. I'll see that it does not come out until I say so."

There was a pause. Between Sharpe's eyebrows were two deep lines. At length he said:

"Bring your friends here this afternoon. Good-by. Greenbaum."

On the minute of 4 there called on Mr. Sharpe the senior partners of the firms of Greenbaum, Lazarus & Co., I. and S. Wechsler, Morris Steinfelder's Sons, Reis & Stern, Kohn, Fischel & Co., Silberman & Lindheim, Rosenthal, Shaffran & Co. and Zeman Bros.

Mr. Sharpe appeared at the threshold.

"How do you do, gentlemen? don't move, please; don't move." He made no motion to shake hands with any of them, but Greenbaum came to him and held out his fat dexter resolutely and Sharpe took it. Then Greenbaum sat down and said. "We're here," and smiled blandly.

"Greenbaum tells me you wish to pool your Turpentine stock and have me market it for you."

All nodded; a few said "Yes"; one—Lindheim, aetat 27—said flippantly, "That's what."

"Very well. What will each man's proportion be?"

"I have a list here, Sharpe," put in Greenbaum. He intentionally omitted the "Mr." for effect, upon his colleagues. Sharpe noted it, but did not mind it.

Sharpe read aloud:

	Shares.
Greenbaum, Lazarus & Co.	38000
I. and S. Wechsler	14000
Morris Steinfelder's Sons	14000
Rels & Stern	11000
Kohn, Ftechel & Co.	10000
Silberman & Lindheim	9000
Rosenthal, Shaffran & Co.	9800
Zeman Bros.	8600
Total	114400

"It is understood," said Sharpe slowly, "that I am to have complete charge of the pool and conduct operations as I see fit. I want-no advice. and no questions. If there is any asking to be done I'll do it. If my way does not suit you we'll call the deal off right here, because it's the only way I have. I know my business, and if you know yours you'll keep your mouths shut in this office and out of it.

"Each of you will continue to carry the stock for which he has agreed to stand in the pool." You've had it a year and couldn't sell it, and you might keep it a few weeks, more, until I sell it for you. It must be subject to my call at one minute's notice. I've looked into the company's business, and I think the stock can easily sell at 75 or 80."

Something like a gasp of astonishment came from those eight hardened speculators. Then Greenbaum smiled, knowingly, as if that were his programme, memorized and spoken by Sharpe.

"It is also understood," went on sharp, very calmly, "that none of you has any other stock for sale at any price, excepting his proportion in his pool, and that proportion, of course, is not to be sold excepting by me." No one said a word, and he continued:

"My profit will be 25 per cent of the pool's winnings, figuring on the stock having been put in at 29. The remaining profits will be divided pro rata among you; the necessary expenses will be shared similarly. I think that's all. And, gentlemen, no unloading on the sly—not one share."

"I want you to understand, Mr. Sharpe, that we are-not in the habit of—" began Greenbaum with perfunctory dignity. He felt it was his duty to remonstrate before his colleagues. "Oh, that's all right, Greenbaum. I know you. That's why I'm particular. We've all been in Wall Street more than a month or two. I simply said, 'No shenanigan.' And, Greenbaum," he added, very distinctly, while his eyes took on that curious cold, menacing look, "I mean it, every d—d word of it. I want the numbers of all your stock certificates. Excuse me, gentlemen. I am very busy. Good afternoon."

"Sam is not half a bad fellow," Greenbaum told them, as if apologizing for a dear friend's weaknesses. "He wants to make out he's a devil of a cynic, but he's all right. If you humor him you can make him do anything. I always let him have his way."

On the very next day began the historical advance in turpentine. It opened up at 30. The specialties—brokers' who made a specialty of dealing in it—took 16000 shares, causing, an advance to 32.125. Everybody who had been "landed" with the shares at higher figures and had bitterly; regretted it ever since now began to feel hopeful. As never before a stock had been manipulated with intent to deceive arid malice prepense, so did Sharpe manipulate turpentine stock. The tape told the most wonderful stories in the world, not the less wonderful because utterly untrue.

At 60 the street thought there really must be something behind the movement, for no more manipulation could put up the price thirty points in a month's time, which shows what a wonderful artist Sharpe was. And, the people began to look curiously and admiringly and enviously and in many other ways at "Jakey" Greenbaum and his accomplices, and to accuse them of having intentionally kept down the price of the stock for a year in order to "freeze out" the poor, unsophisticated stockholders and to "tired out" some of the early buyers, because "Turp," being "a good thing." Greenbaum et al. wanted it all for themselves.

Then Sharpe sent for "Jakey," and on the next day "Eddle" Lazarus swaggeringly offered to wager $10000 against $5000 that a dividend on. "Turp" stock would be declared during the year. Whereupon the newspapers, of their own accord, began to guess how great a dividend would be paid and when, and various figures were mentioned in the board room by brokers who confided to their hearers that they "got it on the dead q.t. straight from the inside." And two days later Sharpe's unsuspected brokers offered to pay 1.75 per cent for the dividend on 100000 shares, said dividend to be declared within sixty days or the money for-feited and the stock sold up to 66.75, and the public wanted it. A big, broad market had been established, in which one could buy or sell the stock with ease by the tens of thousands of shares. The 114400 shares, which at the inception of the movement at the unsalable price of $30 a share represented a theoretical $3432000, now, readily vendible at $65 a share; meant $7422000; not half bad for a few weeks' work.

And still Sharpe, wonderful man that he was, gave no sign that he was about to begin unloading. Whereupon the other members of the pool began to wish he were not quite so greedy. They were satisfied to quit, they said.

They implored, individually and collectively, Jacob Greenbaum to call on Sharpe; and Greenbaum, disregarding a still, small voice that warned him against it, went to Sharpe's office, and came out of it two minutes later somewhat flushed, and assured his colleagues one by one, that Sharpe was all right, and that he seemed to know his business. Also that he was cranky that day.

The stock fluctuated between 60 and 65. It seemed to be having a resting spell. But as it had enjoyed these periods of repose on three several occasions during the rise—at 40 arid 48 and 56—the public became, all the more eager to buy it whenever it fell to 60 or 59, for the street was now full of tips that "Turp" would go to par; And such was the public's speculative temper and Mr. Sharpe's good work that disinterested observers, were convinced the stock would surely sell above 90 at the very least. Mr. Sharpe still bought and sold, and the big block he had been obliged to take in the course of his manipulation diminished. On the next day he hoped to begin selling the pool stock.

That very day Mr. Greenbaum as he returned to his office from his luncheon, felt well pleased with the meal, and therefore with himself and therefore with everything. He scanned a yard of two of the tape and smiled. "Turp" was certainly very active and very strong.

"In such a market," thought Mr. Greenbaum, "Sharpe can't possibly tell he's getting stock from me. In order to be on the safe side I'm going to let him have a couple of thousand. Then, should anything happen, I'd be that much ahead, Ike!" he called to a clerk.

"Yes, sir."

"Sell two—wait; make it 3000—no, never mind. Send for Mr. Ed Lazarus." And muttered to himself with a subthrill of pleasure: "I can just as well as not make it 5000 shares."

"Eddie," he said to his partner's son, "give an border to some of the room traders, say, to Willie Schiff', to sell five—er—six tell him to sell 7000 shares of Turpentine and to borrow the stock. I am not selling a share, see?" with a wink. "It's short selling by him, do you understand?"

"Do I? I Well, I guess. I'll fix that part O.K.," said young Lazarus complacently. He thought he would cover Greenbaum's track so well as to deceive everybody, including that highly disagreeable man, Samuel Wimbleton Sharpe. He felt so confident, so elated, did the young man, that when he gave the order to his friend and clubmate, Willie Schiff, he raised it to 10000 shares! Greenbaum's breach of faith had grown from a relatively small lot of 2000 shares to five times that amount. It was to all appearances short stock, and it was duly "borrowed" by young Schiff. It was advisable that it should so appear. In the first place no member of the pool could supply the stock which he held, because Sharpe could trace the selling to the office, as he had the numbers of the stock certificates.

Isidore Wechsjer, who held 14000 shares, was suffering from a bad liver the same day that Greenbaum was suffering from nothing at all, not even a conscience. A famous art collection would be sold at auction that week, and he felt sure his vulgar friend, Abe Wolff, would buy a couple of exceptionally fine Troyons and a world-famous Corot merely to get his name in the papers.

"'Turp,' 62 7-8." said his nephew, who was standing by the ticker.

Then old Wechsler had an idea. If he sold 2000 shares of Turpentine at 62 or 63, he would have enough to buy the best ten canvases of the collection. His name—and the amounts paid—would grace the columns of the papers. What was 3000 shares, or even 4000 shares, when Sharpe had made such a big broad market for the stock?

"Why, I might as well make it 5000 shares while I'm about it, for there's no telling what may happen if Sharpe should overstay his market. I'll build a new stable at Westhurst"—his country place—"and call it," said old Wechsler to himself, in his peculiar, facetious way so renowned in Wall Street, "the Turpentine Horse Hotel, In honor of Sharpe." And so his 5000 shares were sold by E. Halford, who had the order from Herzog, Wertheim & Co., who received it from Wechsler. It was short selling, of course.

Total breach of-faith, 15000 shares.

Now, that very evening Bob Lindheim's extremely handsome wife wanted a necklace, and wanted it at once; also she wanted it of filbert sized diamonds. Lindheim, to his everlasting credit, remonstrated and told her: "Wait until the pool realizes, sweetheart. I don't know at what price that will be, for Sharpe says nothing. But I know that we'll all make something handsome, and so will you. I'll give you 500 shares at 30. There."

"Lend me the money now, and I'll pay it back to you when you give me what I make on the deal," she said, with fine finality. And seeing hesitation in Bob's face, she added solemnly: "Honest, I will, Bob. I'll pay you back every cent this time."

"I'll think about it," said Bob. He always said that when he had capitulated, and she knew it, and so she said, magnanimously, "Very well, dear."

Lindheim thought 1000 shares would do it, so he decided to sell a thousand the next day, for you can never tell what may happen, and accidents seldom help the bulls. But as he thought of it in his office more calmly, more deliberately, away from his wife and from the influence she exercised over him, it struck him forcibly that it was wrong to sell 1000 shares of Turpentine stock. He might as well as not make it 2500; and he did. He was really a modest fellow, and very young. His wife's cousin sold the stock for him, apparently short.

Total breach of faith, 17500 shares. The market stood it well. Sharpe was certainly a wonderful chap.

Unfortunately, Morris Steinfelder decided to sell 1500 "Turp." and did so. The stock actually rose half a point on his sales. So he sold another 1500 and, as a sort of parting shot, 500 shares more. All this through an unsuspected broker.

Total breach of faith, 21000 shares. The market was but slightly affected.

Then Louis Reis of Reis & Stern, "Andy" Fischel of Kohn, Fischel & Co.; —Hugo Zeman of Zeman "Bros." and "Joe" Shaffran of Rosenthal, Shaffran & Co. Al they could break their pledges to Sharpe with impunity, and each sold to be on ; the safe side. This last lump figured up 10400 shares.

Total breach of faith 31400 shares. The market did not take it well. Sharpe, endeavoring to realize on the remainder of his manipulative purchases, found that "some one had been there before him."

An accurate list of the buyers and sellers was sent in every day by, his lieutenants, for all but the most skillful operators invariably betray themselves when they attempt to sell a big bunch of stock. He scanned it very carefully now, and put two and two together; and he made certain inquiries and put four and four together—four names and four other names. He saw through the time-worn device of the fictitious short selling. He knew the only people who would dare to sell such a large amount must be his colleagues. He also was convinced that their breach of faith was not a concerted effort, because if they had discussed the matter they would have sold a smaller quantity. He knew where nearly every share of stock was. It was his business to know everything about it.

"Two," he said to his secretary, "may play at that game." And he began to play.

By seemingly reckless plunging purchases he started the stock rushing upward with a vengeance—62, 64, 65, 66, four points in as many minutes. The floor, of the Stock Exchange was the scene of the wildest excitement. The market—why the market was simply Turpentine. Everybody was buying it, and everybody was wondering how high it would go. Greenbaum and the other seven included. It looked as if the stock had resumed its triumphant march to par.

Then Sharp called in all the stock his brokers were loaning to the shorts and he himself began to borrow it. This, together with the legitimate requirements of the big short interest, created a demand so greatly in excess of the supply that Turpentine loaned at a sixty-fourth, at a thirty-second, at an' eighth and finally at a quarter premium over night. It meant that the shorts had either to cover or to pay $25 per diem for the use of each 100 shares of stock they borrowed. On the 31400 shares that the syndicate was borrowing it meant an expense of nearly $8000 a day, and in addition the stock was rising in price. The shorts were losing at the rate of many thousands a minute. There was no telling where the end would be, but it certainly looked stormy for both the real and fictitious shorts.

Mr. Sharpe sent a peremptory message to Greenbaum, Lazarus & Co., I. & M. Wechsler, Morris Steinfelder's Sons, Reis & Stern, Kohn, Fischel & Co.; Silberman & Lindheim, Rosenthal, Shaffran & Co. and Zeman Bros. It was the same message to all:

"Send me at once all your Turpentine stock."

There was consternation and dismay, also admiration and self-congratulation, among the recipients of the message. They would have to buy back in the open market the stock, they sold a few days before. It would mean losses on the treasonable transactions of fully a quarter of a million, but the pool "stood, to win", simply fabulous sums, if Sharp did his duty.

There were some large blocks of stock for sale at 66, but Sharpe's brokers cleared the figures with a fierce, irresistible rush, whooping exultantly. The genuine short interest was simply panic-stricken, and atop it all there came orders to buy an aggregate of 31, 400 shares—orders from Messrs. Greenbaum, Wechsler, Lindheim, Steinfelder, Rels, Fischel, Shaffran and Zeman. The stock rose grandly on their buying 4000 shares at 66, 2200 at 66.375, 700 at 67.625, 1200 at 68, 3200 at 69.5, 2000 at 70, 5700 at 70.5, 1200 at 72. Total, 31400 shares bought in by the "Skindicate." Total, 31400 shares sold by Samuel Wimbleton Sharpe to his own associates in the great Turpentine pool. In all he found buyers for 41700 shares that day, but it had taken purchases of exactly 21100 to "stampede the shorts" earlier in the day, and in addition he held 17800 shares acquired in the course of his bull manipulations which had not been disposed of when he discovered the breach of faith, so that at the day's close he found himself not only without a share of stock manipulatively purchased, but "short" for his personal account of 2800 shares.

On the next day came the "second chapter" of the big Turpentine deal. Mr. Sharpe, having received the pool's 114400 shares, divided it into three lots—40000 shares, 50000 shares and 24400 shares. The market had held fairly strong, but the lynx-eyed room traders failed to perceive the usual "support" in "Turp," and began to sell it in order to make sure.

Slowly the price began to yield. All that was needed was a leader. Where upon Mr. Sharpe took the first lot of the pool stock—40000 shares-and hurled it full at the market. The impact was terrible; the execution appalling. The market reeled crazily. The stock, which after selling up to 72.375, had "closed" on the previous day at 71.875, dropped twenty points and closed at 54.

On the next day he fired by volleys 50000 shares more at the market. The stock sank to 41.25. Such a break was almost unprecedented.

Greenbaum rushed to Sharpe's office. The terrible break gave him courage to do anything. A Wall Street worm will turn when the market misbehaves itself.

"What's the matter? 'he asked angrily.' What are you doing to, Turpentine?"

Sharpe looked him full in the face, but his voice was even and emotionless as he replied:

"Somebody has been selling on us. I don't know who. I wish I did. I was afraid might have to take 100000 shares more, so I just sold as much as I could. I've marketed most of the pool's stock. If it had not been for the jag of stock I struck around 60 and 62 Turpentine would be selling at 85 to 90 to-day. Come again next week, Greenbaum, and keep cool. Did you ever know me to fall? Good-by, Greenbaum. and don't raise your voice when you speak to me."

This has gone too far, said Greenbaum, hotly. You must give me an explanation, or by heaven I'll—

"Greenbaum," said Mr. Sharpe in a listless voice, "don't get excited. Good-by, Greenbaum. Be virtuous and you will be happy." And he resumed his caged-tiger pacing up and down his office. As by magic Mr. Sharpe's burly private secretary approached and said, "This way, Mr. Greenbaum," and led the dazed trust maker from the office.

The next day Mr. Sharpe simply poured the remaining 25000 shares of the pool's stock on the market as one pours water from a pitcher into a cup. The bears had it all their own way.

Everybody was selling because somebody had started a rumor that the courts had dissolved the company for gross violation of the anti-trust law and that a receiver had been appointed. Having sold out the last, of the pool's stock Mr. Sharpe "took in" at $22 a share the 2800 shares which he had pot out at $72, a total profit on his small "line" of $140000.

Turpentine stock had declined fifty points in fifteen business hours. It meant a shrinkage in the market value of the company's capital stock of $15000000. The shrinkage in the self-esteem of some of the pool was measurable only in billions.

Sharpe notified his associates that the pool had-completely realize—i. e., had sold out—and that he would be pleased to meet them at his office on Monday—this was Thursday—at, 11 a. m., when he would have checks and an accounting ready for them. He refused himself to Greenbaum, Wechsler, Zeman, Shaffran and others who called to see what could be done to save their reputations from the wreck of Turpentine. The stalwart private secretary told them that Mr. Sharpe was out of town. He was a very polite man was the secretary, and an amateur boxer of great proficiency.

Failing to find Sharpe, they hastily organized a new pool, of a self-protective character, and sent in "supporting" orders. They were obliged to take large quantities of stock that day and the next in order to prevent a worse smash, which would hurt them in other directions. They found themselves with more than 50000 shares on their hands and the price was only 26 to 28. And merely to try to sell the stock at that time threatened to start a fresh Turpentine panic.

They met Sharpe on Monday. His speech was not so short as usual. He had previously sent to each man an envelope containing a check and a statement, and now he said in a matter of fact tone:

"Gentlemen and Greenbaum, you all know what I did for Turpentine on the up-tack. Around 62 I began to strike some stock which I couldn't account for, I knew none of you had any for sale, of course, as you had pledged me your honorable words not to sell save through me. But the stock kept coming out, even though the sellers borrowed against it, as if it were short stock, and I began to fear I had met an inexhaustible supply. It is always best on such occasions to act promptly, and so after driving in the real shorts, I sold out our stock. The average price was 40. If it had not been for that mysterious selling it would have been 80. After commissions and other legitimate pool expenses I find we have made 9 points net, or $1029600, of which 25 per cent, or $250000, comes to me according to the agreement. It is too bad some people didn't know enough to hold their stock for 90. But there is so much stupidity in the district. I trust you are satisfied. In view of the circumstances I am. Yes, Indeed. Good day, gentlemen; and you too; Greenbaum, good day!"

Outside they compared notes, and in a burst of honesty they confessed. Then, illogically enough, they cursed Sharpe. The pool was not "ahead of the game." They had so much more stock on their hands than they desired that in reality they were heavy losers.

And as time wore on they had to buy more "Turp," and more "Turp," and still more "Turp." They thought they could emulate Sharpe and rush the price up irresistibly—at any rate up to 50. They declared a dividend of 2 per cent on the stock. But they could not market Turpentine. Again and again they tried, and again and again they failed. And each time the failure was worse, because they had to take more stock.

It is now quoted at 16 to 18. But it is not readily vendible at that figure, nor indeed, at any price. Opposition distilleries are starting up in all the turpentine districts and the trade outlook is gloomy. And the principal owners of the stock of the American Turpentine Company, holding among them no less than 140000 out of the entire issue of 300000 unvendible shares, are the famous "Greenbaum Syndicate."

附录 2

横向整理

一个横向整理形态一般持续 2~3 周，甚至更长时间。横向整理期间，两个指数的波动幅度为 5%。这种形态出现表明市场处于吸筹或者派发阶段。倘若两个股票平均价格指数同时向上突破区间上边界，则此前的横向整理就是吸筹阶段，指数会继续走高；反之，当两个指数同时向下跌破区间下边界，则此前的横向整理就是派发阶段，指数会继续走低。倘若只有一个指数突破，而另外一个指数并未确认，那么突破信号引申的结论就是错误的。

雷亚这里只是简单地从筹码博弈的角度来区分两种类型的横向整理，但实际上横向整理还有一种区分方法。横向整理可以是因为市场分歧很大，但是多空因素交织，所以缺乏主导逻辑，因而区间整理，或者是因为市场缺乏任何重要的信息，甚至处于毫无消息刺激的状态，因此处于区间整理。简而言之，一种情况是多空都有重要消息，但是势均力敌，另一种是多空都缺乏重要消息，走势沉闷。

道氏理论关于横向整理的论述被市场数据和实践证明相当可靠，甚至可以用不证自明的公理而非定理来定义它。但是因为横向整理出现的频率不高，因此这种形态并不能完全满足交易者的胃口，以至于将其他类似形态误认为横向整理。更糟糕的是不少交易者固执地认为只要一个指数出现了这种形态就算可靠信号了，这种认为不需要另外一个指数确认的观点非常危险。另外一些交易者则更为冒失，他们一看到横向整理形成就迫不及待地猜测指数将要突破的方向，然后匆忙进场，根本不顾及此后的真正突破方向。“实际上，当股市处于横向整理形态时，很难断定到底是在吸筹还是在派发，没有人能够完全准确地预判多空当中哪一方能够获胜。”(1922 年 5 月 22 日)

布林带突破交易策略其实也与横向整理区间突破交易法关系密切，现在外汇和期货市场上运用这类策略的人不多也不少，所以有效性还是很强的。

部分研习者偏激地想要用精确的数字来刻画横向整理的

持续时间和波动幅度，这样的做法是不会成功的。横向整理的波动幅度与前期的投机程度以及前期的波动幅度密切相关，从这个角度来讲成功地运用道氏理论既是一门科学，又是一门艺术，两者必须相互结合。任何想要用数字来精确阐释道氏理论的人就好比一位死板的外科手术医生，当他为病人切除阑尾的时候不管对方的年龄、性别、身高和体型都以距离脚背 38 英寸、深度 2 英寸来确定阑尾的具体位置。

水因地制流，兵因敌制胜。要很好地运用道氏理论也需要具体问题具体分析，不能寄希望于一个简单的精确公式。

汉密尔顿曾经指出：**一个横向整理形态的突破至少表明了市场次级折返层次的方向改变，有时还会是主要运动层次方向改变的信号。**

下面的一些文摘片段比较准确地刻画了横向整理的区间范围，不过我们应该清楚一点，即这些评论是汉密尔顿多年前撰写的，当时的股票平均价格指数还处于 100 点之下。而在本章后面部分则会引用一些指数要高于早年点位时关于横向整理的评论。

汉密尔顿早年对横向整理的典型评论如下：

对股票平均价格指数进行审视就会发现在某些时段，比如几周之内，指数在进行窄幅波动，比如工业股票平均指数在 70 到 74 之间波动，铁路股票平均指数在 73~77 之间波动等。从技术走势上来讲，这个时候市场处于横向整理，且经验表明这个时候市场要么在进行吸筹，要么在进行派发。当两个指数都向上突破横向整理区间时，表明强劲的上升走势，也许是某轮熊市中的强劲反弹，而在 1921 年出现的横向整理则表明一轮持续到 1922 年牛市的开始。

横向整理是一个形态，这个形态可以出现在重要运动中，也可以出现在次级折返当中，这点大家要搞清楚。

但是，倘若两个指数向下突破了横向整理区间的低点，那么股市就到了类似于气象学家所谓的临界点，随后股市将进入暴跌状态，这可能是牛市中的回调，也可能像股市在 1919 年 10 月的例子，是一轮熊市的起点。（《股市晴雨表》）

横向整理一般位于两个波段之间，可能连接两个同向的主要运动波段，也可能连接一个主要运动波段和一个反向的次级折返波段，还有可能位于一个次级折返波段当中，情况比较多样。

数年前，对横向整理形态的论断如下：“通过利用道氏理论对股市波动进行分析，加上多年来浸淫股市的经验，研究者们明白了横向整理形态的运用价值和重大意义。要想从横向整理形态中取得有价值的结论，必须满足如下严格条件——工业股票指数和铁路股票指数必须相互确认；窄幅横向整理要持续足够长的时间，这样才能结合成交量进行有效的分析；这期间的日内波动幅度非常窄，不会超过 4 个点。只有满足了上述条件，才能对横向整理做出有价值的判断。”(1922 年 5 月 8 日)

汉密尔顿紧接着在其经典之作中进一步解释了横向整理的意义：“有一类让我们极其满意的形态，即在一段时期指数窄幅交投，我们称之为横向整理。横向整理的交易日越多，持续时间越长，则其意义越大，价值越高，这样的运动状态表明市场要么在吸筹，要么在派发。随后的价格运动如果向上突破则表明在吸筹，股票是稀缺的；随后的价格运动如果向下突破则表明在派发，抛售股票的力量很强大。”(《股市晴雨表》)

1909 年 3 月 17 日汉密尔顿说道：“从 3 月 3 日到 3 月 13 日，波动率低于百分之三，这样的多空拉锯战非常少见，这是市场即将出现重大趋势性变化的前兆。”此后，两大指数突破了横向整理区间的上边界，指数上涨幅度达到了 29%。

有些情况下从走势沉闷的市场也能得到有价值的线索和信号，正如汉密尔顿所说的那样：“当股票平均价格指数处于窄幅波动状态时，我们仍旧可以从这种市况得出有价值的结论，这样的市况为那些在场外密切观察寻找机会的人提供了重大的利用价值。”(1910 年 9 月 20 日)

投机者的鳄鱼原则是不是与这样的说法非常一致呢？静静地等待时机，然后给予致命的一击。

汉密尔顿曾经就横向整理形态突破信号有效性的持续时间表达了自己的观点：“历史经验告诉我们当位于顶部的一个横向整理形态被两个指数向下跌破之后，除非市场再度向上突破横向整理的高点，否则我们不能假定下降走势发生了改变，也就是说，在相反的区间突破发生之前已发生的区间突破信号都是有效的。”(1911 年 3 月 6 日)

达沃斯箱体与道氏理论的横向整理不能混淆，前者更多的是基于波段高低点的水平支撑阻力线来构成箱体，而后者更多是一种成交密集区。

从 1911 年 5 月 4 日到 7 月 13 日一个完美的横向整理形态形成了，当这个横向整理的下边界被跌破之后，指数快速下跌，后来的走势表明这是熊市的最后一跌。在这个横向整理形态形成之初，汉密尔顿评论道："一个持续时间较长的横向整理形态，就像指数在过去数周的表现，加上成交量萎缩，这样的表现有两种可能：第一种是股票在新高位置已经被成功地抛售了，第二种则是已经成功吸筹，而吸筹规模之大足以让上涨的预期成为市场共识。"（1911 年 7 月 14 日）

当一个横向整理形态在 1912 年 1 月 17 日形成之后，伴随而来的是几个月的持续上涨。汉密尔顿对此评论道："让人吃惊的窄幅波动，20 只活跃铁路股票的平均指数在 115 到 118 之间波动，而工业股指数则在 82.48 到 79.19 之间波动，这是一个横向整理形态。这个形态是在我此前一期市场评论文章刊登之前一周形成的。此种类型的窄幅波动对于指数的资深研习者而言意味着重大运动即将来临。倘若长时间的窄幅波动是由吸筹造成的，那么两个指数向上突破上边界指日可待。请注意，横向整理并非完全没有波动，并非近乎一根直线，而是波动幅度极其狭窄，铁路股票指数小于 3 个点，工业指数则比 3 个点多一些，这就是窄幅波动的含义。"

道氏理论是一门从经验中总结出来的理论，因此与实践关系密切。它如此强调横向整理的意义和价值不外乎是从实践中得出了这样的结论，而非精巧的数学推论所得。

由于横向整理容易与其他形态走势混淆，因此我们有必要引用 1913 年 9 月 8 日汉密尔顿所做的相关论述："两个平均价格指数在将近一个月的波动范围只有 2 点多。工业股票平均价格指数向上突破横向整理区间的上边界，但是铁路股票平均价格指数却并未相应地向上突破以确认前者的信号。铁路股票平均价格指数在 9 月 3 日跌破了横向整理区间的下边界，但是工业股票平均价格指数却并未跟随下跌。就这样的情况而言，交易者应该在市场外保持观望，特别是在两个指数重回横向整理区间时。不管指数从横向整理区间的哪个方向突破，只要两个指数相互确认，比如向下突破确认，那么基于历史经验，这就会对未来进一步的市场运动给出有价值的可靠预示。"（1913 年 9 月 8 日）

道氏理论我们已经学了过半，大家觉得道氏理论能够用来指导高杠杆的交易吗？如何将道氏理论运用于保证金交易？

汉密尔顿在 1914 年对横向整理做了大量的论述，尽管他观察到的横向整理形态表明派发筹码占据主导，但是他还是

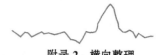

认为牛市会继续下去。几年后，汉密尔顿坚定地认为当时的横向整理形态之所以出现，是因为德国人正在为了世界大战筹集资金而抛售持有的美国证券。他在1914年4月16日所撰写的评论是这种观点的代表性表述：“4月14日之前的70个交易日，20只工业股票的平均价格指数未能升破84，但是也未跌破81；而在此前40个交易日，20只铁路股票的平均价格指数未能升破106，也没有跌破103。参考《华尔街日报》的相关数据，这两个指数都在3个点的范围内波动，并且这两个指数在4月14日都同时突破了横向整理区间的下边界。”

这个横向整理其实是由于两种力量造成的：一方面欧陆大战，而美国中立，对于美国经济是大利好，所以趋势向上，看到这个趋势的大资金都在积极买入；但是另一个方面，由于欧洲开战国的政府、企业和居民需要更多的现金流，因此会抛售手头持有的部分美国资产。两种力量短期内处于平衡，出现了筹码大量交换的横向整理区间。

“基于对所有平均指数历史走势的经验和数据的了解，我认为市场现在的熊市氛围表明1912年10月开始的熊市趋势又卷土重来了。”

汉密尔顿不厌其烦地告诫道氏理论研习者，单一指数出现横向整理区间是没有什么预测价值的，他指出：“指数相关的所有历史经验表明，除非工业和铁路两个指数同时出现横向整理区间，否则会产生极具误导性的信号。”（1916年3月20日）

股票平均价格指数在1916年处于高价位状态的时候，汉密尔顿意识到需要放宽横向整理边界的限定，同时主张道：“在这个问题上，应该考虑到股票平均价格指数处于高价位的具体情况，特别是工业股票指数，我们对横向整理边界上的规定应该有更大的缓冲空间。”（1926年10月18日）

从汉密尔顿在1929年7月1日对市场的如下评论可以看出，他将当年春季的市场走势定义为横向整理：“未来的情形将会显而易见，现在大幅的剧烈波动，特别是工业股票平均指数的波动，表明市场已经在整体上步入了筹码派发时期，这与股票指数在低位形成横向整理走势的含义完全不同。需要注意的是，横向整理既可能是吸筹，又可能是派发，无论此后的突破走势是向下还是向上，历史表明重大运动都会由此爆发。当前股指处于如此的高位，市场的派发处于一个更加宽幅的震荡区域中进行，这种情况是可以被理解的。两个

所谓的派发和吸筹都是针对那些聪明的大资金，因为所有的交易都是两个对手方构成的，有人派发有人吸筹，有人吸筹有人派发。道氏理论的所谓派发和吸筹讲的是先知先觉的大资金的操作。

股指似乎上涨到这个区域之上则清晰地表明卖出的筹码被很好地消化掉了，投资者们将股票筹码接过去了。”（1929 年 7 月 1 日）

对于道氏理论研习者而言，查阅 1929 年的日内波动走势也是十分有意思的一件工作。当年 9 月，刚好是牛市后期涨到顶点之后，只有极少数交易者预判到了未来引发全球大恐慌的美国股市崩盘，而那时汉密尔顿发现了一个横向整理形态，当时铁路股票指数和工业股票指数都在顶部做 10%幅度的波动。汉密尔顿在 1929 年 9 月 23 日的《巴伦周刊》上发表了自己的观点，其中一段他指出：“尽管道氏理论的合理性并未遭受质疑，但是伴随着工业股票平均指数上涨到 300 以上，我们应该在运用这一理论时具有更大的弹性。在查尔斯·H.道所处的时代，股票平均价格指数形成了一个他定义为横向整理的形态，这一形态的波动幅度在数周内都局限于 3 个点之内……但是，现在处于高位的工业股票平均指数可以预见的横向整理区间会更大，期间的派发和吸筹行为会处于一个更宽的波动区间。”

横向整理应该按照波幅比率来确定，而非根据绝对波幅来确定。当指数绝对值大的时候，其绝对波幅必然大于处于低位的指数，横向整理区间的绝对波幅也是如此。

我认为全面仔细地分析和研究横向整理的区间高度与成交量之间的关系就会得到许多有价值和意义的结论，而利用报价机的数据来展开这一工作则更有帮助。股市的整体成交水平代表了市场的所有参与主体，更加清晰地体现了趋势与修正之间的关系。我们已经发现了横向整理的一个特征，那就是在接近牛市顶部出现的横向整理区间高度会变大，成交量也会变大，而在市场靠近底部的时候，横向整理区间高度会变小，成交量也会缩小，交投清淡，走势沉闷。

雷亚开始引入成交量这个变量来考虑趋势。

（摘选自《道氏理论：顶尖交易员深入解读》）

附录 3

随机强化与交易

外汇市场对于投机者而言无疑是最大的乐园，因为这里的流动性和波动幅度（杠杆融资后提升了获利和亏损的潜力）远远超过了其他投机品种。同时，这个品种也将交易者的些许缺陷放大很多，外汇交易就是一面镜子，能够将你身上隐藏的所有弱点都表露出来，为什么会这样呢？因为在日常生活中，错误的抉择带来的消极后果往往是我们没有觉察到的，比如一次人生抉择本来是失误的，因为如果采取真正明智的决策你会做得更好，然而现在你却因为眼前的一些小成果而沾沾自喜。正因为日常生活和工作中，我们行事的结果不那么容易被观察到和意识到，才导致我们认为自己的行为很少犯错，因为相比交易而言，我们更容易对自己持积极的看法和宽容的态度。然而，金融市场是截然不同的，它绝对是一面毫不含糊的镜子、一个效率极高的反馈装置，它能让你很容易观察到自己的失误，更清晰地看到行为的结果，自然也让我们看到了日常生活和工作中看不到的“真正自我”，而这个自我并不像我们通常认为的那样优秀，毕竟在非交易场合我们的弱点很容易被隐藏起来（在我们的眼前被隐藏，而不是真的不发挥作用了）。有些人会说自己在日常工作和交往中显然很成功，其实他应该认识到自己本来可以更成功的。

金融市场绝不允许在整体上有任何一个环节缺失（即使某个环节可以薄弱一些），一旦你在某个环节上缺失了，你就一定无法建立持续的优良业绩。金融市场中错误的行为带来获利是很正常的事情，但是要持续做到这一点是不容易的；金融市场中正确的行为带来亏损也是很正常的事情，但是要持续做到这一点也是不可能的。凡是能够盈利的交易者必然按照交易的所有流程环节进行操作，而那些最优秀的交易者则必然在每个环节都处于平均水平以上。现实生活中，你缺失某些环也绝对会对你的交往和感情造成影响，只是你没有觉察到而已，工作中也是如此，但是交易中一旦你缺失某个环节则长期下来你一定处于整体亏损的状态。

为什么我们会缺失这些环节呢？或者说为什么我们会忽略交易的关键环节呢？因为我们本身的观念上存在某些漏洞，观念好比放映机，一旦它们存在瑕疵，则投射出来的影像，也就是交易行为和结果必然是失败的。

金融市场的迷幻之处有两点：第一，能够让你清楚地看到行为的结果；第二，短期内你看到的结果未必表明你的行为是正确的，长期累积的结果则倾向于对你的行为作出正确的反馈。金融市场对人的行为产生"随机强化"而非"一致性强化"，准确地说应该是局部和短期内产生"随机强化"，整体和长期而言产生"一致性强化"。所谓的"随机强化"也就是"正确的行为未必得到正确的结果，错误的行为未必得到错误的结果"，"一致强化"则是"正确的行为一定得到正确的结果，错误的行为一定得到错误的结果"。强化是行为心理学学习理论的重要观点和手段，斯金纳（附图 3–1）对此有很深入的研究，而强化也是金融市场对交易者学习能力作用的过程。

附图 3–1 行为心理学巨擘——斯金纳

一致强化有助于技能的迅速提高，托尔曼和杭齐克（1930）设计了由 14 个单元的复合 T 形通道构成的迷津。在每一单元中有不通的终端（被锁着的门）和可以通过的终端（可以通过的门）。白鼠进入这段迷津后，如果选择错误，就会在锁着的门前碰壁，即犯错误一次；如果选择了可以通过的门，就可以进入下一个单元。如此，通过 14 个单元，而最后到达终点。在每一单元中，白鼠要做的事就是选择可以通过的门，走进下一个单元。

托尔曼和杭齐克将走迷津的白鼠分为 3 组：第 1 组每天都受到奖励，称为“有食物奖励组”；第 2 组一直得不到食物奖励，称为“无食物奖励组”；第 3 组是实验组，实验组的待遇是前 11 天同无食物奖励组一样，一直得不到食物奖励，而从第 12 天开始同有食物奖励组一样，得到食物奖励。

实验开始后，有食物奖励组与无食物奖励组相比，犯错误（即在锁着的门前碰壁）的次数和通过迷津的时间显著下降。而无食物奖励组的被试犯错误的次数和所用的时间降幅很小。在前 11 天的实验中，实验组的白鼠由于其待遇同无食物奖励组一样，所以，该组被试的犯错次数和时间也同无食物奖励组一样，下降得很缓慢。从第 12 天开始，实验组得到了有食物奖励组同样的待遇，学习成绩突飞猛进，犯错误次数和时间急剧下降，几乎赶上并超过有食物奖励组的学习成绩，如附图 3–2 所示。面对实验组所表现出来的这种现象，托尔曼认为，实验组的白鼠在无食物奖励的情况下每天仍然在进行学习，它们在走迷津的过程中熟悉了可通过迷津的路径，在头脑中形成了关于迷津的“认知地图”，形成了对路径的认知性期待，只不过在无奖励的情况下，这种学习效果没有表现出来。这种学习故称为潜伏学习。当实验组的被试得到食物强化后，这种潜伏学习的效果即刻表现于外。 按照托尔曼的观点，潜伏学习实验的结果不仅对

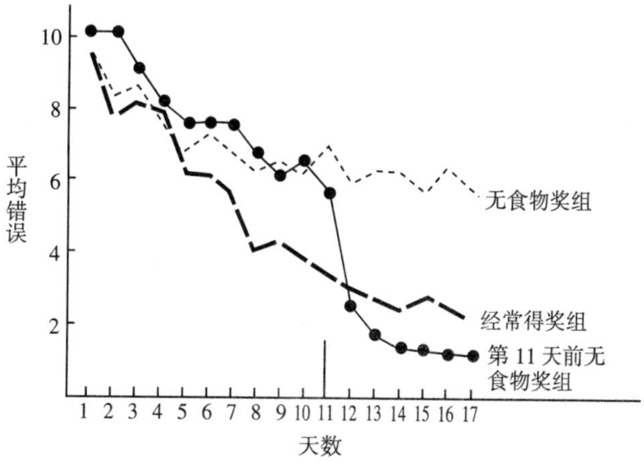

附图 3–2　强化促进能力

“无强化就没有联想学习”的假说提供了有力的批评证据，而且更说明，白鼠走迷津重要的是学会对通道的认知，形成对路径的“认知地图”，而不在于白鼠在学习过程中的外显反应。动物的外显反应受内部认知变量的调节，它对动物的外显行为起中介调节作用。学习的效果不全部表现于外，而重要的是引起内部认知期待的变化。

但是，金融市场提供的强化却并不是一致强化，至少从局部来看是随机强化，所以其对学习主体的影响比上述白鼠实验复杂得多，对主体的思维能力和眼界要求要高许多。

人类具有短视倾向，容易受到近期结果的影响，而这恰恰中了市场的“奸计”，市场短期内的“随机强化”要么导致交易者陷入错误的行为，要么导致交易者无法辨认出正确的行为。为了摆脱市场的这种“迷雾”，我们需要能够确定一个完善而确定的交易框架和流程，从而使得我们的观念和行为可以在长期和整体上得到评估，这样就可以摆脱“随机强化”的制约，最终获得交易上的持久成功。一旦你有意识地按照一个完整的流程去操作，你就可以克服人性的弱点，同时克服市场随机强化的干扰。

总而言之，我们的交易面临内外两重干扰。第一重干扰是我们的一些偏见，最大的偏见是“我们倾向于认为盈利的头寸应该尽快了结，亏损的头寸应该继续持有”，这就是所谓的“截短利润，让亏损奔腾”倾向性心理效应，这个效应也是行为经济学的主题之一。第二重干扰是市场短期内随机强化的特点，这使得我们短期内无法分别出何谓有效的行为、何谓无效的行为。通过遵循完整的流程，我们可以克服任何交易中的心理偏见和市场随机强化。

（摘选自《外汇交易三部曲》）

附录 4

指数 N/2B 法则：趋势开始的确认信号

趋势是指指数（价格）的整体走势。确认趋势的开始，最终必然要从技术面入手。基本面和心理面分析再透彻，必然还是要落实到指数走势上才能赚得真金白银，因为与盈亏直接相关的还是指数（价格）的走势，而不是你的分析。

谈到 N/2B 法则的人很多，罗伯特·雷亚、维克多·斯波兰迪、乔伊·罗斯、杰克·茨威格等，其实这个东西并不神秘，也不复杂，但是要说透恐怕需要一本书的篇幅。我们这里仅仅从指数趋势确认的角度去介绍 N/2B 法则，而且我们的着眼点与上述大家不同。具体而言，罗伯特·雷亚着重 N/2B 对 N/2B 的交互验证，而维克多·斯波兰迪着重于对 N/2B 提供的技术进场信号进行介绍，乔伊·罗斯则将 N/2B 当成了系统交易方法的基本单位构件，杰克·茨威格则从空头陷阱和多头陷阱的角度来介绍 2B 点的逆向进场法。那么，我们着眼于什么呢？着眼于技术面与基本面和心理面的验证。N/2B 没有那么神秘，只是市场波动的一个最常见结构而已，只有与基本面和心理面工具结合起来才能对交易实践产生显著影响。

趋势有一些技术特征，但是这些特征却不是只有趋势才具有的。因为，想要寻找预判趋势和震荡的技术圣杯是徒劳的。

我们分别介绍 N 字结构和 2B 结构，关键是大家在掌握了这两种常见的顶部和底部形态之后能够结合已经学到的东西进行运用。具体而言就是你要努力将股市极可能在经济衰退阶段筑底的预判与 N 字底部（或者 2B 底部）的出现结合起来分析，或者是将股市极可能在经济繁荣阶段构顶的预判与 N

字顶部（或者 2B 顶部）的出现结合起来分析。

流动性与 N/2B 结构的综合研判是第二个重要的方面，具体来讲就是将流动性极端低水平与股指的 N/2B 底部结合起来研判，或者是将流动性极端高水平与股指的 N/2B 顶部结合起来研判。第三个方面则是成交量法则与 N/2B 结构的综合使用，具体而言就是地量与 N/2B 底部结构的相互确认，天量与 N/2B 顶部结构的相互确认，当然两者接近即可，没有必要完全对应，也就是说，不要求 N/2B 完全对应于天量或者地量，只要在时间上靠得很近就行。

本文后面会提到与 N/2B 结构进行交互验证的四个最为关键的方面，我们还是先从 N 字结构入手进行介绍，然后再介绍 2B 结构，毕竟对于很多还没有接触过这两种结构的初级交易者而言，还是有必要进行基础知识上的一次梳理。对于那些经验丰富的中级水平交易者而言，重新认识这两种结构也是必要的。毕竟，本次系列授课的逻辑框架与主流观点不同，因此有必要站在恰当的角度来认识 N/2B 结构在整个指数大势研判中的功能和用法。

从严格意义上来讲，股市市场上的 N 字结构需要从价量两个层面来进行完整理解，在实践中也是同样的道理——**你需要在价格（指数）与成交量两个层面同时确认 N 字，这样去分析才能提高操作的胜算率。**

我们此前出版过一本小册子，名为《短线法宝：神奇 N 结构盘口操作法》，整本书都围绕着价量 N 字结构展开，当然那本小册子集中于传授个股的短线方法，因此对于指数基本没有涉及。

在本课我们仍旧讲 N 字结构，不过却是从指数的角度来讲，更为重要的区别在于**我们最终要把 N 字结构与基本面和心理面结合起来使用，这才是股票交易的王道**。例如，某些题材股或者重组股在发动之前，其实有很明显的 N 字顶部结构，这些不知道大家发觉没有，将基本面和心理面与 N 字结构结合起来研判，这个并不是今天才被发明的框架，其实杰西·利莫佛是精于此道的高手。因此，我们不能局限于《短线法宝》的纯技术面姿态。毕竟，《短线法宝》主要还是停留在入门者这个角度上，重点引导大家对市场运动的基本结构以及主力动作的基本盘口特征有所认识，并且能够在恪守仓位管理的前提下逐步走向盈利之路。

N 字结构又被称为 123 结构，因为这个结构主要是用 3 个点来定义的。请看附图 4-1，左边是 N 字底部定义的理想结构，也就是说，A 点开始上涨，涨到 B 点开始回撤，回撤到 C 点继续上涨，然后创出新高超过 B 点，关键在于 C 点不能低于 A 点，而回撤结束后上涨必须超过 B 点。所谓 123 底部其实就是用 A、B、C 三点来定义，最早的时候我们也不知道国外对 N 字结构的研究，只是自己交易实践中逐步总结出来的东西，看起来像 N 字就定义为 N 字结构了，后来才发现这个东西国外也有，一般被定义为 123 结构。附图 4-1 右边的部分是一个指数走势构成的 N 字底部。N 字结构反映了“肯定—否定—否定之否定”的辩证式前进法则，其实趋势的发展就是以这样的方式展开的，往往一波大行情你拿不住的原因有两个：一是你不了解趋势的具体展开方式是波浪前进的；二是你对能不能形成趋势心中没谱**（归根结底还是你对驱动面没有吃透啊）**。

趋势形成与否与题材的生命力有关系。

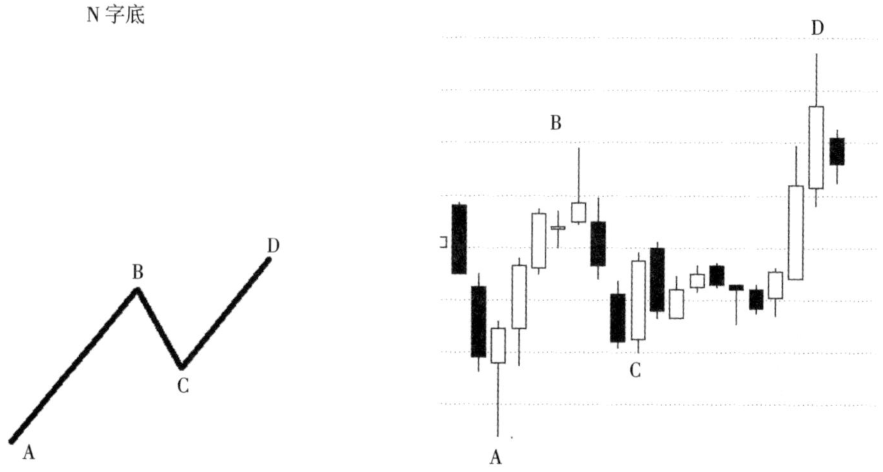

附图 4-1　N 字底部

光有 N 字底的理想模型和定义还不够，我们来看一些指数走势方面的具体实例。沪深 300 指数对于股指期货交易者而言具有非常重要的意义，因为这是相应的现货标的，而且沪深 300 指数本身融合了大盘股和中盘股的影响，比起上证指数而言更能反映整个 A 股市场的走势。在识别大盘大势方面，我们除了关注上证指数之外也应该不时查看沪深 300 指数的日线图走势。N 字底部在沪深 300 指数日线走势上具有较为有效的提醒意义，请看附图 4-2，这是一个典型的 N 字底部。A、B、C 三点非常清晰，这就是市场从技术面提醒我们向上趋势很可能开始了，那么我们接下来就应该研究下驱动面和心理面是不是支持这一提醒信号呢，这就是真正股票高手的思维习惯了。

附图 4-2　沪深 300 指数走势中的 N 字底部实例

2007 年之后做 A 股不能不考虑大盘股、小盘股这样的区分，因为资金的流动具有明显的轮动效应，这既可以算得上是板块方面的差异，又应该算得上是大势级别的一种动向。因此，在观察 A 股市场动向方面，我们除了要观察上证指数、沪深 300 指数之外，也不能忽视了创业板指数。创业板指数反映了小盘股的整体趋势，该指数的底部往往也以 N 字底部的形式出现，这对于我们把握整个小盘股的动向具有很好的提醒作用。请看附图 4-3，创业板指数 2010 年 8 月左右形成了一个 N 字底部，A、B、C 三点非常明显，此后该指数有了一波显著的上涨趋势。

附图 4-3 创业板指数走势中的 N 字底部实例

谈到 N 字底部，我们已经看到了清晰而简单的实例，其实在 A 股指数的走势中，除了简单 N 字底部之外，还有一些复合类型的，比如附图 4-4 所示的实例。

中医讲四诊合参，我们做交易研究市场也要遵循这个原则。

上证指数在形成历史大底 1664.93 点的时候，其实是构筑了一个多重 N 字底部，这个可以从上证指数走势的局部放大图中看到。**出现第一个 N 字底部的时候，我们就应该反过来查看基本面和心理面的情况。当然你也可以在分析得出基本面和心理面见底之后，等待技术面见底的信号。**是不是流动性底部出现了，信贷开始筑底回升了，是不是经济快要见底了（股市先于经济见底，经济有见底预期的时候股市就已经见底了，虽然在经济衰退的中后期股市往往会见底），是不是市场情绪极端悲观点已经出现了，社保基金是不是有入市迹象，等等。如果第一个 N 字底部出现你还没有搞清楚，那么等到复合 N 字底部出现的时候，你就应该尽快"搞个水落石出"，哪怕熬夜两天也要将基本面核实研究透彻，因为这时候很可能就是大行情开始往上的时候。

附图 4–4　上证指数走势中的 N 字底部实例

N 字底部通常意义上是针对指数（股价）本身的，但是真正要运用这个结构还是需要结合成交量这个指标。**N 字底部出现的时候，往往相应的成交量也经历了"放量—缩量—再放量"的过程，这就是成交量的 N 字结构。**价量同时在大幅下跌后出现 N 字结构，那就是效率很高的见底信号了。我们来看一个实例，见附图 4–5，深圳 300 指数在 2784 点附近出现了 N 字底部，指数先上涨，再回调，然后再上涨创出回升新高，对应的成交量在指数上涨的时候放量，指数回调的时候缩量，指数再度上涨的时候再度放量。这种底部信号，道氏大家罗伯特·雷亚非常重视，投机巨擘杰西·利弗摩尔也

道路是曲折的，前途是光明的。

非常重视。指数“上涨—回撤—再度上涨”体现了“发散—收敛—再度发散”的市场节律，成交量“放大—收缩—再度放大”也体现了“发散—收敛—再度发散”的市场节律，这种节律就是趋势展开的节律，你要熟悉这种节律，才不会拿不住你的单子，**一波大的趋势不可能是完全以直线的方式展开，其中必然包括了曲折和波动。**

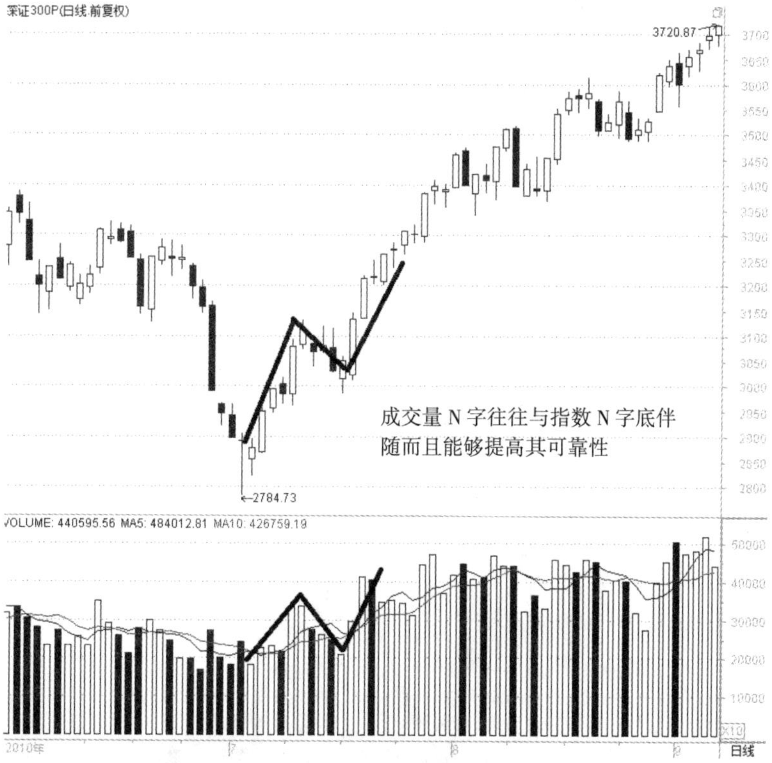

附图 4-5 价量 N 字底部结构

N 字底部大家应该基本搞清楚是怎么回事了，现在我们接着来了解 N 字顶部的定义和实例，以及相应的运用之道。N 字顶部与 N 字底部呈镜像关系，这点是大家需要明白的。N 字顶部出现在市场大幅上涨之后，是向下 N 字中的一类。N 字顶部是价格大幅上涨之后出现下跌，这就形成了第一波下跌，然后反弹，但是不创新高，接着再度下跌，创下回落来的新低，见附图 4-6。N 字顶部也是通过若干个点来确定的，最为关键的是 B、C 两点，其中 B 点处于一波下跌走势的末端，此后的再度下跌要跌破这点，而 C 点处于一波反弹走势的末端，其 C 点低于 A 点。

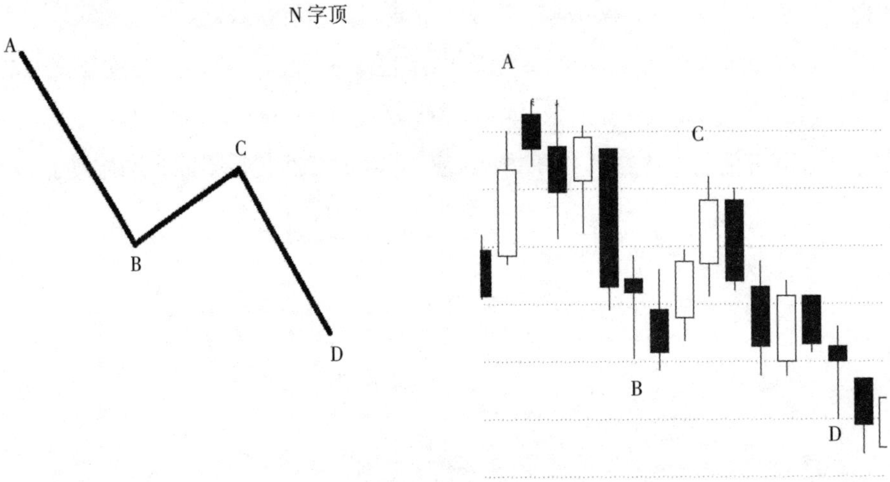

附图 4-6　N 字顶部

我们来看一些 N 字顶部的具体实例，当然是只涉及指数相关的 N 字顶部，因为我们还是在围绕 AIMS 中的 M 在介绍。请看第一个 N 字顶部的实例，见附图 4-7，创业

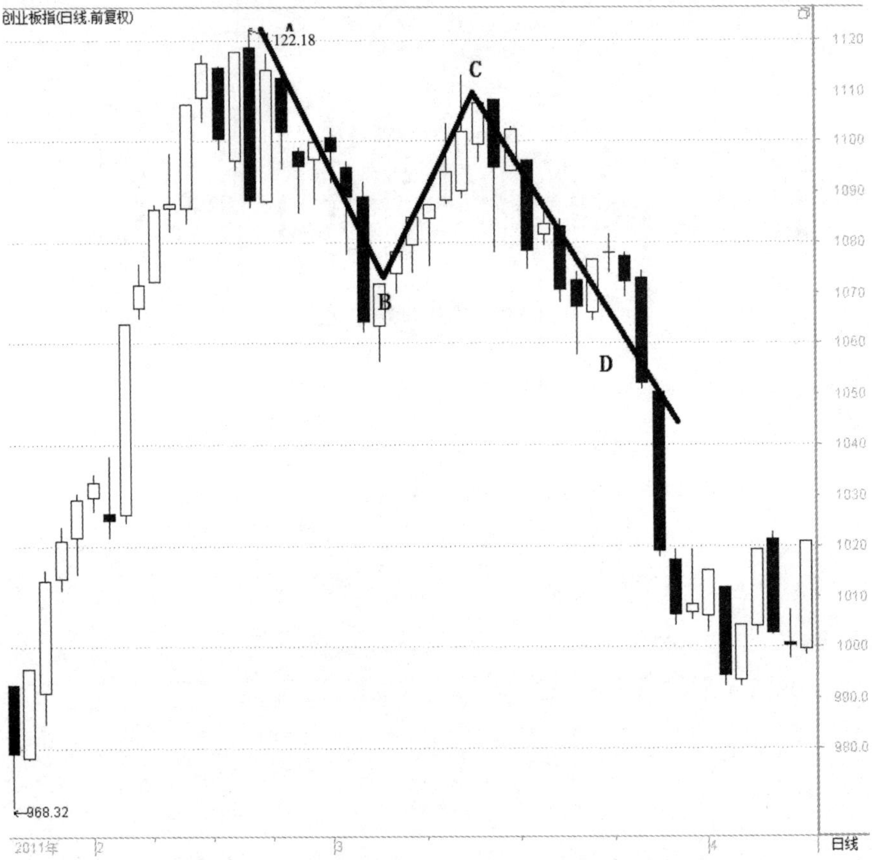

附图 4-7　创业板指数走势中的 N 字顶部实例（1）

板指数在 122.18 点出现了一个向下的 N 字结构，由于此前处于持续上涨状态，所以这可以看作是一个顶部 N 字结构，C 点比 A 点低，如果 C 点和 A 点一样高，那就是双顶了，如果 C 点比 A 点高，那就是后面要介绍的 2B 顶了。C 点比 A 点低，而 CD 段跌破了 B 点，所以这就是一个被确认了的 N 字顶部。附图 4–8 展示了创业板指数上另外一个 N 字顶部，看看与附图 4–7 以及前面的 N 字结构有什么共同特点呢？A、B、C、D 四个点的 K 线形态有什么规律吗？A、B、C 三点都是反转的 K 线形态居多，而 D 点则是持续的 K 线形态常常出现。例如，在附图 4–8 中 A 点有一个黄昏之星形态，在 B 点有锤头底和看涨吞没……这就是 K 线作为微观形态与中观走势的结合剖析，可以相互验证，提高准确率。关于这点涉及技术分析（行为分析）的核心——“势、位、态”。不过，由于本书以有经验的股票交易者为对象，因此不会全面地覆盖技术分析，对纯技术分析有兴趣的入门级股票交易者可以阅读相关材料和书籍。

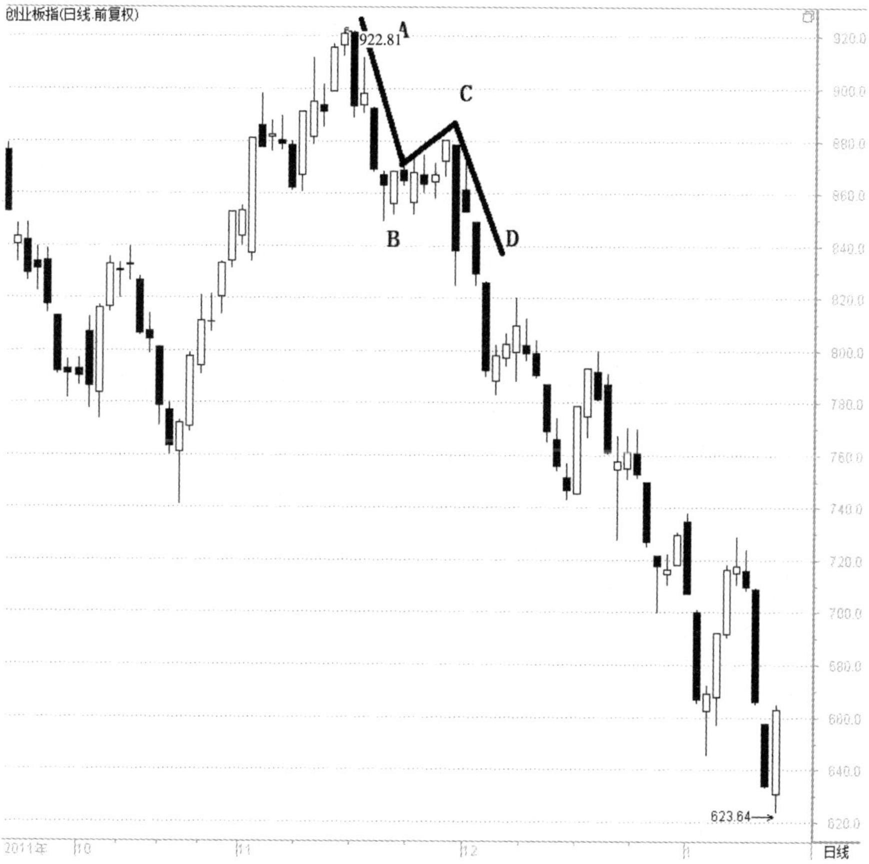

附图 4–8　创业板指数走势中的 N 字顶部实例（2）

正如N字底部一样，N字顶部也会出现所谓的复合形态，请看附图4-9。上证指数在历史大顶6124.04点出现了一个复合N字顶部，相当于给了迟疑的持股者两次技术面提醒信号，记得当时有一位企业界朋友非得在第一个N字形成后重仓买入，怎么也劝不住，结果可想而知。

附图4-9　上证指数走势中的N字顶部实例

N字顶部最好也能结合成交量来判断，成交量往往也会在指数初次下跌的时候逐步缩量，随着反弹放量，反弹结束后继续下跌时再度缩量。我们来看一个例子，见附图4-10，中小板指数6177点附近形成N字顶部时成交量也形成了向下的N字结构。其实，成交量总体反映了一个倾向，那就是涨的时候交投活跃，跌的时候交易清淡。

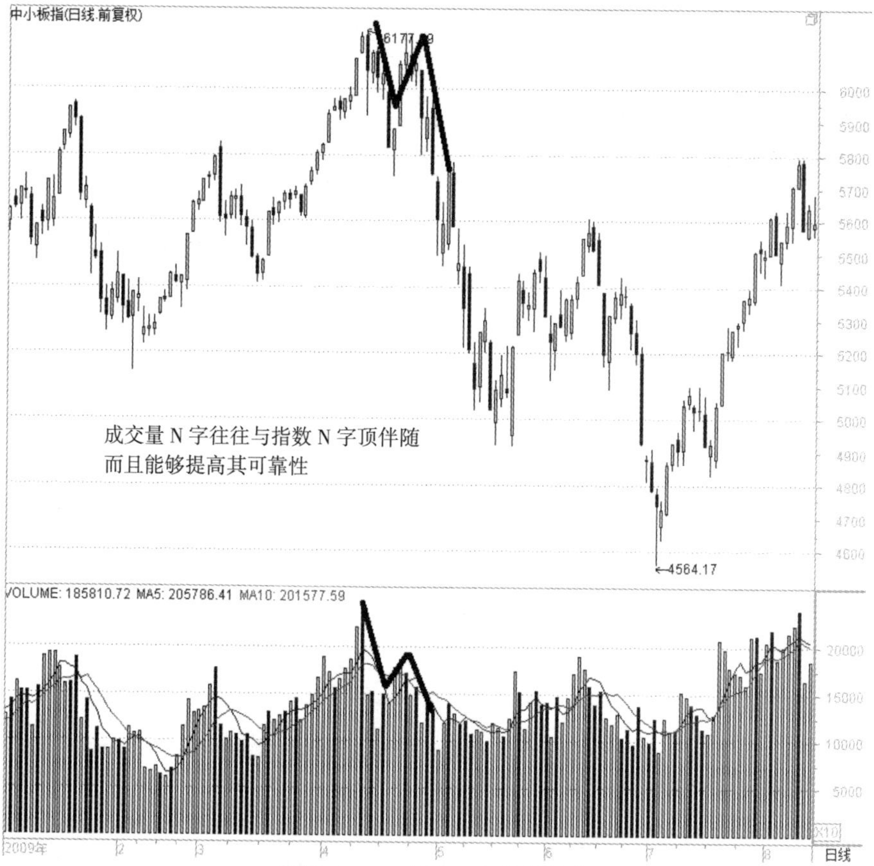

附图 4–10　价量 N 字顶部结构

上涨的 N 字被称为向上 N 字，大幅下跌后出现向上 N 字，一般被当作确认中的 N 字底部；下跌的 N 字被称为向下 N 字，大幅上涨后出现向下 N 字，一般被当作确认中的 N 字顶部。当然，仅从 N 字结构出现之前价格是否大幅下跌或者上涨还不能有效地确认 N 字顶部或者底部，毕竟指数走势中 N 字结构非常多（见附图 4–11），因此我们需要借助于非技术分析为主的工具来完成进一步的确认。

为什么本教程开头两课都在讲与技术分析没什么关系的内容，为什么一些看似与短线交易无关的东西却放在全书最显眼的位置，那是因为技术分析的最高境界在技术分析之外，真正决定趋势的不是趋势线，不是技术指标，不是 K 线形态，而是基本面，特别是经济周期和流动性。讲 K 线的书，你只要学了几天技术分析都能写出来，所以众人趋之若鹜的东西基本都是没有真正价值的。即便是要学，也要从其他角度来学，从不同于一般人的角度来观察和研究一个大众热捧的事物。

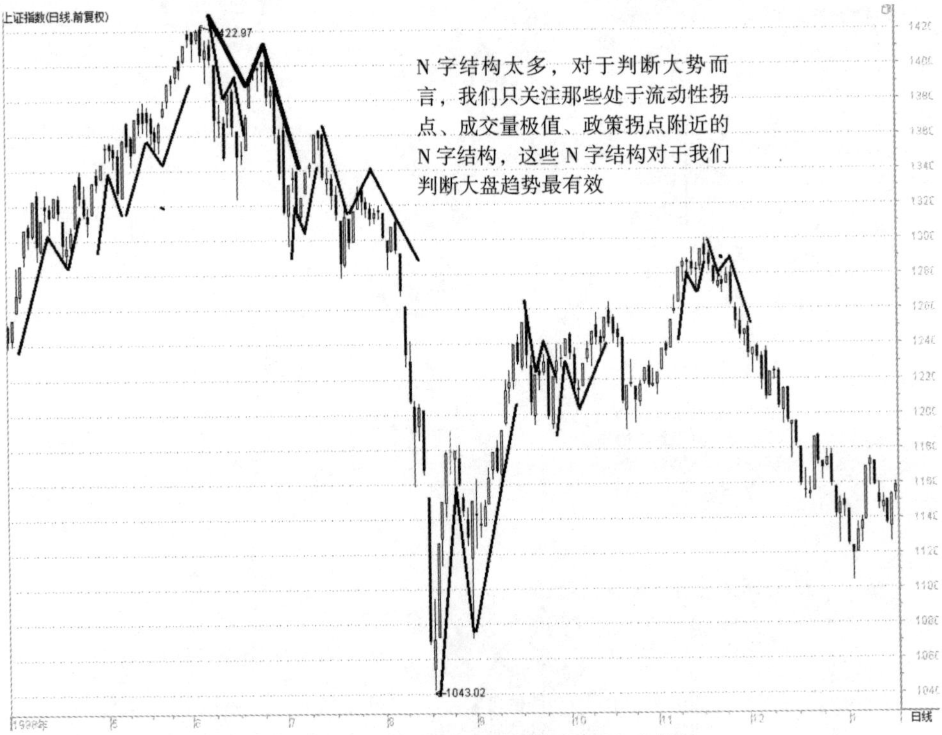
上证指数(日线,前复权)
1422.97
N 字结构太多，对于判断大势而言，我们只关注那些处于流动性拐点、成交量极值、政策拐点附近的 N 字结构，这些 N 字结构对于我们判断大盘趋势最有效
1043.02
日线

附图 4–11　指数走势中频繁出现的 N 字结构

是不是顶部 N 字结构，除了结合成交量 N 字之外，还可以看是否最近出现了天量，指数天量代表的极端兴奋，如果这种兴奋出现在两波或者三波持续上涨之后，那么很可能就是极端兴奋点了。与此相应的是底部 N 字与地量的同时出现，见附图 4–12，这时候 N 字底部的有效性就更高了，地量出现意味着交投到了极点，对于指数而言，往往意味着悲观到了极点（当然，这是一种常见的情况，并不是所有地量都是悲观极端点，所以我们才需要综合研判，这就跟病情诊断一样，比如针对病人咳嗽的情况，首先列出哪几种病可能引起咳嗽，然后再来排除）。

仅是结合成交量来研判 N 字顶部和底部并不能彰显我们在股市研判上的优势，我们还要用大家用得少的武器，这就是流动性了。我们在 A 股市场上一般采用 M1 同比增速作为流动性的工具。M1 与 A 股大势具有同步性的特征，根据历史统计数据可以看到 M1 同比增速接近或者低于 10%往往意味

在什么情况下 M1 并不能很好地预判股市的底部?

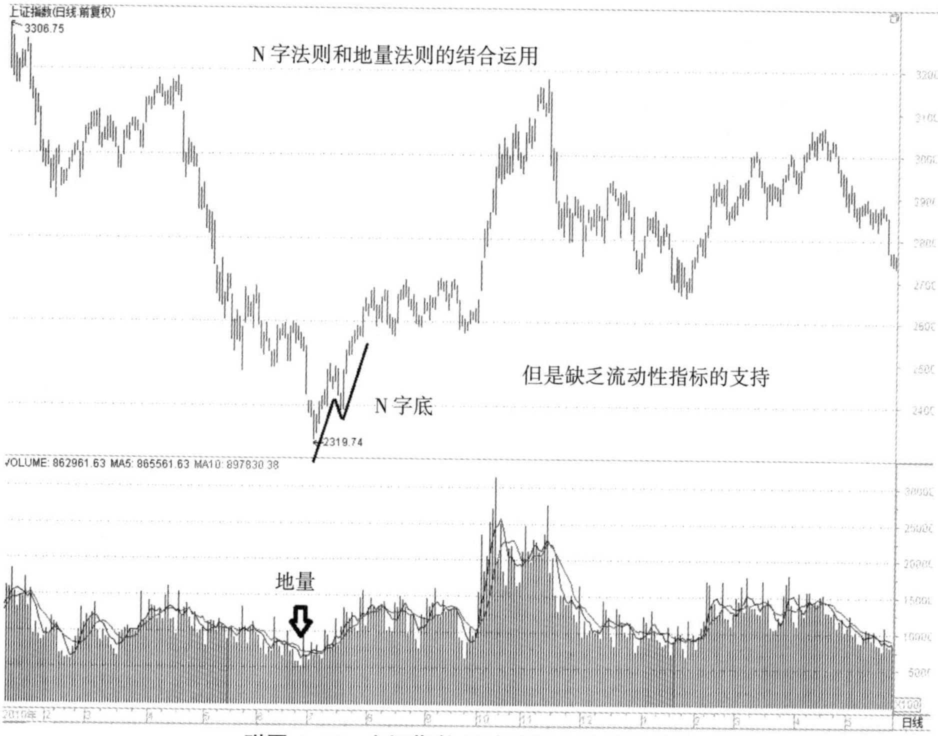

附图 4–12　上证指数 N 字底部与地量的结合

着流动性重大低点。如果股指出现了 N 字底部，相应的 M1同比增速也在 10%以下，那么这个 N 字底部的有效性就非常高了。我们来看一个具体的例子，请看附图 4–13，2008 年 11 月左右上证指数在 1664 点附近形成了，相应的 M1 同比增速低于 10%，这就形成了流动性底部对股指 N 字底部的确认，有了这个判断，你进场的勇气都大了不少，这比那种只看图形就进场的交易者在主观上更有勇气，在客观上更有胜算。

N 字顶部和底部还可以从市场情绪的层面进行验证，如果说用 M1 来验证 N 字结构属于基本面对技术面的确认，那么用市场情绪来验证 N 字结构就属于心理面对技术面的确认。你不要以为这是一种理论家的论点，我们在实际交易中经常这么干，圈子里面玩得好的高手也这么干，只不过人家不告诉你而已。我们来看一个具体点的例子，大家都知道的，请看附图 4–14。2007 年 9 月 17 日，《牛市一万点》火爆上市，当时是一件很大的事情，市场营销做得很猛，这很可能是情绪极端乐观的征兆，这就提醒我们了，可能市场出现 N 字顶部或者 2B 顶部。当然，此后，上证指数在 6124 点附近出现了 N 字顶部，我们可以反过来观察市场情绪，看到该书受到的追捧就可以从情绪的角度断定市场走到极致了，这样就反过来确认了 N 字顶部。

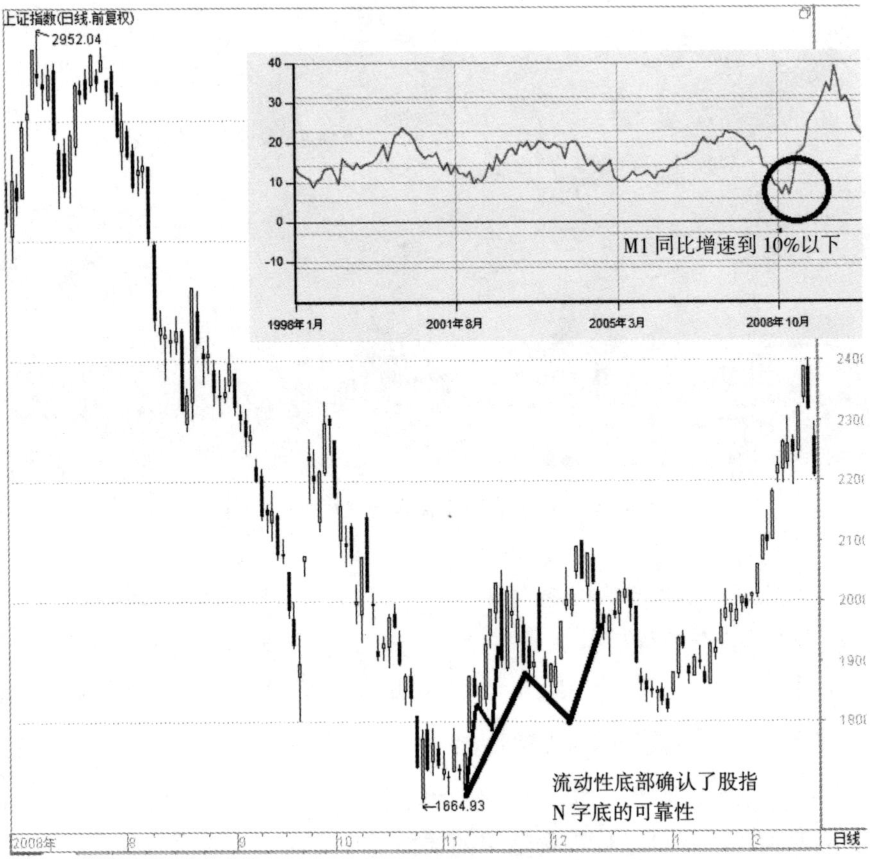

附图 4-13 上证指数 N 字顶部与流动性底部的结合

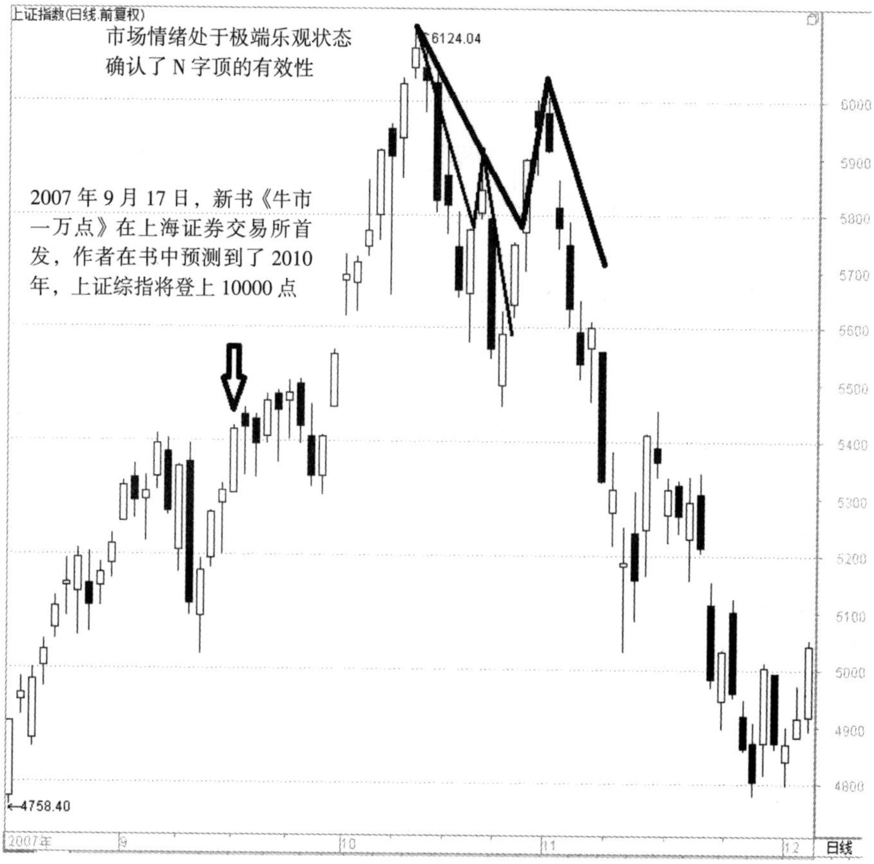

附图 4–14　上证指数 N 字顶部与情绪乐观极点的结合

为了大家实践起来方便，我们给大家来个“按图索骥”。请看附图 4–15，你见到了 N 字底部，接下来你就应该寻求非技术面为主的有效证据，第一查看目前市场整体估值水平是不是足够低，具体就是看市盈率和市净率；第二查看市场情绪指标，比如知名杂志封面有没有突然提到股市，还应该查看下知名博主们的舆论倾向等；第三查看社保基金和汇金有没有动静，在网上输入关键字检索下；第四查看下 M1 同比增速怎么样，看看央行网站，关注下货币政策委员会成员最近的言论等。反正，见了 N 字底部，你就照着附图 4–15 逐条分析一下。同样，如果见了 N 字顶部，你就照着附图 4–16 逐条分析一下。

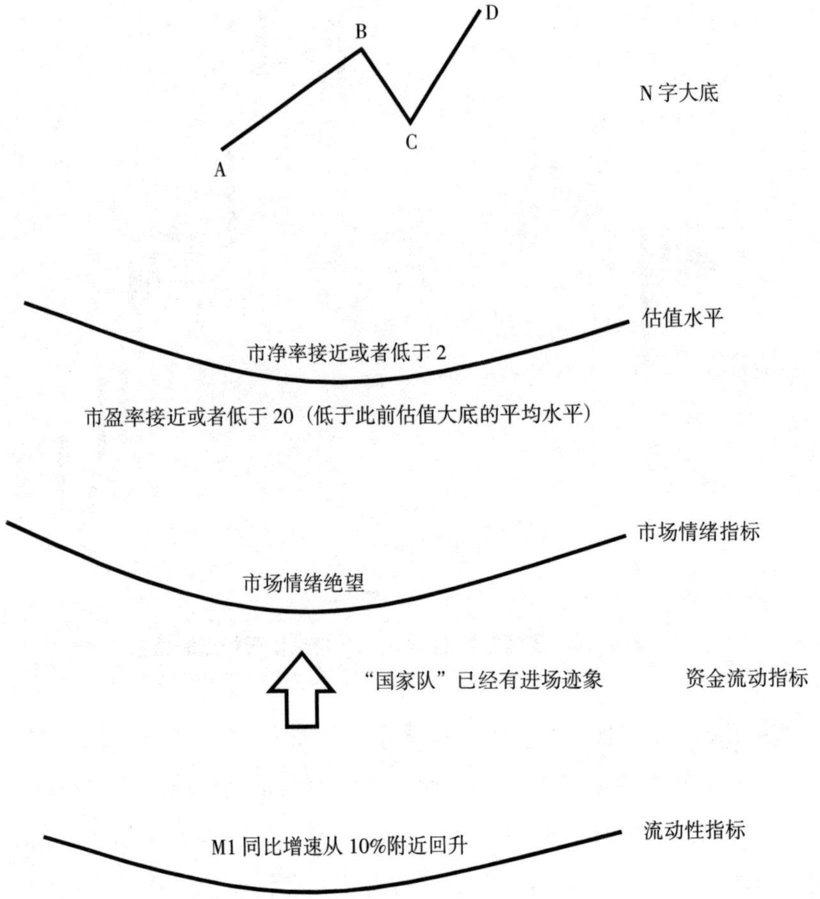

附图 4–15　指数 N 字底部与驱动面和心理面的结合

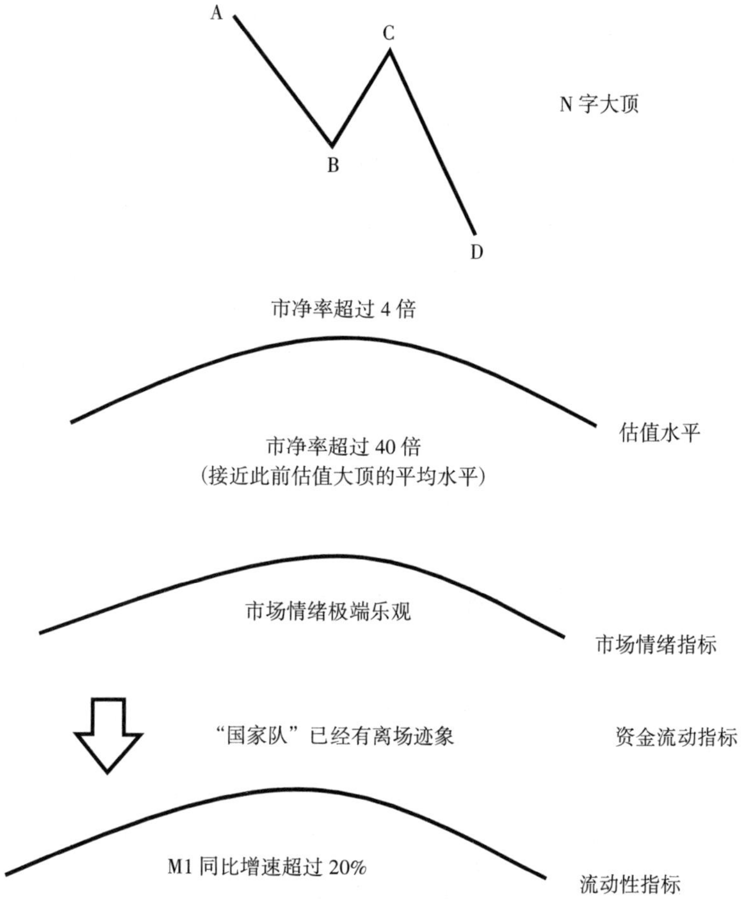

附图 4–16 指数 N 字顶部与驱动面和心理面的结合

介绍完了 N 字顶部和 N 字底部，我们接着简单介绍下 2B 顶部和 2B 底部。如果说 N 字顶部是右顶低于左顶的双顶，那么 2B 顶部就是右顶高于左顶的双顶（见附图 4–17）。当指数从 2 顶出回落到 1 顶之下就基本确认了 2B 顶了，如果进一步跌破颈线，那么就进一步确认了 2B 顶了。2B 顶其实是典型的“多头陷阱”，股价在 2 顶处突破 1 顶的高点，虚晃一枪，这就是引诱突破而做的多头，也或者是由于突破后多头蜂拥入场，但是后续乏力，以至于破位失败。

我们来看一些指数走势中的 2B 顶实例，如附图 4–18 所示的上证指数走势中出现的 2B 顶部，在第二顶部附近出现了黄昏之星，这其实是 K 线形态对 2B 顶的某种确认。又比如附图 4–19 所示的上证指数另一例 2B 顶，这是一个小型的 2B 顶，而且第二顶以上影线的方式实现，表明上冲乏力。

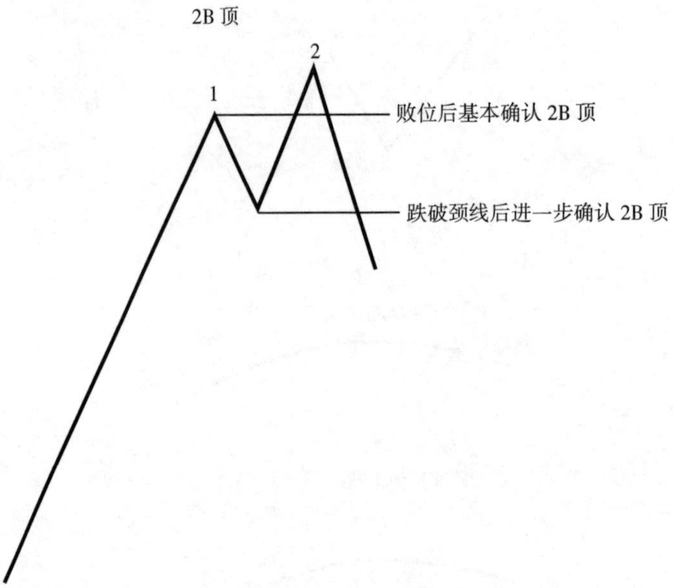

附图 4-17 2B 顶部

附图 4-18 上证指数走势中的 2B 顶部实例（1）

附图 4-19　上证指数走势中的 2B 顶部实例（2）

2B 底部与 2B 顶部是镜像关系，明白了 2B 顶部你就差不多明白了 2B 底部。如果说 N 字底部是右底高于左底的双底，那么 2B 底部则是右底低于左底的双底（见附图 4-20）。2B 底是典型的“空头陷阱”，不过在 A 股市场上由于做空不便，因此追空的

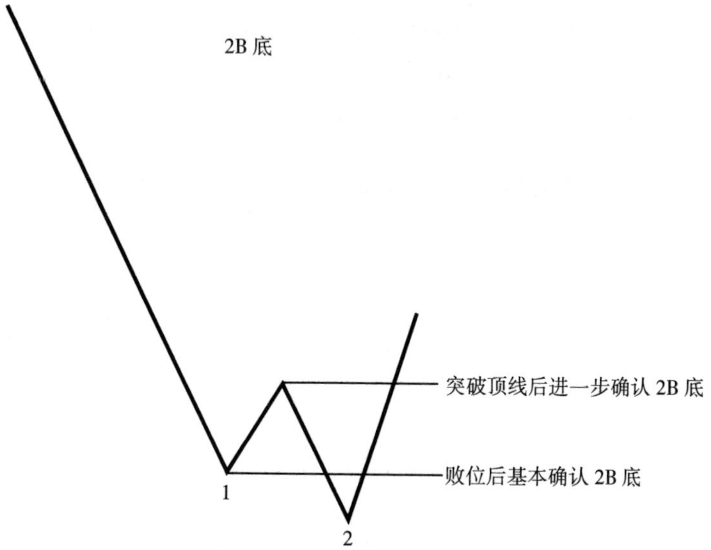

附图 4-20　2B 底部

可能性很小，一般只是多头止损而已。2B 底也分为初步确认和进一步确认两个步骤，这个其实也就是进场及时性和可靠性的两种组合而已。

我们来看一些 2B 底部的实例，第一个例子如附图 4-21 所示。上证指数在向下假突破后其实是形成了一个 2B 底，不过这个 2B 底又包含了一个 N 字底部。这是一个复杂的底部形态，我们倾向于根据 N 字底部操作，只在特别情况下采纳 2B 底部，比如突发性基本面大逆转。第二个例子如附图 4-22 所示，A 股指数出现了一个简单的 2B 底部，不过这个例子中其实包含了连续的 2B 底，只不过此前 2B 底没能反弹超过颈线。

附图 4-21　上证指数走势中的 2B 底部实例

附图 4–22　A 股指数走势中的 2B 底部实例

有了 N 字底部或者 N 字顶部我们可以回过头来查看基本面和心理面是不是有重大变化，但是 2B 底部我们一般不这样用。我们一般是发现了基本面或者心理面有重大异常，才等待市场出现信号，要么是 N 字结构，要么是 2B 结构，所以 2B 结构的运用往往是确认信号。如附图 4–23 所示，我们是从下面开始“按图索骥”，而不是像此前 N 字结构那样自上而下。流动性指标见底了，我们等待 2B 底（但往往是以 N 字底部来确认）来确认；又或者是估值水平很低了，同时社保基金进场了，散户也极端悲观了，那么也等待 2B 底来确认。同样，2B 顶的“按图索骥”也是这个道理，如附图 4–24 所示，从下往上看。

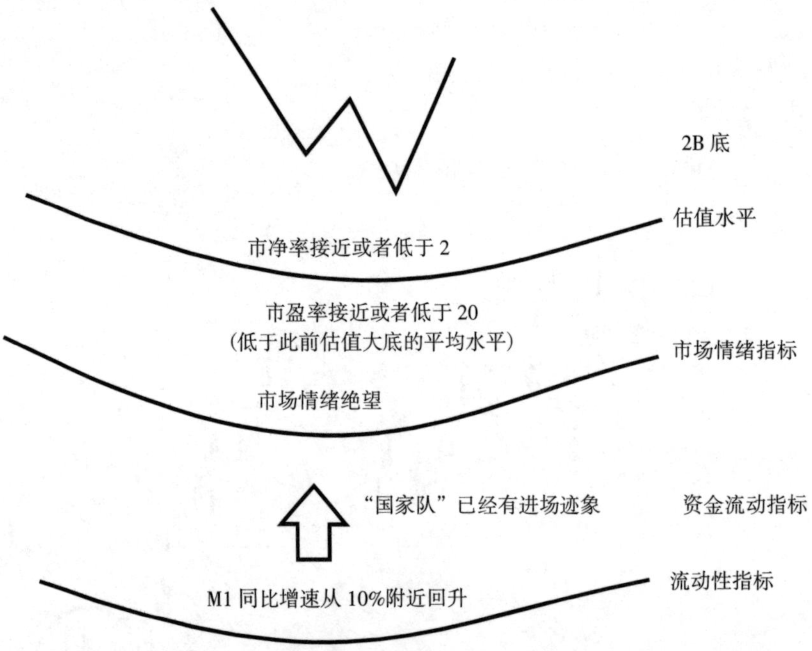

图附 4-23　2B 底部与驱动面和心理面的结合

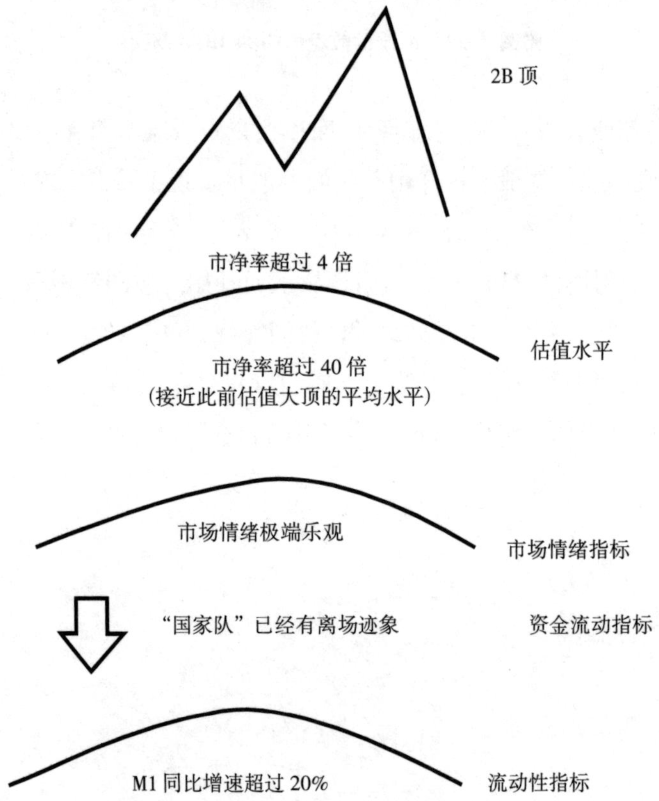

附图 4-24　2B 顶部与驱动面和心理面的结合

N/2B 是我们对市场的基本认识，除此之外还有一种 N 字结构比较特殊，有必要提一下，我们称之为翅膀形态，翅膀底部比翅膀顶部出现更加频繁，所以我们一般忽略顶部的翅膀形态。底部翅膀形态分为三种，如附图 4–25 所示，其实就是 2B 底部和 N 字底部的变种，这里提出来以免大家在今后的分析实践中感到迷惑。这种底部在期货（见附图 4–26）、股指（见附图 4–27）和个股（见附图 4–28）上出现频率都不低，要关注。当然，本文主要是讲股指，所以大家注意股指在AIMS 框架下如何运用 N、2B、翅膀三种形态即可。

技术形态是无法穷尽的，因为这些都是现象。技术分析重要的是知道原理，能够举一反三。

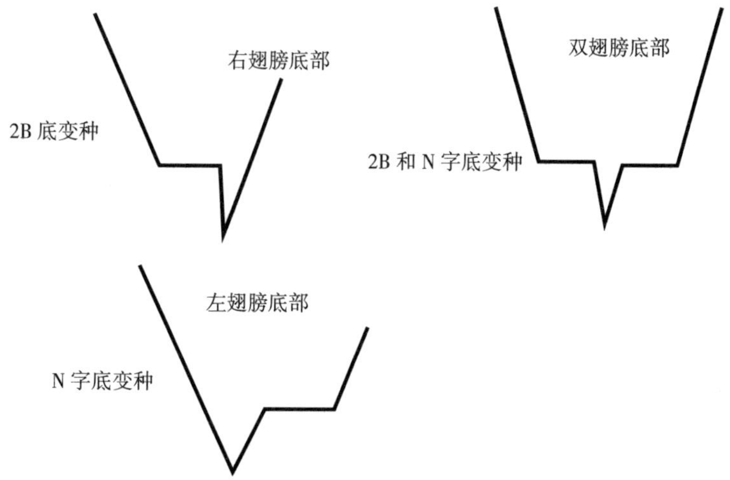

附图 4–25 翅膀底部

附图 4-26　沪胶合约上出现的翅膀形态底部

附图 4-27　上证指数上出现的翅膀形态底部

附图 4-28　紫金矿业走势上出现的翅膀形态底部

（摘选自《股票短线交易的 24 堂精品课：超越技术分析的投机之道》）